U0710218

周易入门

曹胜高 刘银昌 著

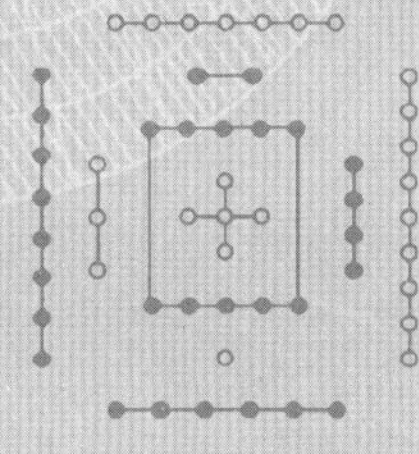

中華書局

图书在版编目(CIP)数据

周易入门/曹胜高,刘银昌著. —北京:中华书局,2017.5
(2025.9 重印)
ISBN 978-7-101-12139-1

Ⅰ.周… Ⅱ.①曹…②刘… Ⅲ.《周易》-基本知识
Ⅳ.B221

中国版本图书馆 CIP 数据核字(2016)第 229118 号

书　　名 周易入门
著　　者 曹胜高　刘银昌
责任编辑 李若彬
封面设计 毛　淳
责任印制 管　斌
出版发行 中华书局
(北京市丰台区太平桥西里 38 号　100073)
http://www.zhbc.com.cn
E-mail:zhbc@zhbc.com.cn
印　　刷 三河市宏盛印务有限公司
版　　次 2017 年 5 月第 1 版
2025 年 9 月第 12 次印刷
规　　格 开本/880×1230 毫米　1/32
印张 14¼　插页 2　字数 280 千字
印　　数 73001-77000 册
国际书号 ISBN 978-7-101-12139-1
定　　价 48.00 元

目　录

绪　论 1

第一章　易源 29

　　第一节　《河图》《洛书》及传说系统 30

　　第二节　占卜、卦画与学理系统 58

　　第三节　《连山》《归藏》与文献系统 66

第二章　易经 73

　　第一节　《易经》的形成 74

　　第二节　《易经》的结构 82

　　第三节　卦的结构 96

第三章　易传 109

　　第一节　《易传》的形成与作者 109

　　第二节　彖传 114

　　第三节　象传 126

第四节　系辞传 137
第五节　文言 155
第六节　说卦 165
第七节　序卦 170
第八节　杂卦 173
第四章　易义 177
第一节　易道 178
第二节　易教 192
第三节　易德 204
第五章　易理 221
第一节　太极 222
第二节　两仪 223
第三节　三才 229
第四节　四象 231
第六章　易卦 235
第一节　八卦 235
第二节　六十四卦 239
第三节　卦义 243
第七章　易象 249
第一节　观象 249
第二节　取象 255
第三节　卦象 262
第四节　象义 278

第八章 易爻 281
第一节 爻位 282
第二节 爻断 283
第三节 爻象 287
第九章 易辞 293
第一节 易辞的形成 293
第二节 易辞的构成 302
第三节 易辞之义与易辞特色 313
第十章 易流 325
第一节 易家 325
第二节 易籍 362
第三节 易例 372
第十一章 易占 383
第一节 大衍筮法 385
第二节 京房筮法 391
第三节 梅花易数 399
第四节 其他占法 403
参考文献 437
后 记 447

绪　论

在很多人看来,《周易》是一部神秘而难读的书。有时当我们翻开《周易》,看到第一卦《乾》的卦辞“元亨利贞”时,便已如堕迷雾,不知所云,不得不望而却步。《周易》之所以难读,主要有三个方面的原因:

一是《周易》融合了中国哲学、历史、思想、文化、术数,资料丰富,内容复杂,如果没有良好的古文基础,很难理解;而且其中蕴含着非常丰富的数理思想、逻辑体系,以卦说解,以爻辩难,以象征义,若没有一定的抽象能力和逻辑知识,很难弄懂其中到底说了什么,是什么意思,更不用说为什么这么判断。

二是历代学者对《周易》解释、注解较多,各家研究水平高下不同,对同一问题的解释长短不一。由于这些学者学术背景、思想观念、观察视角存在较大差异,以致解释各有侧重,众说纷纭,没能形成一个相对统一的、简明易懂的解说系统。再加上近年来民间爱好者进行多种解读,有些尚在情理之中,有些干脆就是望文生义,这也导致《周易》的注本良莠不齐。如果找不到一个好的注本,很容易误入歧途。

三是《周易》本为上古三代累积而成的学问,反映了早期中国对宇宙、社会和人生的思考,其中有很多的解释与现在的语境不同,若不能体认其中蕴含的俯仰宇宙之境界、经天纬地之格局、悲天悯人之情怀,而是就卦解卦,就辞论辞,就会产生很多盲人摸象般的说解,一叶障目不见泰山。

所以,我们来讲《周易》,首先想的是如何让大家能够正确理解其理,明白其意,清楚其弊,旁及由此而延展出来的术数之说,进而洞晓《周易》的内在学理,能够正确对待其中阐释的悔吝得失,将这样一本千锤百炼、历久弥新的文化经典读懂读通,帮自己增加一个观察社会、理解人生的视角,运用《周易》内在的德义,修心养性,锤炼人格,对未来的成长和发展有所帮助。

一、何为《周易》?

学习《周易》之前,我们首先要明白《周易》是一部什么样的书。从学术的角度看,《周易》由四个基本内容组成:经、传、学、术。

“经”的本义是织布时的经线。织布有经线和纬线,纬线围绕着经线来回编织。由于经线是固定不动的,“经”便有了“恒常”“不变”的意思,后人就取“恒常不变”之义,来描述“经”的恒定性。在古人看来,“经”是古代贤人圣哲的言论汇编,是教人修身、齐家、治国、平天下的大道。《周易》中的“经”则指六十四卦,这是《周易》最本初的文本,也是《周易》最根本的内容。六十四卦大概形成于西周初中期,又经过西周晚期的补订而成书,我们习惯说的“易经”,主要是指六十四卦。

“传”是对“经”的解释,经书的字句非常简洁,随着时代的推移,语言也有较大变迁。经书的文字逐渐变得晦涩难读,人们便为经作传,疏通经义。这些传既包括解释经书文字的注释,也包括对经书道理进行的阐释。我们所熟知的《春秋左氏传》,便是对《春秋》这部经书进行补充、解释。我们现在看到的《周易》,在六十四卦之外还有十篇文字,我们合称“十翼”,是用来解释“易经”的文章。现在全本的《周易》中,《彖传》《象传》一般附在六十四卦的文本之中,作为对卦辞、爻辞的解释。其他的篇目如《系辞》《序卦》《说卦》《杂卦》《文言》等附在六十四卦之后,我们将这十篇文字合称为《易传》。这些传文大概形成于春秋、战国时期,在汉初得以整理。《易传》吸收了儒家的德义思想,我们一般认为是孔子后学所作,可以理解为“孔门易”。按照韩非子的说法,孔子之后,儒分为八,这八派中,并没有明确的易学流派。但从《易传》的解释阐发来看,显然有一支继承了孔子及其弟子对易学的解释,并不断发扬光大,使得《周易》儒学化,最终也使得《周易》成为“六经”之首。

“学”,是在《周易》成书之后,历代研习者注解、阐释而形成的相关学问。如汉代京房是研习《周易》的大家,他创制的京房六爻占卜法,至今仍在流传。有些学习阴阳之术的方士,也对《周易》进行了重新解释,例如《周易参同契》便是借用阴阳变化之理,来阐述炼丹之学。魏晋时期,不少玄学家对其进行解读研习,从思想层面注解《周易》,如王弼的《周易注》,便是借用玄学的观念解释。历代的学者对《周易》的钻研、重新解读,始终没有停止过,这样就形成了博大精深的《周易》之学,作为一个完整的知识体系,既有象数之理,也有义理之论。

“术”,是由《周易》衍生出来的各种方术,如纳甲筮法、梅花易数、奇门遁甲等。任何术数既有内在的学理,又有外在的附会,其所论有一定的合理性,但难免杂糅了不少荒谬不经的成分。这就要求我们对《周易》之术有一个冷静而客观的态度,理解其何以如此,明白其何以缺失,这样就能对其进行较好的取舍。

二、为何学习《周易》?

《周易》是中国现存最早的文献之一,其在哲学、文学、术数和思维等方面都具有开创性的贡献。中国学术的发展,有很多是以《周易》的结构方式、思维习惯以及观察角度来确立的。学习《周易》,可以了解中国文化的本源,进而了解中国学术渊源、中国思维方式的很多特征。

第一,《周易》是群经之首。这里的“经”,指的是儒家经典,主要包括十三部典籍:《周易》《尚书》《诗经》《仪礼》《周礼》《礼记》《左传》《公羊传》《谷梁传》《论语》《孟子》《孝经》和《尔雅》。在这十三部经典中,《周易》当推首位。这是中国传统学术的特点决定的。中国古代的学说与西方的学说形成情况不同,西方学说的形成往往是归纳的结果,新的学说不停地淘汰旧的学说,从而迈向新的高度。中国古代的学说则是演绎式的,也就是首先建立起一个核心学理,后代的学说都围绕着这个核心来演绎,万变不离其宗。例如中医的学理根源于《黄帝内经》,无论后世如何发展,其基本逻辑都是基于《黄帝内经》来建构的。方术也是如此,根源在于《河图》《洛书》《周易》三书中确立的基本理路。《河图》《洛书》一度失传,其学理在宋代又被学者总结出来,但《周易》却渊源有自,脉络清晰。《周易》之所以被称为“群经之首”,正在于它探索了宇宙的本体何在,解释了宇宙运行规律是什么。中国古代的宇宙论认为："道生一，一生二，二生三，三生万物。万物负阴而抱阳。"[①]这种论述只是比较简略的概括，《周易》就是充分运用这样的理论结构，对宇宙万事万物进行了解释，即"《易》有太极，是生两仪，两仪生四象，四象生八卦"。[②]其中，太极即是"一"，两仪即是阴、阳二分，四象即是太阴、太阳、少阴、少阳。这是采用四分法对阴阳的特征及其变动的方式进行概括。在中医中，将阴阳分为六象，又加上了厥阴、阳明，从更为细致的角度描述阴阳的分化。在《周易》的逻辑系统中，阴到了极致，就是太阴，用两个阴爻表示。少阴是一阴一阳，少阳是一阳一阴，太阳是两个阳爻。在道教系统中，将"四象"概念具象化，从而形成了我们常讲的青龙、白虎、朱雀、玄武。

《周易》每卦都由六个爻组成。这六个爻可以按照不同的方式来分类，有六分法和三分法、二分法之别。六分法是将六个爻分为六个部分。初爻，也就是最下一爻代表庶民，上面各爻则依次代表士人、大夫、卿、天子、圣人。三分法，也是从初爻开始，将相邻的两爻放在一起，其中最上的两爻代表天，中间两爻代表人，最下的两爻代表地。二分法是将上面三爻和下面三爻分开，合起来就是一个成型的卦。如天水《讼》卦，上面三爻为乾，下面三爻为坎，六个爻合起来为《讼》卦。《周易》就是将中国古代对于宇宙规律的朴素认识进行总结归纳，形

① (魏)王弼注，楼宇烈校释：《老子道德经注校释》，中华书局2008年版，第117页。

② 《周易正义》卷7，《十三经注疏》本，中华书局1980年版，第82页。

成一套解释宇宙的理论系统。这套系统将天地万物的构成总括为几种基本物质,而这些基本物质间的相互作用,就形成了六十四卦,用以描述人类社会运行的大致情形。六十四卦,每卦六爻,从而形成三百八十四爻,各爻之间的关系代表着宇宙发展的秩序。这样,六十四卦三百八十四爻就把人类社会中的基本可能性概括出来,成为我们判断吉凶、审时度势、修养自我的外在参考。

第二,《周易》是兴象之源。"兴"是看到外物而产生情感的过程。东汉学者郑玄说:"兴,见今之美,嫌于媚谀,取善事以喻劝之。"[①]可以理解为有感而发,但话到嘴边留半句,采用对方能够接受的方式进行。朱熹在《诗集传》中也说:"兴者,先言他物以引起所咏之辞也。"认为兴是要借助外物来表现情感,比较注重外物与情感之间的某些关联,比如看到"柳"就想到"留",折柳便有挽留的意思,文学作品中的柳枝渐渐也有了送别难舍的含义。与西方人逻辑的、实证的思维习惯不同,中国人的思维往往更强调直觉,这种直觉又往往借助某些形象表现出来,体现在文学表述中,就是兴。《诗经·关雎》开篇便言:"关关雎鸠,在河之洲。窈窕淑女,君子好逑。"作者看到一对雎鸠鸟在河边歌唱,会想到美丽纯洁的姑娘是小伙子的好配偶。"兴"是文字表述,而"象"则是思维的直觉,在《周易》中,最初只有八卦之象,也就是用八个卦来象征天地之间的基

① 《周礼正义》卷23,《十三经注疏》本,中华书局1980年版,第796页。

本物质，后来便发展成为用六十四卦象征世间万物。兴和象，是《周易》逻辑思维和文本表述的基本方法。

我们现在常说：有图有真相。就是说再多的语言表述，有时候抵不过一个直观物象展示出来的内容丰富。中国古代的占卜常用象来表述预测的结果，比如《推背图》便是用六十四幅图画描述占卜的结果，从中蕴含更多的可能性。有时候签诗或者占卜之辞都会采用描述性的语言，要么打个比方，如用"马走山川"形容境况十分艰辛，采用"积石成玉"比喻厚积薄发等。即便在后世《周易》的解读中，有时也会用一些带有形象感的诗句来概括其义，例如《鼎》卦的卦辞是："元吉，亨"，意思是："大吉大利，亨通。"但后世占卜者为了让人更明白，就编写了更为形象的卦诗："莺鸳蛤蜊落沙滩，蛤蜊莺鸳两翅扇，渔人进前双得利，失走行人却自在。"用比喻方式进一步描述了大吉大利的境地，就是鹬蚌相争，渔翁得利。

从文本来看，《周易》中的象很是微妙，这并不是什么缺点，因为在人类的经验描述中，语言是十分贫乏的，再精妙的语言也只能记述人类经验中局部的东西，而不能概括全部。《系辞上》说"书不尽言，言不尽意"，[1]便是指语言无法将主旨完全表达清楚，只有象才是含义最为准确的表述手段。图像往往要比语言更有多义性、直观性，更有想象力，这就好比无论我们对一个人的面貌怎样进行描述，都远远不如一张照片

① 《周易正义》卷7，《十三经注疏》本，中华书局1980年版，第82页。

来得更加真切。

《系辞下》论述"象"产生时说：

> 古者包牺氏之王天下也，仰则观象于天，俯则观法于地，观鸟兽之文，与地之宜；近取诸身，远取诸物，于是始作八卦，以通神明之德，以类万物之情。[①]

在古人看来，圣人制作《周易》，是要对自然界万事万物的形态和规律加以归纳。而将这些形态和规律抽象化，只能用"象"这种符号表现出来，才最准确。这是因为万事万物原本就是以象的形态存在。这样，《周易》卦、爻都是作为象来描述外物，卦爻辞也是在描述各种各样的象，以此象征其中蕴含的无限可能性。如《乾》卦中的"潜龙勿用"，就是借用潜伏着的龙，象征事物尚处于初创期，还没有形成气候，但日后有很大的发展空间；但作为潜龙时、或者处于潜龙的阶段，最应该做的事就是收敛锋芒、等待时机。如果意识到这一点，我们就会在阅读《周易》时，用较多的时间来理解那些看似很枯燥的象，从中体会其中蕴含的欲言又止、言而无尽的意，理解每一爻何以在象后做出吉凶判断。这种"立象尽意"的方法，不仅存在于《周易》之中，而且作为中国人思维与表述的习惯，也成为中国文学、书法、绘画、哲学的表达方式。

① 《周易正义》卷8，《十三经注疏》本，中华书局1980年版，第86页。

第三,《周易》是立言之本。《周易》卦爻辞言简意赅,但却言有尽而意无穷,就在于其中具有的暗示性。古代的占卜,有时候就是利用语言上的多义性、暗示性,来达成占的准确率。比如三个上京赶考的举子,找了一位算卦先生卜卦。算卦先生看完之后,沉默不语,只伸了一个手指头表示“一”,告诉举子们天机不可泄露,到时自知。其实这个“一”,就概括了所有的可能性:全都考中是“一”起考中,全都落榜是“一”起落榜,还有两种情况,就是只有“一”个不中和只有“一”个考中。无论出现何种结果,都在这个“一”的意思之内。

语言的多义性可以使同一表述在不同的场合中,形成不同的理解方式,放在文学之中便是象征手法。崔颢的《黄鹤楼》最后一句是“日暮乡关何处是,烟波江上使人愁”,我们小学读书时是说夕阳西下、游子思乡。但随着年龄的增加,我们会渐渐理解这句诗作为一个象,是可以用来形容诸多境地的,例如生计蹉跎、前路不明时,这句诗用来也很恰当;而青春渐逝,不知感情归宿在于何处时,这句诗形容也很妥切。这种多义性,正是象的蕴含丰富性所形成的。

老子曾讲:“名可名,非常名。”其实,在现实生活中,当我们对一件事情说得太过确定时,实际上是没有说清楚;如果说得模糊一些,反倒更容易贴近原意。道家站在“道”的立场上看问题,往往是摆脱了常人所见,他们对待语言,是秉持一种反对的态度,认为语言说多了就毁坏了本意。《庄子·外物》

中讲："言者所以在意，得意而忘言。"[①]《周易·系辞上》中也讲："书不尽言，言不尽意。"[②]我们研究《周易》，要把握卦爻辞所表达的意思，而不要纠结于它的语言；要着眼于本质内容，避免为它的名称所困扰。要能做到得意忘言、遗形取神、色空两观，不要为外在的某些东西所引诱。要能做到"只见森林，不见树木"，只看到根本，具体的分类就不再细管。《周易·系辞上》中讲："圣人立象以尽意。"最高明的人是以象来表达意思的，而不会抓住细枝末梢的东西反复论证。又讲圣人"设卦以尽情伪"，[③]即世上的万事万物复杂多样，又变化多端，任何事情只要把握住根本，按照其运行的方式去解决，就可以迎刃而解。这个根本在哲学上叫本体论，运行的方式叫宇宙论。在《周易》体系中就是以阴阳以及阴阳的运行作为内在规律。在这样的视角中，《周易》中提供了一套充满象征含义的符号，来概括事物的本意，这就是卦。如三个阳爻构成了《乾》卦，用以代表马、首、天、君、父等种种事物，因此当我们看到"乾"时，便自然能联想到其所代表的象；而看到这些物象时，又能立刻想到其所体现的本质特征为"乾"之自强不息。在《周易》的符号系统中，三个阳爻表示阳发展到了极致，这是乾所代表的性质；自然界中凡是具有这种性质的事物都是"乾"。如在一个家庭里面，父亲为"乾"；而当孩子长大成人之后掌管家事，那

① (清)王先谦撰:《庄子集解》卷7，中华书局1987年版，第244页。

② 《周易正义》卷7，《十三经注疏》本，中华书局1980年版，第82页。

③ 《周易正义》卷7，《十三经注疏》本，中华书局1980年版，第82页。

孩子就是“乾”。总之,事物是在不停地转化、变化,《周易》就用符号来表示,无论事物如何变化,都很容易找到对应的解决之道。

第四,《周易》为数理之始。《周易》里有着众多的数字,蕴含着中国人对天地秩序的思考,如一为道生,二为阴阳,三为天、地、人,四为四象,五为五行,六为六爻,七为七星,八为八卦,九为九宫,一年又分十二个月,再分为二十四节气,周天三百六十度等。此外,五十五作为《河图》《洛书》中所讲的天地之数,就在于五居中宫,减去中宫之五,其余五十流转而为大衍之数等。如此种种,不一而足,就在于这些数字是古人用来表述天地秩序的生成数,是构建《周易》数理关系的基础。假如一定要问它们是怎么得来的,我们只能说这些数字伴随着人类的演化,是在无数次的实践中观察、思考、记录并经过验算得出来的。这些数字的关系,有些我们已经非常清楚,例如阴阳可以理解为二进制,八卦也可以设为方程式,其中蕴含着中国古代数学的计算方法。而《周易》诸多图谱,也是数学的集合、组合、奇偶、扩充数模的直观展现。除此之外,关于《周易》的数理,与中国天文学、地理学、数学、建筑学、医学之间都有着密切的关系,我们可以留意思考。

第五,《周易》是思维之则。《周易》对天地宇宙、自然秩序的思考,最终旨归在服务于人。因此天人关系是《周易》中最为重要的切入点。《说卦》中讲:

> 昔者圣人之作《易》也，幽赞于神明而生蓍，参天两地而倚数，观变于阴阳而立卦，发挥于刚柔而生爻，和顺于道德而理于义，穷理尽性以至于命。[①]

认为古人创作《周易》，参考天地运行的规律来选择数字；其中昼夜的变化，是人类对自然最本初的认识，昼为阳、夜为阴，阴阳成为了立卦以阐释世界的基础。阴阳的特性为刚柔，两者结合，又可判断卦的吉凶。这些吉凶判断，目的就是指导人如何做人做事，引导大家理解道德之说和性命之学。因此，在孔门弟子看来，学习《周易》中卦、爻的目的，不在于预决吉凶，而在于明白安身立命之道，顺势而为以趋吉避凶。我们认为，《周易》中的卦，绝大多数都是吉凶兼有的，预决吉凶，只是术的层面；对有修养的君子来说，读《周易》的真正目的，是让自己坚持正道，知道何时该如何做，进退有据。有了正确的思维法则和行为方式，无论面对何种困境都能逢凶化吉，不屈不挠，不盈不亏，不卑不亢。

《说卦》又概括了做人的基本准则：

> 昔者圣人之作《易》也，将以顺性命之理。是以立天之道，曰阴与阳，立地之道，曰柔与刚，立人之道，曰仁与义。兼三才而两之，故《易》六画而成卦，分阴分阳，迭用

① 《周易正义》卷9，《十三经注疏》本，中华书局1980年版，第93页。

柔刚，故《易》六位而成章。[①]

认为作《易》的目的，是立天之道为阴、阳，立地之道为刚、柔，又立人道为仁、义，仁即强调人与人之间的相互关系，义则强调人所负的责任。我们习惯讲“天时地利人和”，天之时在于阴阳，地之利在于刚柔，而人之和在于仁义。阴阳是宇宙运行之理，刚柔为万物生长之理，仁义为人类立身的基本法则。这是因为仁是人之为人的根本，而义是人之能群的关键，一个人如果失去了仁、义，则失去了基本的为人之道。

第六，《周易》是人文之基。《周易》是中国人文的基础，所谓的“人文”，就是人在人之为人时需要的基本伦理基础，人之能群时需要的基本社会法则。《周易》中吉凶悔吝的判断，正是建立在阴阳、刚柔、仁义礼智信等观念之中的，很多卦看似在言吉凶，其实更多是强调其中蕴含的德义要求。比如《乾》《坤》卦有种种阐述，但其中阐释的精神便是要能做到“自强不息”“厚德载物”。天的运行是极其公平的，始终不会改变自己的规则。自强不息，就是让我们的行为仿照天道，不要轻易改变自己的志向和追求。而地的特点就是宽广厚重，任何外在的东西不能使之受伤害。我们学习厚德载物的品德，就是要能承载得起任何的重负，哪怕是磨难和误解。此外，像革故鼎新、谦谦君子，也是分别从《革》卦、《鼎》卦、《谦》卦中体现出来的为人处世之法。

① 《周易正义》卷9，《十三经注疏》本，中华书局1980年版，第93—94页。

《四库全书总目·经部》中说："《易》道广大，无所不包，旁及天文、地理、乐律、兵法、韵学、算术，以逮方外之炉火，皆可援《易》以为说。"[①]中国古代典籍中，处处都有出于《周易》的道理。我们学习《周易》，就在于它是中国文化的基础性著作，也是一部起点型的著作，其中蕴含了中国文化中的学术思想、天文地理、民间方术、生活习俗，历代不绝如缕，源远流长。

三、如何学习《周易》?

学习《周易》，首先要疏通文本，知道《周易》说了什么。这方面有两部著作值得我们参考，一是黄寿祺、张善文撰写的《周易译注》，该书兼顾名物训诂和义理、象数的分析，虽然相对深奥，但内容丰富。还有一本周振甫的《周易译注》，侧重于字义的疏通，浅显易懂，不过理论阐述不多。我们阅读《周易》，可以同时参看这两个本子。

疏通文本有这样几个步骤：

一要理解字义，也就要从基本的阅读文本做起。这要做到笃实认真，就是要一字一句地去读。在文字之外，我们还要探求义理，因为义理往往是比较空灵的，要比字面意思难以领会得多。理解义理的目的，是要以之指导行事。这是读《周易》的目的所在。孔子当年读《周易》，韦编三绝，他讲自己学

---

① （清）永瑢等撰：《四库全书总目·经部·易类》，中华书局1997年版，第3页。

《周易》,为的是“无大过”,就是要以《周易》为行事的指导。在地山《谦》卦,像山藏于大地之下,其中蕴含“空谷藏峰”的道理。用到人事上,象征人的心胸极为博大,虽然取得了高峰一样的大成就,却藏于地下而不显露。虚怀若谷,正是君子品格,后人常说谦谦君子,用的就是《谦》卦的道理。再如风火《家人》卦,告诉我们应该如何做到家庭的和睦,其中说的是齐家之理;天火《同人》卦则告诉我们应该如何去团结别人,讲的是合作之道。理解了字义,理解了基本的义理,才能用《周易》指导我们的为人之道、行事之法。

二要理解文意,即知道《周易》中所说的话是什么意思。如“天行,健,君子以自强不息”“地势,坤,君子以厚德载物”,这才是正确的断句。《象传》中往往是先写一个象,再下一个断辞,最后给出行事的准则,如“水洊至,习坎,君子以常德行,习教事”“明两作,离,大人以继明照于四方”“洊雷,震,君子以恐惧修省”都是这样的结构。在《乾》《坤》两卦的象辞中,“天行”为象,“健”为天的特质;“地势”为象,“坤”即“顺”,为地的特质。君子法天,应该效法天的刚健有为。天的运行不凭借任何外力,完全是依靠自身的力量,周行而不殆。我们讲的“君子求诸己,小人求诸人”①,就是这一精神的体现,君子遇到事情,首先就想到自己应该如何去做;遇到困境,首先要想自己如何摆脱困境;遇到和他人的冲突,首先会反省自己的过

① 《论语注疏》卷15,《十三经注疏》本,中华书局1980年版,第2518页。

错。小人的做法,则恰恰相反,遇到任何事情,都要寻找客观原因,文饰其过。君子自强不息,就是要让自己强大起来,依靠自己的力量去面对一切事情。同样,大地沉默不语,周载万方,而不能被任何事情、力量所伤害,君子法地,也要学习这种不能被伤害的厚重与兼容并蓄的包容。

三要追本溯源,即明白《周易》中的每一句话为什么这么说。如《巽》卦:"随风,巽,君子以申命行事。"[①]风吹而万事万物随之披靡,君子见此,就领会到行事要顺应时势的道理。再如《兑》卦:"丽泽,兑,君子以朋友讲习。"[②]丽泽可理解为附丽,兑为欢悦,为口舌,所有的口舌都是由欢悦开始的。俗语云"言多必失",说得高兴了就容易祸从口出,为自己埋下隐患。君子与朋友相处的时候,既要欢悦,又要谨防口舌。又如《艮》卦:"兼山,艮,君子以思不出其位。"[③]兼山为连绵不绝的山,是艮之象,其特征就是非常的静,非常的坚,君子就应该如山一样的安定宁静,做事"不出其位",位不正则事不成,处于什么样的位置,就应该思考做什么样的事情,当止则止。

以上就是读书的三个基本层面:书中说了什么,说的什么意思,为什么要这样说。我们读《周易》,要理解某爻吉凶的道理所在,为何而吉,为何而凶,更要理解《周易》为什么要用这样的词,为什么用这样的象描述这种现象,要能探究背后的

---

① 《周易正义》卷6,《十三经注疏》本,中华书局1980年版,第69页。

② 《周易正义》卷6,《十三经注疏》本,中华书局1980年版,第69页。

③ 《周易正义》卷5,《十三经注疏》本,中华书局1980年版,第62—63页。

道理所在。

四是还要学会举一反三，思考还能怎么说。对于已有的解释，我们在学习之后，就要进一步发现的问题。如上述的“天行，健，君子以自强不息。”“地势，坤，君子以厚德载物”，历来断句不同，我们可以有自己的解释，但对于其他的解释，也要考虑为什么，到底是印刷的问题，还是传抄的问题，还是别具匠心的设计，这些都要做出合理的解释。同样，如关于《乾》卦中的“元亨利贞”的理解，也是众说纷纭。唐代学者孔颖达认为应断为四字：“元，始也；亨，通也；利，和也；贞，正也。”认为这是《乾》卦的四种特质，所以又称《乾》卦为“四德之卦”。现代学者高亨认为应断为“元亨。利贞”。[①]又如“贞”的含义，孔颖达认为应解释为“正”，“利贞”就是“利于走正道”；高亨则认为应解释为“占卜”，“利贞”就是利于占卜。这句话究竟应当如何解读，现在还没有定论，需要我们进一步研究。我们读《周易》，要在理解懂得其道理之后，用这些道理反观《周易》的文辞，到底有没有问题存在。这样一个反复的过程，就是一个吞下去再反刍咀嚼，最终得以消化的过程。《周易》中的很多问题，也就可以在这样一个研习剖析的过程中得到解决。

宋代理学大家程颐曾经说：

学者要自得，六经浩渺，乍来难尽晓，且见得路径后，

① 高亨：《周易大传今注》，齐鲁书社1998年版，第42页。

各自立得一个门庭，归而求之可矣。①

研习中国古代经典，要找到合适的门径，一旦入门之后，便能左右逢源，无往不利。此后朱熹门人就这句话问朱熹说："门庭岂容各立耶？"学问深似海，中国传统文化中常用"廊庑特大"来形容必须有很多的门人弟子，才能立起学门、师门，所以门庭难立。朱熹回答说："此是说读六经，是要从师讲问，且识得如何下工夫，便是立得门庭，却归去依此实下工夫，便是归而求之。"②朱熹强调的是，学习儒家经典，必须要从师问学，否则一个人进入其中随意挖掘，终究不得门径，不得方法。读书还是要按照老师的方法，实实在地下一番苦功夫。朱熹门人又问："如何是门庭？"朱熹回答说："是读书之法。如读此一书，须知此书当如何读。伊川教人看《易》，以王辅嗣、胡翼之、王介甫三人《易解》看。此便是读书之门庭。"③读一本书，不能全凭兴趣去读，门径不对，终究读不明白。学问到了一定层面，就要从师问学，寻找到做学问的门径，至少也要知道何为正道，何为旁门左道。而学《易》的正道门径，朱熹赞同程颐所言，认为有三家：王辅嗣、胡翼之、王介甫。王辅嗣即曹魏时期的王弼，他撰有《周易注》和《周易略例》；胡翼之即北宋学者胡瑗，撰有《易解》(即今存其门人倪天隐述师说

① (清)江永注：《近思录集注》卷3《格物穷理》，上海书店1987年版，第62页。
② (清)江永注：《近思录集注》卷3《格物穷理》，上海书店1987年版，第62页。
③ (清)江永注：《近思录集注》卷3《格物穷理》，上海书店1987年版，第62页。

的《周易口义》）；王介甫即王安石，撰有《易解》，现在已经失传。朱熹指导门人学习《周易》，便指定了这三部书。就“经”的方法而言，朱熹强调立得门庭、识其派别、归而求之。

黄寿祺先生在《论易学之门庭》中也十分推重程、朱之语，并指出：“所谓门庭者，便是从师讲问如何下工夫，如何读书。再申畅其说，便是凡治某一种学问，必须求师指导一了当之途径，使不至迷惘眩惑，若不知要领，劳而无功也。”[①]这仍然是强调读书治学，要有合适的门路才能有所成就。如学中医者，如果不知门径所在，即使天天捧着《黄帝内经》苦苦钻研，也只能是越来越糊涂。我们读书要读名家名著，也是因为其中往往揭示着做学问的正道，而那些旁门左道、不入流的作品，看上去十分华美，实际上理论不对，不但不能将读者引入正道，反而让人走上歧路。

“原易道广大，无所不包，见仁见智，非止一端。今欲辨其门庭，必须先论其源流宗派，知其源流宗派，然后知何者为本，何者为末，何者为主，何者为客，本末既析，主宾既分，而门庭斯立。”[②]《周易》的研究专著，历代以来汗牛充栋，我们要辨别源流宗派，懂得何种为本，何种为末，如上面所讲，要分清经、传、学、术四类，这样才能做到本末、主次分明，才能找到正确的门径。

---

① 黄寿祺：《论易学之门庭》，《福建师范大学学报》，1980年第3期。

② 黄寿祺：《论易学之门庭》，《福建师范大学学报》，1980年第3期。

四、学易要用什么态度？

学习《周易》不能仅仅着眼于“术”的角度，更要从“道”的层面去理解，这样的学习才有意义。在中国文化当中，《周易》处于最为基础性的位置，它的最高层面在于洞悉天地大道、天地运行的规律、天地人的对应关系以及相互制约的关系等。其次是揭示社会发展的轨迹、态势、趋势等等，如《乾》卦的自强不息、《坤》卦的厚德载物，《同人》卦所讲的朋友和睦，《家人》卦所说的家庭和谐等。在《周易》中，凡是遵行天地运行大道的，就是吉；不符合社会人伦秩序的，就是凶。第三个层面，才是占卜之“术”的层面，如果我们能够把握前两个层面，就可以做到“不占而已”[①]。我们认为，学习《周易》，不仅要带着求知求学的客观态度，而且要保持明净精微的心境。

一是洁静精微而不贼。《礼记·经解》记载孔子论《易》教：“入其国，其教可知也。其为人也……洁静精微，《易》教也。”[②]“洁静精微”这四个字概括了《易》教的特点。洁，即内心一尘不染，只有内心非常空灵、纯朴、干净的时候才能来研习《周易》。静，是指内心安静如一。精，即纯粹不杂，要能有“炉火炼得十年剑”的功夫。微，细微灵妙，要能细细体味、琢磨

① 《论语·子路》载：“南人有言曰：人而无恒，不可以作巫医。善夫！不恒其德，或承之羞。子曰：不占而已矣！”《论语注疏》卷13，《十三经注疏》本，中华书局1980年版，第2508页。

② 《礼记正义》卷50，《十三经注疏》本，中华书局1980年版，第1609页。

《周易》中微妙的道理。

唐代学者孔颖达解释“洁静精微”说：“《易》之于人，正则获吉，邪则获凶，不为淫滥，是洁净；穷理尽性，言入秋毫，是精微。”[①]“正”，就像《大学》中讲的正心诚意的态度，一个人内心端正，意念真诚，行事光明正大，这样才能获得吉祥。一个人不能正心诚意，心有邪念，好为“淫滥”，做一些不好的勾当，这样只能得到凶的结果。精微，就是要明白天地运行的大道理，能够按照人性善的要求来追求自己的理想，约束自己的行为，这样方称为“尽性”。

张善文先生也有一番解读，他在《谭易随笔》中说：“洁者，一尘不染，通体清澈，一片冰心在玉壶之谓也；静者，涵咏沈潜，闲适乐天，万物静观皆自得之谓也；精者，纯粹不杂，坚确不移，‘炉火十年磨一剑’之谓也；微者，虚无飘渺，得失无度，别有天地非人间之谓也。”[②]认为“洁”，为一尘不染，内心非常纯洁、干净，像冰心一般纯粹。古人有沐浴更衣、斋戒更衣之类的说法，一天中不食五谷杂粮，保持身体中没有污杂，然后才去进行卜筮，就是以“洁”来体现一种虔诚的意味。

“静”与“动”相对，是人们观察事物的两个角度。现代哲学认为世界一切物质都是运动的，静止只是相对的、暂时的；而中国古代的道家则认为，“静”是永恒的，“动”是暂时的。

---

① 《礼记正义》卷50，《十三经注疏》本，中华书局1980年版，第1609页。

② 张善文：《谭易随笔》，《洁静精微之玄思：周易学说启示录》，上海三联书店2003年版，第313页。

在道家养生体系中,就重视“静”。俗话讲“急中生智”,反应快的那种聪明为“智”;而“静笃生慧”,静到了极点,生出的方是“慧”。释迦牟尼就是由“禅坐”之静,领悟了人生的道理。日常生活中,我们也常讲“静下来想一想”,静的目的就是让人涵咏沉潜下来,来体味天地人生的大道理。静,就是此时心中没有躁动,无欲无求的一种状态。

“精”,就是心中纯粹不杂,简单来说,就是集中精力。在学《易》的过程中,精力集中是学习的基本要求。

“微”,张先生解释为“虚无飘渺,得失无度”,我们可以理解为“微妙”。只有在静心、会意的状态下,才能体会出《周易》微妙的道理,这要求我们细心、用心、会心。

与“洁静精微”相反,古人对学《易》的弊端也进行过总结。他们认为“《易》之失,贼”“洁静精微而不贼,则深于《易》者也”,[①]认为贼是学《易》的最大心牢。《孟子·梁惠王下》中说:“贼仁者,谓之贼。”贼,就是违背了性善、违背了真诚的原则。日常生活中有了邪念,我们谓之贼心,通俗来说,也叫胡思乱想。研习《周易》,最怕一个“贼”字,即不能有为非作歹之心。《周易》本来是教人向善、要人走上正道的,如果心中存有污浊歹念,就违背了《周易》教人修身向善的本意。

学习《周易》要避免贼,就是要祛除心中的邪念。《论语·学而》中讲:“为人谋而不忠乎?”[②]研习《周易》而为人

① 《礼记正义》卷50,《十三经注疏》本,中华书局1980年版,第1609页。

② 《论语注疏》卷1,《十三经注疏》本,中华书局1980年版,第2457页。

"谋",为己"谋",是为了解决他人、自己的问题,那么心中就不要再存有邪念,不能假借鬼神而糊弄他人,不能假借鬼神为自己牟私利。有些江湖术士依靠《周易》占卜来赚钱谋生,这实际上是在为自己牟私利,存有这样心思的人,即使无事也要生事,不可能真正用《周易》来为他人服务。我们学《周易》,首先心中就不能存有侥幸,随时反问自己是否对得起天地,是否无愧于人伦,如果做不到这一点,就不要轻易用《周易》占卜。《尚书·洪范》说:"汝则有大疑,谋及乃心,谋及卿士,谋及庶人,谋及卜筮。"[①]即心中有了困惑,首先要反思自己的内心,然后再向他人咨询,这些都做到了,最后才可以通过占卜来知得失。如果没有省察内心,就直接问之于鬼神,那也会徒劳无功。

二是清明条达而不鬼。《淮南子·泰族训》中说:

> 故《易》之失也卦……清明条达者,易之义也……故《易》之失,鬼……失本则乱,得本则治。其美在调,其失在权。[②]

这段话是否出自《淮南子》还有争议,但可以确信为汉人所言,从中可以看出汉人对待《周易》的态度。《易》之失在卦,过分强求《周易》卦之吉凶,是读《易》最容易犯的错误。"清明

---

① 《尚书正义》卷12,《十三经注疏》本,中华书局1980年版,第191页。

② 何宁:《淮南子集释》卷20,中华书局1998年版,第1391—1394页。

条达者,《易》之义也”,这将“清明条达”作为《周易》的本义。“清”为内心之清净,“明”为内心之洞明。“条达”,则是条理疏通。《周易》中有许多深奥难懂的道理,若能将其放在天地运行之大道的层面和人类社会背景中来理解,就能讲得通,讲得明。我们分析《周易》六十四卦的义理,就应遵照这样的理路。

“《易》之失,鬼”,是说《周易》中的道理深奥,但它是不相信鬼神之事的。整部《易经》之中是不言鬼神之事的,谈到鬼神的只有一句“载鬼一车”。[①]而这个“鬼”字,可能有两个意思。一是取自“鬼方”,是商周时的一个方国。二是从民俗方面讲,中国古代嫁娶的时候,要将新娘打扮得很丑,后世的“红盖头”大概就是这样的遗风。这样的行为和古代“抢亲”的习俗有关,这个“鬼”大概指的是婚嫁之时的情形。《易传》中讲《周易》之道理深奥、鬼神莫测,也是为了形容其神秘微妙,并不是相信真有鬼神之事。《周易》本身是在用一种人文理性的态度,来试图探求洞悉天地运行规律、人伦道理,这与商朝那种敬鬼神而重卜筮的态度是不同的。商朝的求神占卜,是真诚地相信鬼神存在,而《周易》虽然还有一些蒙昧的成分,但其彰显的是一种人文理性,是一种文明的进步。相信鬼神之事而研习《周易》,是必有所失的。鬼神之说出于宗教,而《易》用于占卜,宗教的立足点是在解释原因,占卜的着眼点在于探求结果,二者差异明显。

---

① 《周易正义》卷4,《十三经注疏》本,中华书局1980年版,第51页。

三是顺道而行而不悖。《庄子·天下》中说:“《易》以道阴阳。”[1]认为《周易》是阐述阴阳之道的。宋代学者邵雍在《君子吟》中说:“君子思兴,小人思坏。思兴召祥,思坏召怪。”[2]话虽通俗,从中我们可以看出邵雍对于《周易》的理解。他认为君子独处时,想的是感兴、比兴,如《诗经》中讲见到桃之夭夭,君子就想到婚嫁之礼仪;见到关关雎鸠,想到的就是礼仪。而小人思坏,如其见到美丽的女子,不是采取“可远观而不可亵玩”的态度,却是争夺之,或更甚者是求之不得而毁灭之的恶劣。“思兴召祥,思坏召怪”,天人感应与其说人能感应于天,不如说人通过调节自己的心境来面对周围的人和事。

《周易》中的很多内容,都在讲述人伦之道。《家人》卦的《彖》辞说:

> 家人,女正位乎内,男正位乎外,男女正,天地之大义也。家人有严君焉,父母之谓也。父父、子子、兄兄、弟弟、夫夫、妇妇,而家道正;正家而天下定矣![3]

中国传统文化讲家庭之中,男女应该有明确的内外分工,成员之间有明确的定位,各个成员都能明白自己的定位,明白自己的职责,家道正了,也就不需要占卜了。如果能做到《周

---

① (清)王先谦撰:《庄子集解》卷8,中华书局1987年版,第288页。

② (北宋)邵雍撰:《伊川击壤集》卷16,《邵雍集》,中华书局2010年版,第450页。

③ 《周易正义》卷4,《十三经注疏》本,中华书局1980年版,第50页。

易》中所讲的这些，一个家族就懂得了如何过好日子的道理，又何用占卜呢？孔子讲“不占而已”，高明之人研习《周易》中的道理，就会明白趋吉避凶的方法，严格要求自己的行为，也就不必通过占卜来预测吉凶祸福。《周易》时时刻刻告诉我们做人做事的道理，应该好好遵行，而不能把算卦摆在重要的地位。在中国文化中，圣人是提出理想的人，君子是坚持理想的人，中国文化的智慧都是前代圣人总结出来的、君子践行出来的，《周易》是伏羲、周文王、孔子等圣人共同创造的。圣人走过的路，就是后世的法则，即以圣人之步为法。我们应该做坚持理想的君子，要追随圣人之路，以《周易》的德义比照自己的言行举止，如果迷信占卜，就流入了信鬼神、信邪的境地，始终不能懂得《周易》的真谛所在。

四是敬慎始终而无咎。敬为尊敬，即是讲人要对天地有敬畏之心，要“畏天命”，看到高山深谷也要有敬畏之心，还要能敬业，对自己的事业要抱有一种崇敬感。慎为谨慎，一是由认真而来的谨慎，即战战兢兢，如临深渊，如履薄冰，我们在生活和工作中抱有这种态度才能做得更细致、更扎实，才能卓有成效。二是慎独，一个人独处的时候，内心要谨慎，学会节制自己。人要想了解自己是怎样一个人，就看看自己的朋友；要想了解自己的水平，就看看自己的对手；而要了解自己的心境，就想想自己独处的时候是什么样。君子在众人面前表现得很善良，在独处的时候也同样善良，这就是慎独。

敬慎始终，是要坚持始终如一。做成事业的人，不是最聪明的人,而是最能坚持的人。人不能只有智力而无智能,做事有头无尾,久而久之,一生就糊糊涂涂过去了。《诗经·大雅·荡》中讲“靡不有始,鲜克有终”,[①]有的人做事,开始如火如荼,后来逐渐松散懈怠,最后可能就放弃了。真正坚持到最后的人,才是获得成功的人。若想真正以《周易》来指导人生的话,就要善始善终。很多人都是在不经意间放弃了自己的坚持,犯下了很多的错误,如我们常讲的“人之初,性本善”,孩子都是很天真的,而随着年龄的增长,不去注意品德的修养,慢慢地就变得贪婪,巧取豪夺,这就是放弃了人生的操守。人不断地放弃对自己完美的追求,错误也就越来越多。

《谦》卦的《象》辞讲:

> 谦亨,天道下济而光明,地道卑而上行。天道亏盈而益谦,地道变盈而流谦,鬼神害盈而福谦,人道恶盈而好谦。谦尊而光,卑而不可逾,君子之终也。[②]

天道和地道、人道之间本没有截然分立,人应该按照天时、地利、人和的原则相互协调来做事。判断、思考与行动中都能各守其道,各行其是,君子的所做所为,就可以由此得到大家的尊重,其所体现出来的智慧、所践行出来的德行就能得到大家的认同,这就是君子的“敬慎始终”。

---

① 《毛诗正义》卷18,《十三经注疏》本,中华书局1980年版,第552页。

② 《周易正义》卷2,《十三经注疏》本,中华书局1980年版,第31页。

第一章　易源

《周易》是形成于三代的占卜之书。相传夏代有《连山》，商代有《归藏》，这些占卜经验的积累，为《周易》的形成提供了学理基础。可以说，《周易》蕴含了中华民族在长期生产、生活中所积累的经验和教训。了解《周易》的形成，可以使我们从源头上明白《周易》为什么会呈现出现在的形态。

第一节　《河图》《洛书》及传说系统

学习《周易》文化，就必然要提到《河图》《洛书》，由《河图》《洛书》而形成的传说系统，构成了中国文化的基础，也奠定了《周易》形成的基本模式。

一、《河图》《洛书》的由来

从先秦古籍记载来看，《河图》和《洛书》的来源是很神秘的。《论语·子罕》中说："凤鸟不至，河不出图，吾已矣夫。"孔子感慨在那个礼崩乐坏的时代，凤鸟不来，《河图》不出，意味着天下并非治世，已经没有希望实现自己的理想。《墨子·非攻下》中讲："赤鸟衔珪，降周之岐社，曰：'天命周文王，伐殷有国。'泰颠来宾，河出《绿图》，地出乘黄。"传说周朝将要兴盛的时候，出现了很多祥瑞，《河图》就是其中之一。《管子·小匡》中讲："昔人之受命者，龙龟假，河出图，雒出书，地出乘黄。"意思是周王接受天命而代商之时，龙龟出现，黄河出图，雒河出书，地里出现了一种珍稀的动物叫作乘黄。[1]其中的河出图，便是说河中出现了一个似鹿似马又似麒麟的动物，它身

---

① 乘黄是古代一种十分珍稀的动物。《山海经·海外西经》中记载："白民之国在龙鱼北，白身被发。有乘黄，其状如狐，其背上有角，乘之寿二千岁。"将乘黄描述得十分神奇，大概由于这种动物十分罕见，古人将其出现视为一种祥瑞。

上的花纹被伏羲描绘出来，便是下右图的样子。

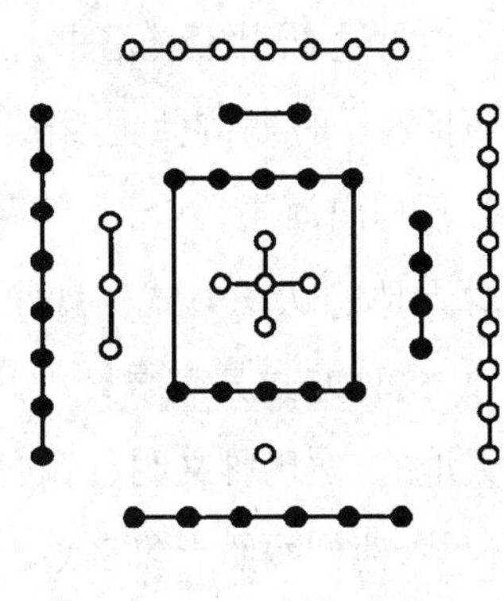

图1.1　《河图》图式

伏羲受《河图》的故事，在其他典籍中也有记载，而且多与《周易》的形成联系起来。《尚书·顾命》伪孔安国传中说："伏羲氏王天下，龙马出河，遂则其文以画八卦，谓之《河图》。"[①]汉代人编撰的纬书《礼纬·含文嘉》中也说："伏羲德合上下，天应以鸟兽文章，地应以《河图》《洛书》，伏羲则而象之乃作八卦。"这种观点成为后世的普遍看法，《汉书·五行志》："刘歆以为伏羲氏继天而王，受《河图》，则而画之，八卦是也。"普遍认为伏羲画八卦得益于《河图》的启发。

《河图》记载于《尚书·顾命》中："越玉五重，陈宝、赤刀、大训、弘璧、琬琰在西序；大玉、夷玉、天球、《河图》在东序。"

① 《尚书正义》卷18，《十三经注疏》本，中华书局1980年版，第239页。

在汉人看来，这些东西都是国家的重宝，陈设在君王办公地方走廊的两边，不轻易示人，其中就有《河图》。虽然说汉代人不一定见过《河图》《洛书》，只能通过传说知道其事，但在此前，包括孔子时期，它们已经成为中华文明的重要组成部分。

马出河中，其身上的花纹，被抽象化以后，就成了中国人对天地的认识方式。如果我们把原始文化上的一些迷雾去掉，这种方式其实很好理解。古代人一般是根据星图来认识天地的，像玛雅文明、古埃及文明、印第安文明等，都有天象的记载，他们按照天象来划出宇宙的体系，作为对宇宙的基本认识。同样，古人对地理也进行思考，对地理的方位、方向建构的地图等，也是借助某些自然形成的纹路，进行附会。这些纹路有时与某些自然物相对应，便成为人类最早认识世界的模式。比如玉的天然纹路、石头的某些色彩，以及一些动物身上皮毛的色泽等，古人都认为这些是天地造化的结果，成为人们联想和模仿的对象。在这其中，对乌龟身上花纹的崇拜，主要形成于商朝的占卜，他们认为经过钻凿和灼烧后龟甲上的裂纹源自上天的启示，因而对乌龟带有某些神圣性的崇拜，进而以其中具有神秘象征意味的图案作为启发，形成了对八卦的最早理解。

在古人看来，某些奇特的天文现象也可以预示吉凶。比如五星聚于东方，就是吉兆；五星排成十字，就是凶。现在有时我们遇到一些自然界的奇特图景，也会觉得不可思议，像有时出现的神秘的麦田怪圈、奇异的道路以及奇特的现象，我们或许会认为是外星人的作为。古人对这类现象的理解，多认为是上天赐予的某些暗示，从而顶膜礼拜。

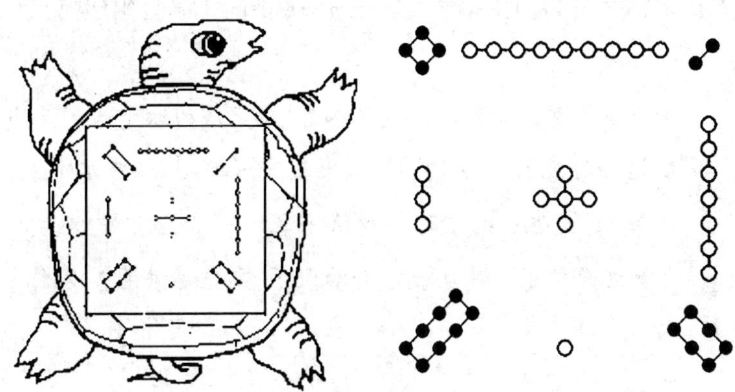

图1.2 《洛书》图式

《河图》和《洛书》也是如此，《河图》大约是黄河岸边发现了一只有着独特花纹的马，身上有着一些给人启发的图案，经过世人演绎之后，结合当时人对天象、地理的理解，总结为理解宇宙的基本图式，是为《河图》。《洛书》大约也是在洛河之中发现了一只与众不同的乌龟，背上的图案比较奇特，经过研究之后，将其抽象化，作为一套数理系统的来源。

《河图》《洛书》对中国文化的影响非常大，两汉学者一直在强化《河图》《洛书》对《周易》的启发。扬雄《核灵赋》："大易之始。河序龙马，雒贡龟书。"[①]认为《周易》创造之始，是取法《河图》《洛书》而成。班固除了在《汉书·五行志》中肯

① （南朝·梁）萧统编，（唐）李善注：《文选》卷56《石阙铭》注，中华书局1977年版，第773页。

定了刘歆的说法，并在《典引》中讲："御东序之秘宝，以流其占。"[①]东序之秘宝，便是前文提到的《尚书·顾命》中所言的陈列在东廊之下的《河图》之类。王充在《论衡·正说》中也说：

> 说《易》者皆谓伏羲作八卦，文王演为六十四。夫圣王起，河出《图》，洛出《书》。伏羲王，《河图》从河水中出，《易》卦是也。禹之时，得《洛书》，《书》从洛水中出，《洪范》九章是也。故伏羲以卦治天下，禹案《洪范》以治洪水。[②]

王充是东汉比较重视事实的学者，他一生主要的精力在于"疾虚妄"，也就是要与经史子中的不实写法进行斗争。在他看来，《周易》以《河图》《洛书》为启发，是确凿无疑的事。

《易传》十篇大致作于战国时期，是由孔子的后学编订的，一般认为是儒家学说。《系辞上》讲：

> 是故，天生神物，圣人则之；天地变化，圣人效之；天垂象，见吉凶，圣人象之。河出《图》，洛出《书》，圣人则之。[③]

---

① （南朝·梁）萧统编，（唐）李善注：《文选》卷48，中华书局1977年版，第685页。
② 黄晖：《论衡校释》卷28《正说》，中华书局1990年版，第1133页。
③ 《周易正义》卷7，《十三经注疏》本，中华书局1980年版，第82页。

这里明确地讲,《周易》是受《河图》《洛书》的启发而作成。《河图》《洛书》中的简单的符号,启发了伏羲创造八卦,《系辞下》又言：

古者包牺氏之王天下也,仰则观象于天,俯则观法于地,观鸟兽之文,与地之宜;近取诸身,远取诸物,于是始作八卦,以通神明之德,以类万物之情。[①]

这段话描绘了伏羲创作八卦的过程。一是“观象于天”,“象”就是日、月与二十八星宿之象。二是“观法于地”,如《乾》卦中的“潜龙勿用”、《坤》卦中的“龙战于野”,其实就是根据四季自然现象的变化总结出来的。“鸟兽之文”,便是我们说的见于龟、马身上的花纹。“远取诸物”,便是观察生活中的器物,例如《鼎》卦,便是以鼎的形象来比喻吉凶祸福。三是观察自身,《周易》中的一些卦直接取自于人的身体或人的行为,如《咸》卦以夫妻之道为基础,描述了万事万物交互感应的发展变化。

《河图》《洛书》的神秘性,在汉代得到了全面的阐发,《春秋纬·说题辞》中就说：

河以通乾出天苞。洛以流坤吐地符。河龙图发,洛

---

① 《周易正义》卷8,《十三经注疏》本,中华书局1980年版,第86页。

龟书感……故《图》有九篇,《书》有六篇。[1]

认为《河图》为乾,为天苞,乾爻皆阳,阳爻称九,故作《河图》九篇,以应其数;《洛书》为坤,为地符,坤爻皆阴,阴爻称六,故作《洛书》六篇,以应其理。在此基础上,汉人还作了《河图纬》与《洛书纬》。汉人对这两部经典的推崇以及在此基础上的大量附益表明,在汉代应该有《河图》《洛书》的文本流传,否则纬书不可能言之凿凿地进行大量的解释。

二、《河图》《洛书》与早期文化

关于《河图》《洛书》与中国早期文化之间的关系,说法很多,但它们都有一个共同的特点,即仿象自然进行学理建构,八卦也是如此。由于《河图》的神秘性,古代典籍中便记载有伏羲、黄帝、尧、舜、成汤都有受《河图》《洛书》的说法:

伏羲受《河图》,画八卦。(《周易正义序》)

《龙图》出河,《龟书》出洛,赤文篆字,以授轩辕。(《今本竹书纪年》)

禹治洪水,赐《雒书》,法而陈之,《洪范》是也。(《汉书·五行志》)

乃有龙马衔甲,赤文绿色,临坛而止,吐《甲图》而

① (日)安居香山:《纬书集成》,河北人民出版社1994年版,第861页。

去。(《宋书·符瑞志》)

《河图》不仅启发了八卦的形成,而且也启发了商代占卜系统《归藏》的建立,大禹治河按照《洛书》,尧、舜、成汤也因为得到了龙马、洛龟的启发而成为一代之杰。当然这些说法都是后世的附会,目的是描述这些帝王得到上天的授命,《河图》《洛书》是众多祥瑞之首。《河图》《洛书》在这些描述之中,其神秘性也在不断增强,其地位也在不断上升,最终因为秘不外传而最终失传。

现在我们来看《河图》《洛书》,其中体现出来的内容,可从如下角度进行理解:

一是天象知识。中国人认为,天地运行有两个基本的要素,就是阴和阳。天地最初是混沌一体的,盘古开天辟地之后,清气上升为天,重浊者下沉为地。从哲学的视角来理解这个过程,混沌一体其实就是阴中有阳,阳中有阴,阴阳互抱而成宇宙。《太古河图代姓纪》中说:

清气未升,浊气未沉,游神未灵,五色未分,中有其物,冥冥而性存,谓之混沌。混沌为太始。太始者,元胎之萌也。

这种说法与现代天文学对宇宙起始的认识是一致的,即宇宙的初始阶段,物质与能量混而不分,随后不断扩张,物质凝聚而为星云，星云凝聚而为恒星行星，有形的物质聚而为阴，无形的能量无处不在而为阳。这就是中国哲学中表述的阳气为清而上，阴气为浊而下。这种认识落实到人身上，就形成对人的清浊之分。人身上阳气最足的地方为头部，中医认为由六条阳经汇集，所以称头部为“六阳之首”。我们在寒冬时，手脚如果不加保护就都会受冻，但头不戴帽子也没什么问题，就在于头部阳气最足。阴阳学说认为混沌的状态是宇宙的初始阶段，在这里，蕴含着分化为阴阳的原初形态，这就是“一”。

《太古河图代姓纪》解释说：

> 太始之数一，一为太极。太极者，天地之父母也。一极易，天高明而清，地博厚而浊，谓之太易。太易者，天地之变也。太易之数二，二为两仪。两仪者，阴阳之形也，谓之太初。太初者，天地之交也。太初之数四，四盈易，四象变而成万物，谓之太素。太素者，三才之始也。太素之数三，三盈易，天地孕而生男女，谓之三才。三才者，天地之备也。[1]

尽管《太古河图代姓纪》托名为《三坟》，其实只不过是后出的一本伪书。但这本书中所描绘的对于宇宙生成的理解，却形成于战国时期，我们不妨看作是较为系统地阐释古代宇宙论的典籍。其中，“一”是指最初混沌未分的状态，其之所以

---

① （西晋）阮咸注：《三坟·太古河图代姓纪》，中华书局1991年版，第5页。

称之为“一”,就在于其中已经不再是单纯的混沌,而是蕴含了继续分判的可能性,能够生出阴阳,这就是《老子》所谓的“一生二”,《周易》所谓的“太极生两仪”。阳清阴浊,所以清气上升为天,浊者下沉为地,中间阴阳冲和而为人。中医就是以此为基础,采用阴阳平衡、阴阳和合的视角观察人的生命状态,认为人是阴阳和合的产物,阳气凝为人形是为男,阴气凝为人形而为女,男女体内又以阴阳分之,五脏之内又以阴阳论之。中医认为人之所以有风寒暑湿燥火引起疾病,在于内外阴阳交感而成。

二是地理知识。在中国文化中,方位和数的排列,有些是仿象天文地理的格局而形成,有的是结合生活经验而积累。古代人将地理方位以井字划分为九宫,中间为中宫,周边八个方位分别为乾宫、坎宫、艮宫、震宫、巽宫、离宫、坤宫、兑宫八等份,作为地方的描述,是为九宫。在奇门遁甲中,九宫代表地,地为奇门遁甲之基,是不动的。由于奇门遁甲采用天、地、人、神四盘作为参照系数,四盘之中唯有地盘为立极点,即基本坐标,不动,其余变量不断运行,与之形成吉凶关系,用以判断事物的发展。

把天地分为九个方格,这九个方格能够有效地概括中国的基本地理格局,代表着古代中国人对于地理方位的基本认识。后代的地理空间布局,都受到了九宫概念的影响。如传说中大禹定九州、周朝的井田之制都是以九宫为模式。现在我们能看到的最基本的格局,便是古代都城的布局,皇宫居中，周围有八个基本的分区，实际便是九宫格的布局。传统中国的四合院中，堂屋、配屋、厢房、天井也都是按照九宫布局。

在秦汉时，形成过一个太乙神游的占卜方式，就是设置一个太乙神游行于九宫之中。由于九宫以二四为肩，六八为足，左三右七，戴九履一，五居中央。这样按照一、二、三、四、五、六、七、八、九之序走一周，便是太乙行九宫。

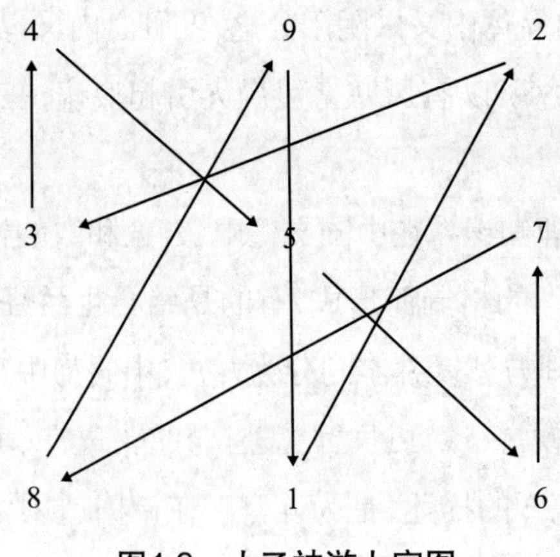

图1.3　太乙神游九宫图

1977年，安徽阜阳双古堆西汉汝阴侯墓出土了“太乙九宫占盘”，其正面按八卦和五行属性（水、火、木、金、土）排列，其中九宫名称、各宫的节气的日数与《灵枢经·九宫八风篇》首图完全一致，表明了九宫在西汉已经被广泛应用。

三是传说知识。《河图》《洛书》的出现，被视为一个重大的文化事件，表明人类在发展过程中，得到了天地万物的启发，这种启发又往往与圣王的出现联系起来，使得这些文化事件被赋予了历史的含义。我们从圣王的名称便能看出伏羲、神农、黄帝所代表的文化。伏羲，在先秦文献中经常写作“伏牺”，牺是用来作祭品的纯色牲畜，伏牺显然就是狩猎为生的部族。而神农则是以农业种植为生的部族，轩辕显然是发明了车具而生产力显著提高的部族。古代文明的进化非常缓慢，某一文化事件发生的历史时期，常会选取这一时期的代表人物作为发明者。这些圣王便成为这些标志性发明的代表人物。由此我们观察伏羲见《河图》而画八卦，应该理解为在伏羲时代，形成了对于天地万物的基本认知，将之归结为八种基本事物，其能够有这些抽象化的总结，在很大程度上是受了外物（比如龙马纹路）的启发。

在中国传说中，有些事件或者事物被作为吉凶的征兆，如某日出门向南走诸事顺利，而向北走诸事不顺，这些生活中的一些偶然现象，经人们记录下来，久而久之，就演变成为“必然之事”，作为基本经验，并被后世参照用来判断吉凶。例如《龙鱼河图》就说：

> 埋蚕沙于宅，亥地大富，得蚕丝，吉利。以一斛二斗，甲子日镇宅，大吉，至钱千万。[①]

《河图》也说：

① （日）安居香山：《纬书集成》，河北人民出版社1994年版，第1155页。

月乘大陵，天下尽丧。星众，兵革起，死人如丘山。星希则无。①

有些是日常生活经验的积累，有的则是在此基础上的疯狂联想，还有些干脆是基于阴阳五行的推断，久而久之，前代的某些理解、记录、想象便演变为占卜之辞，作为后世推崇的占卜信条。

四是想象世界。人类在早期的时候对世界充满了幻想，深邃的大山，变幻的天象，都使得人类在不解之中产生无数朴素的想象，并创造出很多传说。这些想象中有些是有道理的，有些则出于纯粹的猜测，如《洛书·甄曜度》就说：

周天三百六十五度四分度之一，夫一度为千九百三十二里，则天地相去十七万八千五百里。②

古代对于周天测量有着科学性，但是对于天地之间距离的认识就完全是想象之说，而建立在这类想象之中的宇宙秩序，既有一定的合理性，也有相当的玄幻色彩。《洛书纬·灵准听》中描述古代帝王皆有异相：

天皇，颀嬴三舌，骧首鳞身，碧驴秃揭。地皇十一君，

① （日）安居香山：《纬书集成》，河北人民出版社1994年版，第1229页。
② （日）安居香山：《纬书集成》，河北人民出版社1994年版，第1262页。

皆女面龙颡，马蹏蛇身；人皇始出于提地之口，九男，兄弟相像，以别长九州，为九囿。人皇乃有中州，制八辅。[①]

这是对“三皇”的想象，从其描述中基本不是人王，而是集合诸多动物性特征的神人形象，显然是古人玄虚的幻想所致。

由此可见，《河图》《洛书》是将历史、天文、地理、神话、古史传说融合在一起，并吸收了生产、生活中的一些基本经验而形成的对于天地万物秩序的一些理解。其中有很多附会的内容，但也蕴含着很多的道理，不妨看作是蒙昧时期人类知识的总结，当然也是后世思想观念的历史来源。

三、《河图》之理

《河图》与《周易》的关系十分密切。有学者认为《周易》产生在前，现在流传的《河图》是后世学者为阐述《周易》八卦的道理而创作的；[②]还有的学者认为，《河图》产生在前，《周易》八卦是根据《河图》的道理推演出来的。这两种观点不论孰是孰非，我们都可以断定，《河图》与《周易》八卦的关系是相辅相成的，明白了《河图》，也就知道《周易》之所以成为现在的形态，其原因何在。

---

① （日）安居香山：《纬书集成》，河北人民出版社1994年版，第1257页。

② 胡渭：“（汉人）苟出所藏以为人主长生久视之助，且明指为“河图”“洛书”，以附四圣人之《易》。”（清）胡渭撰：《易图明辨》，巴蜀书社1991年版，第22页。

首先,《河图》以阴阳象征宇宙秩序。在下图中,白圈代表阳,黑点代表阴;白圈又象征天,黑点象征地。此外,白圈的连线为奇数,黑点连线则为偶数。奇数为天之数,为阳;偶数为地之数,为阴。阴阳奇偶,成为中国传统思维的基本概念。

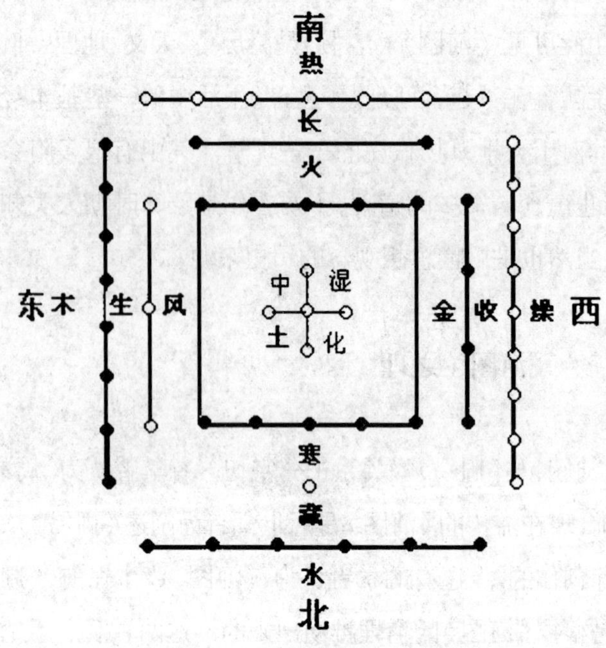

图1.4 《河图》四时方位图

其次,《河图》形成了基本的方位概念。《河图》与当代地图的方位正好相反,古代中国的图示是按照上南、下北、左东、右西排列的。方位又与五行相配,东为木,西为金,南为火,北为水,中为土。方位还可以和季节相配,由季节的春生、夏长、秋收、冬藏,又赋予了不同的性质。东方配木,古人观察树木动而为风动，所以认为是木生风，故而木的性质就为“生”，季节为春。南方为火，因为中国为北半球国家，南方较热，因而南方为火，其性质相应为“长”，季节为夏。西方为金，正如秋风肃杀一样，树叶皆黄，力量强大，故而主“收”，性为燥，季节为秋。人在秋天容易咳嗽，就是因为这个季节的特性是燥。北方为水，水性寒，所对应的季节为冬。冬天人就应该“藏”起来，以顺应自然。古代中国人以北方为水，是因为北方有大泽，或指贝加尔湖，即汉代苏武牧羊所在的“北海”。中央为土，土性湿，因为土生万物，必须湿润方可，其性质为“化”，对应季节是长夏。

中医也吸收了这些观念，认为肺为金，主燥；心为火，主热；肝为木，主人身条达之气；肾为水，主藏。而脾胃为土，居于中央，其性为湿。若脾太燥的话，人身中的水汽不能散布到四肢中去，就会出现肌无力等现象，相反如果脾过于湿的话，又会出现风湿、类风湿等病症。脾应不温不火、不湿不寒，才能保证人体的健康。

由此可以看出，《河图》将一、二、三、四、五、六、七、八、九、十与五方、五行、五气等相对应，它的运转则是按顺时针方向来布局的。因为阴阳合五行，阴、阳有着各自的趋势，但都是顺时针布局。《河图》对于中国文化的影响，我们可以归结为以下几点：

一是左旋趋势。现代科学已经可以描绘出银河系的星图，宇宙星系整体的运转，都是左旋趋势。

如下图，冬至一阳生，此后逐渐增多，到夏至时阳达到顶点；夏至一阴生，逐渐增多，到冬至时阴达到顶点。太极图的整体趋势，是与天地之道相配的，用现代科学来解释，就是符合于银河系运转的整体趋势。

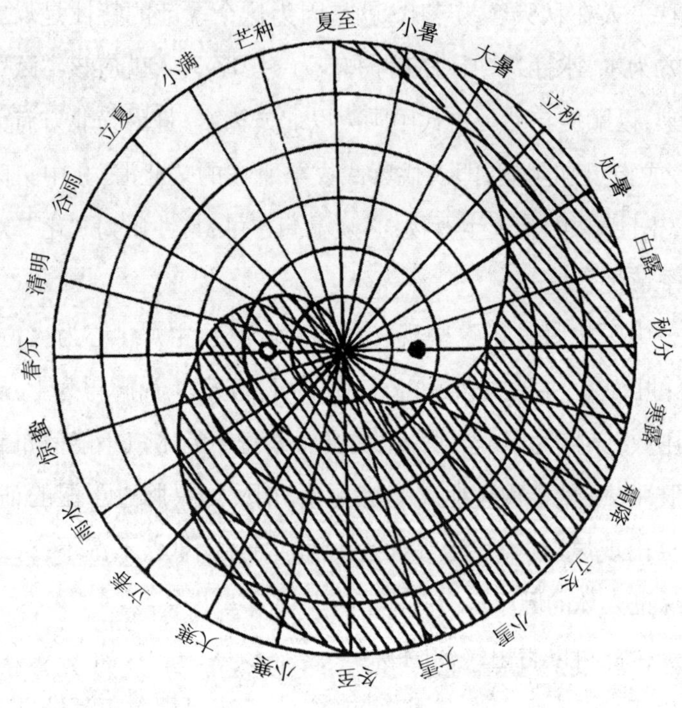

图1.5　阴阳四时运行图

五行与阴阳相合，中间为土是自旋，西金生北水，北水生东木，东木生南火，都是左旋相生。就数字来说，一、三、五、七、九，为阳数，是左旋；二、四、六、八、十，为阴数，也是左旋。在中医理论中，则有着人体“左升右降”的结构，就是在人体内部建构出一个太极结构。传统的太极拳中一些招式，也是按照太极的逆时针方向来画圆，其实就是依靠这些动作来带动人体内部“左升右降”的运转，作为一种调节人体内脏的手段。这就是《河图》给予我们的第一个启发，即用左旋趋势反映五行万物相生。

二是四象图式。《河图》仿象星图而绘制，其用为地理，这便是所谓的“在天成象，在地成形”。中国传统文化中，四方各有象与其属性相配，即东方苍龙为木、西方白虎为金、南方朱雀为火、北方玄武为水，将周天分为四个大区域，每一个象对应若干星宿。

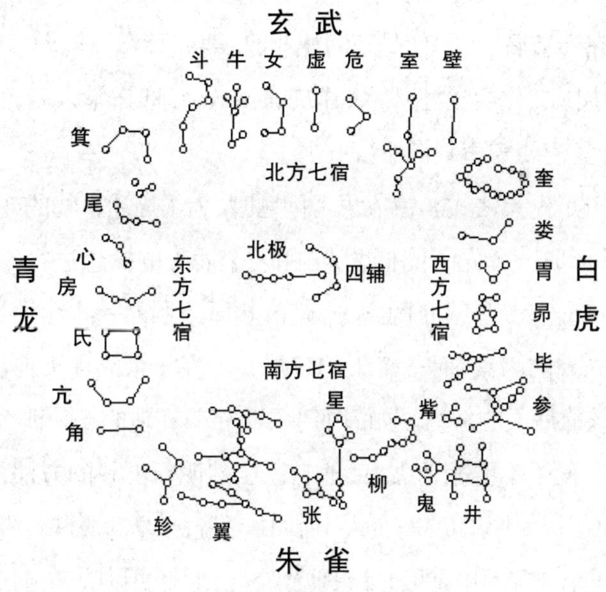

图1.6 四象二十八星宿图

古人又将整个星象作了二十八分，称为二十八星宿，每一象各辖七宿。西方也将星象分为十二星座，又用十二星座来分割一年，各配一个月的时间，星座日期是固定不变的，与实际每月的起止日期并不重合。中国将一年十二等分，是按照“节”来划分的，我们有二十四节气，这其中的十二个“节”分割了一年。和西方不同，中国节气的日期要与天地的运行相配合，由于交节之时稍有差异，因而日子不是固定的，要比西方的星座精密很多。中国古代计算人的生辰，根据的某年某月，是按照节气的交接来确定的，比如年以立春之日为界点，在此前为季冬，过了界点就是孟春。当立春早于春节，凡是出生于立春之后、腊月的人，在中国的生辰也计算为一月出生。立春在春节后的，即使是正月出生，也要算入上一年。

中国文化中论述风水、建筑、时令、命理时，常以四象进行比附，我们要知道其源于《河图》。

三是先天法式。古人思考问题时，为了描述事物的变化形态，常形成一个先天的概念，再用一个后天的概念进行比照。我们不提倡占卜的原因之一，是占卜所依照的基本参照量，取决于先天的因素，而一个人的发展并不完全依靠先天而决定，更应该靠后天的努力。如清朝康熙皇帝就在他的《庭训格言》中教导孩子不要相信占卜，他自己虽然明白占卜的方法，但却从来不用。因为即使一个人“命”中富贵，坐享其成就会坐吃山空；一个人“命”中贫贱，如果他勤奋工作，就可以改变现状。一个人“命”中有功名，却从小不读书向学，那也同样不会中举；一个人“命”中没有功名，却努力读书，也未尝不能改变自己。

又如民间习俗中，有一个利用属相来判断婚姻的说法：“从来白马犯青牛，羊鼠相逢一旦休，蛇见猛虎如刀断，金鸡见犬泪交流，龙见兔儿云端去，猪遇猿猴不到头。”便是将十二生肖按照生、克、冲、合、刑、穿等关系对照，认为六对属相之中存在生肖相害的可能，显然过于简单。

先天之理，五行万物相生相制，以生发为主。后天之理，五行万物相克相制，以灭亡为主。这是古人对于宇宙的一种认识。古人认为，宇宙创造万物和人类，就是要使之相生相制，这是先天之理。如先天时期，地球不断有新的物种产生，形成了生态系统，这时是以生发为主的。而在万物形成之后，则是五行万物相克相制，这就是后天之理。先天法式是以生发为主，因为宇宙在最初的时候是孕育了各种生发的可能性，就像我们地球一样，当地球才开始形成的时候，它是孕育了很多种可能性，如它可能成为恐龙的时代，也可以成为人类的天下。但是当地球的这个可能性变成现实的时候，孕育的则是它的灭绝性，人类主宰地球后，地球不是走向更加的生机勃勃，相反，地球会逐渐变成一个垃圾场，变成一个核工厂，最后不堪重负。所以当它还是一团死寂的时候，是生命的开始，但当它生机勃勃的时候，也是走向灭亡的起点，这是古人思考宇宙法则的一种方式。

先天法式指的是宇宙本初的静止状态，后天法式则是宇宙后来的运行状态。自然界是由阴阳两种物质组成的，阴主静，阳主动，静是宇宙的本初状态，是宇宙最原始的一面；动则是后天宇宙运行的状态。举例而言，一辆车停在那里，这是静的状态，如果有人给它施加力量，它就会移动。移动的时候则会产生速度，要么产生位移，要么产生时间的概念，如此便形成了两维空间。又如，我们将两个磁铁分开放置，它们彼此之间不产生联系，这是静态；当它们被置于同一个磁场中，彼此就会形成相互吸引或相互排斥的关系，这样就形成了动态。推而广之，宇宙由物质和能量组成，当物质和能量各自保持本性、没有发挥作用的时候，就不会产生宇宙，这叫作先天法式。但一旦他们之间相互作用而形成运动，便产生了宇宙。宇宙中的各个要素开始进行重新的组合、调整，也就形成了一种新的关系，我们称之为后天法式。

图1.7　先天八卦图式

可以说,先天法式就是宇宙的本来面目,后天法式就是宇宙中的各种要素相互吸引而产生运动的模式,表现在《周易》中,就是先天八卦和后天八卦。乾一、兑二、离三、震四、巽五、坎六、艮七、坤八,这是先天法式。在这个模式中,乾在正南,兑在东南,离在正东,震在东北,巽在西南,坎在正西,艮在西北,坤在正北。先天法式以彼此之间的互生关系作为规则,具体来说就是以金生水、水生木、木生火、火生土、土生金作为基本关系。

在后天法式中,乾在西北,兑在正西,坤在西南,离在正南,巽在东南,震在正东,艮在东北,坎在正北,彼此之间以互克为规则。如刚刚生下来的小孩,都是生机勃勃的,这就是以生作为他的特点,当他长到40岁的时候,就已经达到人生的顶峰,他将逐渐地衰老,最终以死亡作为归宿。就像我们爬石拱桥一样,爬到石拱桥的最高的背上的时候,下面就要走下坡路,所以后天法式的规则是相克,即金克木、木克土、土克水、水克火、火克金。中医认为养生是按照相生的方式调整,而得病则是按照相克的模式发展的。因而治病,便是逆着相克的方式用药。比如心脏病,心(属火)有病,就会克肺(属金),肺有病就克肝(属木),肝有病就克脾(属土)。当人肝病严重的时候,由于肝木克脾土,土被克制,脾便无法运作,而脾是化湿的,湿气化不出去,则藏在人的三焦系统里面,于是就会出现“肝腹水”。由于病症是按照五行相克的规律运转的,当水“克”到心火时,就不能救治了,因此临床常以心脏跳动为生命存在的根本标志。自然万物都以生克为准则,先天法式主生发，后天之理主灭亡，这是《河图》《洛书》对宇宙秩序的基本思考。

四是阴阳平衡。阴阳平衡，如下图所示，五行当中，土在中间为阴；土之外是四象，四象为阳，东为木，西为金，南为火，北为水，这是内外阴阳和合。就四象而言，东为木，南为火，木火相生为阳；西为金，北为水，金水相生为阴，这形成水火既济之理，为四象阴阳平衡。由东到南，是阳气相对充足的地方，由西到北，则是阴气比较足的地方，我们从西南到东北画一条线，将此图分为两部分，一侧为阳，一侧为阴，阳为白鱼，阴为黑鱼，从而形成了均衡的布局，这就是太极图。

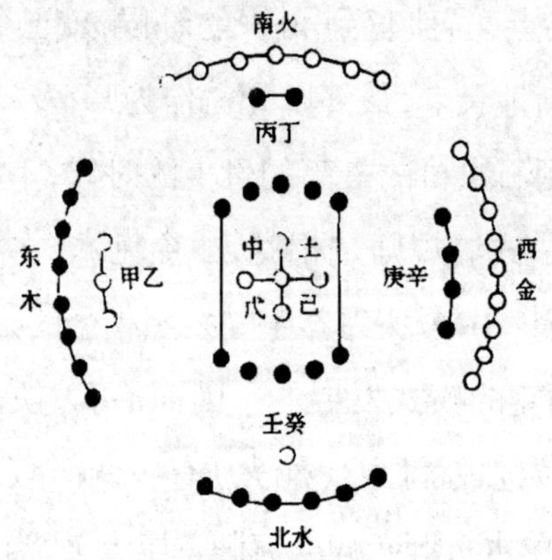

图1.8　《河图》方位图

因为五行之中都有阴阳相交，生生不息，阴阳互根同源，所以太极图中每一个方位上有阴有阳，从而形成了阴阳平衡的布局。在《周易》中，时常讲到阴爻和阳爻之间平衡的问题，有的卦阴爻多、阳爻少，有的卦阴爻少，阳爻多，阴阳不平衡，就藏有凶象。人也是如此,阴阳平衡,人就身体健康。阴阳不调就容易出现问题。中医里讲阴阳要相互平衡,一是指个人本身的阴阳平衡,二是五脏内部的阴阳平衡。比如有的人脾阳虚,有的人脾阴虚。脾阴虚导致湿气重,脾阳虚则容易消化不良,面黄肌瘦。这合乎《河图》《洛书》的基本原理。

四、《洛书》之理

如果说《河图》是圆形的话,那《洛书》则是方形的,因为《河图》讲的是天象,《洛书》讲的是地象。古人认为,天似穹庐,笼盖四野;天圆地方,是古人对天地形态的基本认识。《洛书》表现的是天地的布局,其中白点是阳,象征着天,是天在地的投射。古人认为,天和地是有对应关系的,天上的二十八宿对应地上九州,这是中国古代的“星际分野”学说。黑点是阴数,象征地。阳数为正,在四方;阴数在四隅,也就是四个角上,这是《洛书》的基本形态。

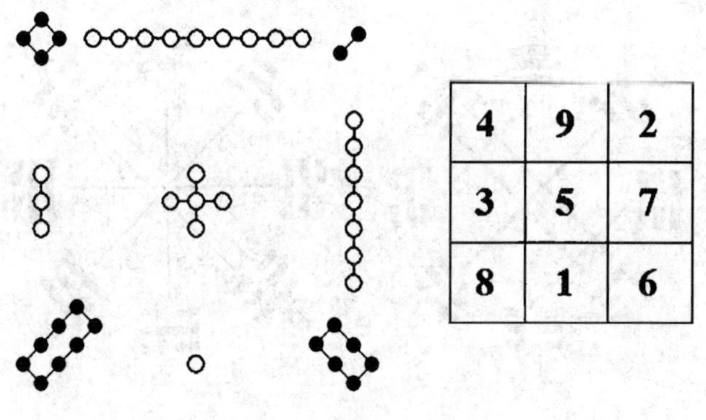

图1.9 《洛书》图式

理解《洛书》,要把握住它的几个特点：

一是寄生九宫。阳数左旋,阴数右旋,二者相抱而成阴阳交泰之象。后代研究风水讲究“环抱”,这一理念便来自于《洛书》。《洛书》中包括以下几个数字：一,二,三,四,五,六,七,八,九,其中奇数为阳数,偶数为阴数。如图所示,阳数和阴数完全平和,不论将每一行、每一列还是斜纵列的数字相加,它们的和都是十五。这样形成了中国文化中的五方布局,奇数五在中央,偶数占四隅。

		离		
巽	4	9	2	坤
震	3	5	7	兑
艮	8	1	6	乾
		坎		

图1.10　后天八卦九宫图

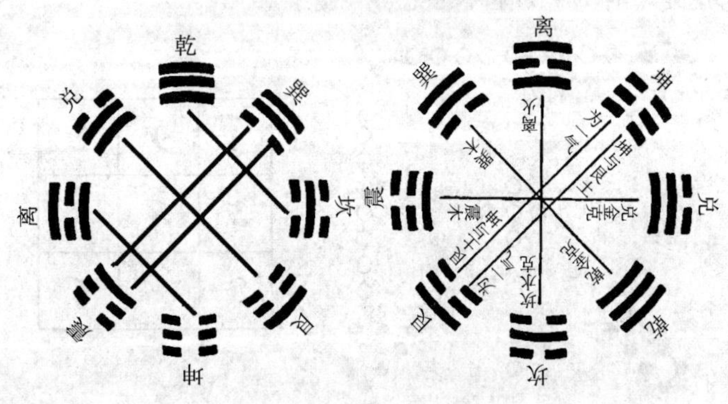

图1.11　先天、后天八卦图式变化图

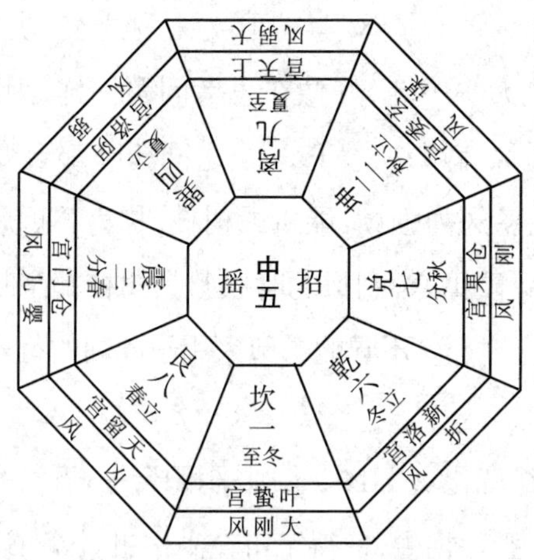

图1.12 后天八卦配八风八节九宫图

《洛书》中的九个数字配合九个方位，形成了九宫，中国古代称之为“太一神数”，也就是“太一游九宫”所形成的吉凶趋势。九宫的具体对应关系为：中宫招摇居于中央，正北的叶蛰宫对应坎位，东北的天留宫对应艮位，正东的仓门宫对应震位，东南的阴洛宫对应巽位，正南的上天宫对应离位，西南的玄委宫对应坤位，正西的仓果宫对应兑位，西北的新洛宫对应乾位。其中外部八宫各对应一个节气，即叶蛰宫对应冬至，天留宫对应立春，仓门宫对应春分，阴洛宫对应立夏，上天宫对应夏至，玄委宫对应立秋，仓果宫对应秋分，新洛宫对应立冬。八宫所代表的季节会形成不同的风，叫作“八风”，中央无风，因而排除在外。立春阴气未退，阳气未盛，故其风为“凶风”。春分之风和畅，如同婴儿一般，因此叫“婴儿风”。立夏气暖风柔，故称“弱风”。夏至热盛风微，但比弱风的势头更强一些,称为“大弱风”。立秋为夏秋之交,阴气方生而阳气仍盛,其风大小不定,好像在思考问题一样,因而叫作“谋风”。秋分之风有肃杀之气,一夜之间树叶都会变黄,所以叫“刚风”。立冬风力强劲,能折毁树枝,称为“折风”。冬至的风比立冬时更硬更寒,刮风的时候整个树枝都刮断了,因此叫作“大刚风”。总之,不同的季节采用了不同的行性,这是九宫的秩序。

二是错综变化。《河图》形圆,阴阳合一,五行是一气,相互吸引而顺生,五行相生,使得宇宙充满生机。《洛书》形方,阴阳并不合一,而是呈错综的形态。具体来说,《河图》中的每一个位置都有阴有阳,阴阳是平衡的,《洛书》则或阴或阳,不可能形成阴阳平衡的态势,是为错综。阴阳错综会产生变化,于是形成后天变化之道。举例而言,一个班级中有四十二个男生,四十二个女生,这是阴阳平衡。如果一个班级中全是男生,另一个班级中全是女生,那两个班级结为了友好班级,这是阴阳相吸。当然,如果一个班级主动结好另一个班级,却遭到了对方的拒绝,这叫作阴阳悖逆。《洛书》的错综变化也会产生吐纳悖顺之事。《洛书》中四方为阳,四隅为阴,不论阴阳相互吸引还是相互悖逆,都会发生运动。这个运动恰恰是天地变化的启动。这样,《洛书》就为宇宙的运行提供了变化的可能,而且讲明了变化之道,变化是以阴阳消长的形式发生的,变化是后天卦序的特征。

三是后天卦序。后天卦序和先天卦序不同，先天卦序是乾一、兑二、离三、震四、巽五、坎六、艮七、坤八。先天之卦反映的是事物当前的状态，后天之卦反映的是它的发展趋势。后天卦序也同样有一个口诀：

一数坎兮二数坤，
三震四巽数中分，
五为中宫六乾是，
七兑八艮九离门。

实际就是：坎一、坤二、震三、巽四、乾六、兑七、艮八、离九。后天卦序一般不用于起卦，而是作为观察万事万物运行的秩序。《说卦传》解释说："帝出乎震，齐乎巽，相见乎离，致役乎坤，说言乎兑，战乎乾，劳乎坎，成言乎艮。"[①]实际是按照时令发生的顺序来设计八卦，万物的春生，夏长，秋收，冬藏，每周天三百六十日有奇，八卦用事各主四十五日，其转换点就表现在四正四偶的八节上，这就构成了按顺时针方向运转的后天八卦图。即震卦为起始点，位列正东，象征春分，按顺时针方向，依次为巽卦，东南，立夏；离卦，正南，夏至；坤卦，西南，立秋；兑卦，正西，秋分；乾卦，西北，立冬；坎卦，正北，冬至；艮卦，东北，立春。

① 《周易正义》卷9，《十三经注疏》本，中华书局1980年版，第94页。

《周易》中的很多道理，实际上来自于《河图》《洛书》的启发。不论《河图》《洛书》的创作年代是否早于《周易》，但它们的理路是相通的。我们明白了《河图》《洛书》的基本法则，就能明白《周易》中很多规则何以如此。

第二节　占卜、卦画与学理系统

古代国家发生了重大事件或施行某项重要的决定，几乎都需要通过占卜来预测吉凶。《周礼·筮人》中便记载"凡国之大事，先筮而后卜"。最常见的占卜有龟卜和蓍占两种方式，二者运用的场合不同，有主次之分。在古人眼中，龟卜要比蓍占更贴近上天的指示，更有助于事情的取舍。唐代学者贾公彦便说："龟重，威仪多……筮轻，威仪少。"[①]孔颖达也说："谓征伐、出师若巡守，天子至尊，大率皆用卜也。"[②]国家发生征伐之类的重大事件，或是天子占卜，都要采用龟卜，就在于古人认为龟卜比蓍占更具有威仪性和可信度。

中国古书中记载的占卜种类有很多，《汉书·艺文志》中记载了天文、历谱、五行、蓍龟、杂占和形法等方法，这些都是早期形成的占卜方式。天文就是观察星象，《三国演义》中诸葛亮所说的"亮夜观乾象，操贼未合身亡"，便是通过星象预知吉凶。历谱就是历法，即根据黄道吉日来判断吉凶。屈原的

① 《仪礼注疏》卷37，《十三经注疏》本，中华书局1980年版，第1143页。
② 《礼记正义》卷54，《十三经注疏》本，中华书局1980年版，第1644页。

《离骚》中记载："帝高阳之苗裔兮，朕皇考曰伯庸。摄提贞于孟陬兮，惟庚寅吾以降。"[①]根据楚国出土的竹简可知，当时人认为，庚寅日出生的人命特别好，因为这一天出生的人都很通灵。屈原记述父亲为自己起名的情形说："皇览揆余初度兮，肇锡余以嘉名。名余曰正则兮，字余曰灵均。"[②]这是根据历谱来判断吉凶。五行就是根据金、木、水、火、土相生相克的原理来判断吉凶。蓍是用蓍草占卜；龟即在龟甲上钻孔，经灼烧产生裂纹，通过观察裂纹，判断吉凶。形占即根据风水、地理占卜。除此之外还有许多借助自然外物来占卜的方法，人们统称之为杂占，比如象占，就是看日食、月食、乌云等等；再如物占，是根据奇怪的事物来判断吉凶；另外还有梦占，《诗经·小雅·斯干》中说睡觉的时候晚上梦见熊和罴，这是预示着男孩降临；晚上梦见了虺与蛇，预示着女孩降生；后代有一部书叫《周公解梦》，也是根据梦境来占卜。以上都是占卜的不同种类和方式，我们重点介绍龟卜与蓍占。

一、龟卜

春秋时期，关于占卜最多的记载就是龟卜和蓍占，《左传·僖公十五年》记载："龟，象也。蓍，数也。"龟占看的是象，蓍占用的是数，两者各有利弊。象的表述十分简单，但解

① （南宋）洪兴祖撰：《楚辞补注》，中华书局1983年版，第3页。

② （南宋）洪兴祖撰：《楚辞补注》，中华书局1983年版，第4页。

释无穷；数字分析细密，但容易流于机械。《周易》在流传的过程中也形成了两种思路：一是《易》图，即参照《周易》的图谱图式；二是《易》象，即观察《周易》图象。象的优点在于指示不确切，容易让人产生各种联想。不同的国家、民族之间可能很难使用言语沟通，但是有一些姿势和动作，比如握手、微笑等，是全人类共同认知的，所以象最具传播能力。早期的时候，人们在龟甲上钻孔，将龟甲的裂纹视为上天给予人类的启示，以此判断吉凶。这种占卜方式完全依靠于“感应”，是古人在蒙昧状态下的一种自然崇拜。

龟占十分复杂。根据殷商甲骨文的记载，占卜者首先要“命龟”，也就是述命，传达占卜的命令；斋戒、更衣之后，则要“请龟”；然后是“灼龟”，就是在龟壳上钻孔，然后烧灼，由于受热不均，龟壳会产生裂纹；接着是“解龟”，即让巫师来解释纹路反映的事件吉凶；再下来是“刻龟”，将解法刻在龟甲上。比如：“丁卯卜：王大获鱼。”[①]就是在丁卯这天占卜，最后应验，抓获了一条大鱼。又如“贞□王□伐土方，受有祐？”[②]意思是说，如果要征伐土方，上天是否会庇佑。这就是早期的龟占，有很多的随意性。最后是“验辞”，就是验证占卜的结果，有的时候占卜应验了，那就记录下来，作为日后经验的积累；如果预测没有应验，说明事情有变动，比如预测是凶，最后却是吉，那就是逢凶化吉。龟占在商代十分发达，有些占词还保留在《周

---

① 郭沫若：《卜辞通纂》，科学出版社1983年版，第161（总538）页。

② 郭沫若：《卜辞通纂》，科学出版社1983年版，第110（总435）页。

易》当中,《周易》也因此记录了很多历史事件。

二、筮占

筮占,即用蓍草占卜。筮占兴起的时间相对较晚,不过根据《尚书》《左传》《史记》等书的记载,西周时,筮占已成为一种应用比较广泛的占卜形式。《诗经·卫风》中就说“尔卜尔筮,体无咎言”,[①]其中“尔卜尔筮”,就是既用龟来占卜,又用蓍草来占卜,这说明在当时龟占和筮占同时在使用。龟占所用的乌龟体积很大,不易获得,目前从殷周时代遗址出土的龟甲,几乎都是从东南亚运来的,这样的乌龟在当时十分贵重,只有君主和贵族才能使用。而蓍草则是一种植物,其形状中通外直,细而短小,十分轻盈,又容易寻得。所以,在商周时期,朝廷一般使用乌龟,百姓则多用蓍草,这种占卜更加民间化。

龟占由负责祭祀问天的巫官来执行,筮占则由卜官负责。龟占与筮占的区别在于,龟占依赖于天意,靠的是直觉,也就是临时的感应;而筮占则较为理性,它是推论,根据推出来的数字起卦。龟占假设有天帝存在,认为天帝会给人降临暗示,取的是象,也就是龟甲上的裂纹,龟甲在烧灼的过程中,因为受热不均而产生不同形态的裂纹,这取决于龟甲的材质,

---

① 《毛诗正义》卷3,《十三经注疏》本,中华书局1980年版,第324页。

是自然的结果，可以说完全取决于天意。筮占则更加理性，它不完全依赖上天的力量，而是由卜官自己思考来判断结果，天人地三者合一。筮占时需要五十根蓍草，以合《河图》之数，[①]卜者在分配蓍草的时候，可以随机决定两部分的多少，占卜过程包含着更多的人为因素。

龟占向筮占的演进是古代占卜的一个重要阶段。根据屈万里先生的观点，《周易》的《易》卦是从龟卜演化而来的，其原因主要有这样几点：第一，龟卜和《易》占的刻辞与卦画都是由下而上的。第二，《易》卦以相对和反对为序，相对是两两相应，反对则是卦序正好相反。龟卜里面是相对为序，就是左右对称。第三，爻位阳数都是奇数，阴爻都是在偶数上。比如第一爻、第三爻、第五爻是阳爻，第二爻、第四爻、第六爻为阴爻，就是吉祥的，否则会有凶相。第四，在《易》卦中，称阳爻为九，称阴爻为六，这分别出自龟甲的腹甲和眉板。[②]

通过分析龟卜辞和筮占辞的延续性，我们也可以得到类似的结论。第一，二者都求象，龟甲求的是兆纹，即纹路裂出的痕迹，主要分析纹路的粗细与走势；蓍草则是根据其所形成的卦画来分析卦象。第二，二者都问辞，龟卜有贞问，即占卜吉凶；卦有利贞，即是否利于占卜。第三，二者都有占辞，卜有

① 《河图》中的数字之和为五十五，去除中宫之五，剩余五十。这五十也叫大衍之数，去掉代表事物本源的“一”，剩余四十九，这是《易》数。所以说，《易》的数字取法于天地。

② 屈万里：《易卦源于龟卜考》，黄寿祺、张善文编：《周易研究论文集（一）》，北京师范大学出版社1987年版，第43—63页。

吉利，卦有吉凶。二者的不同在于，筮占有象辞，龟占则没有象辞，因为经过烧灼形成的图象，本身就具有象辞的作用。而在《周易》当中则是有象辞的，如《乾》卦第一爻为“潜龙勿用”，“潜龙”是象，“勿用”是判断。

三、数字卦的形成

今人在考古发现的龟甲、卜骨上发现了数字卦，这些数字卦就是《周易》卦的前身。如1950年殷墟四盘磨西区出土的卜骨，其中有“七五七六六六”几个数字，若把一、三、五、七、九作为阳数，二、四、六、八作为阴数，那么“七五七六六六”，阳数为乾，阴数为坤，合起来是天地《否》卦。1980年，考古人员在复查1973年小屯南地出土的陶片时，于考古队仓库中发现一包卜甲，上有文字五处。其中有数字为“七七六七六六”，若以奇数为阳爻，偶数为阴爻，则此卦为风山《渐》卦；又有“六七八九六六”，即水山《蹇》卦；还有“六七一六七九”，即兑为《泽》卦。其中风山《渐》卦后有“贞吉”二字，这主要见于《周易》当中，并不见于殷墟其他的卜辞，显然它是《周易》的前身。由于它被刻在龟甲上，而龟甲是殷商使用的占卜材料，因而由此可以推知，商朝有两种占卜方法，早期是通过烧灼龟甲、观察纹路，后期则演化为数字卦，而数字卦即《周易》的前身。1987年在陕西淳化县石桥镇出土的陶罐，里面有卦画十一组：

1. 一一一一一一(乾)

2. 六一一五一一(夬)

3. 一六一一一一(大有)

4. 一一一六八八(否)

5. 一一六一一一(小畜)

6. 一一六一九五(小畜)

7. 一八一六一一(睽)

8. 八一一八一六(困)

9. 六八五六一八(解)

10. 一九八一一一(小畜)

11. 一一六八八一(益)

其中出现了《乾》《夬》《大有》《否》《小畜》《小畜》《睽》《困》《解》《小畜》《益》诸卦。由此可知,最晚在商末周初,这些卦已经形成,而且已经使用六个数字来判断吉凶。

西周金文也有关于卦象的记载,如:

中方鼎:七八六六六六(剥),八七六六六六(比)

召卣:六一八六一一(节)

召仲卣:七五六六六七(噬嗑)

父乙盉:七六七六七六(未济)

(贺家村)铜甗:六六一六六一(震)

殷墟甲骨和陶器上也有很多这样的卦：

卜甲：七七六七六六(渐)，六七八九六八(蹇)

陶簋：六六七六一八(解)，六六七六七一(归妹)

除此之外，当代很多考古发现都可以证明殷商时卦已经形成。如陕西扶风齐家村西周卜骨有筮数六组，河南殷墟苗圃北地砾石刻有筮数六组，湖北江陵天星观楚简载筮数八处，陕西沣西张家坡出土卜骨有筮数四组，岐山凤雏出土卜骨、长安西仁村出土陶拍、方山镇江营卜骨等，亦均存有筮数。[①]综合统计数据发现，在刻于龟甲、石头和铜器上的早期占卜符号中，出现的数字由多至少排列为六、一、五、七、八、九，其中六和一出现的次数最多，一般来说，一象征阳爻，六象征阴爻。

在《周易》的《乾》卦和《坤》卦中有"用九"和"用六"，刘禹锡在《辩易九六论》解释说："九与六为老，老为变爻；七与八为少，少为定位。"[②]古人以奇数代表阳爻，偶数代表阴爻，其中九作为阳爻的时候会发生变卦，六作为阴爻的时候也同样要变卦。除九、六之外，其他数字所代表的爻则固定不变。可以说，《周易》是在商朝龟卜的基础上慢慢演化，形成了一套完整的学理系统，蕴含了阴阳、变化、吉凶概念以及象、数等表现

---

① 李学勤：《周易溯源》，巴蜀书社2006年版，第224—242页。

② (唐)刘禹锡：《辩易九六论》，卞孝萱校订：《刘禹锡集》，中华书局1990年版，第87页。

形式。

第三节 《连山》《归藏》与文献系统

根据《周礼》记载，太卜“掌三易之法：一曰《连山》，二曰《归藏》，三曰《周易》。其经卦皆八，其别皆六十有四”。[①]《周礼·筮人》也提到：“筮人掌三《易》，以辨九筮之名：一曰《连山》，二曰《归藏》，三曰《周易》。”[②]当时国家最大的占卜官掌握三种占卜方法，一种叫《连山》，一种叫《归藏》，一种叫《周易》。郑玄注解说：“三《易》卦别之数亦同，其名占异也。”[③]按照郑玄的观点，三本书的卦和数是相同的，都有八个经卦、并由八经卦组成六十四卦；不同之处在于，六十四卦的次序不同。贾公彦疏云：“经卦皆八者，谓以卦为经，即《周易》上经、下经是也；皆八者，《连山》《归藏》《周易》皆以八卦《乾》《坤》《震》《巽》《坎》《离》《艮》《兑》为本，其别六十四。”又说：“占异者，谓《连山》《归藏》占七、八，《周易》占九、六，是占异也。”[④]贾公彦认为，《连山》和《归藏》占七、八，即用七为阳爻，八为阴爻。《周易》占的是九和六，即用九和六描述卦象。这些学者没有见过早期的卦画，只是凭借直觉在做解释。现在一般认为，《连山》《归藏》《周易》三大

---

① 《周礼注疏》卷24，《十三经注疏》本，中华书局1980年版，第802—803页。

② 《周礼注疏》卷24，《十三经注疏》本，中华书局1980年版，第805页。

③ 《周礼注疏》卷24，《十三经注疏》本，中华书局1980年版，第803页。

④ 《周礼注疏》卷24，《十三经注疏》本，中华书局1980年版，第803页。

系统的区别主要在于卦序的不同：六十四卦重卦之序，《连山》首艮，《归藏》首坤，《周易》首乾；八经卦六子之序，《归藏》是按少、中、长排列，《周易》是按长、中、少排列，《连山》目前还不清楚。

早期的卦画里面有一、五、六、七、八、九等几个数字，按照这个说法，《连山》《归藏》《周易》是合在一起用的，只是《连山》和《归藏》很早就遗失了，因而今人无法窥测其原貌，但我们可以根据古书记载和考古发现了解一二。

一、《连山》

按照史书记载，汉朝的官方图书藏于兰台，其中就有《连山易》。西汉成哀时期，刘向、刘歆父子校理国家藏书，其书目载于《汉书·艺文志》中。然而，《汉书·艺文志》著录了多种筮书、龟书、杂占等书，却没有收录《连山》和《归藏》，若以此推断，至晚到西汉后期，这两部书就应该已经散佚了。但东汉初年的桓谭在《新论·正经》则说："《易》一曰《连山》，二曰《归藏》，三曰《周易》。《连山》八万言，《归藏》四千三百言……《连山》藏于兰台，《归藏》藏于太卜。"[①]晋代皇甫谧《帝王世纪》和北魏郦道元的《水经注》里也都引有《连山易》的文字，两种记载出现了分歧。

---

① （东汉）桓谭撰，朱谦之校辑：《新辑本桓谭新论》，中华书局2009年版，第38页。

今人考证，郦道元和皇甫谧在书中引用的《连山易》的文字，并不是原本《连山易》中的内容，而是出自他书，只不过这些内容古奥难懂，因此被误认为是《连山易》的文字。另一方面，西汉后期出现了大量伪托的书，人们将自己所编的书籍冒充古书在社会上流传开来，所以桓谭所看到的《连山》可能是西汉人编造的。桓谭之后，这部《连山》也亡佚了，但由于《连山》实在过于神秘，人们纷纷自行创作，因而后代出现了大量名为《连山》的伪书。如南朝梁元帝就曾作过《连山》，其《金楼子·著书篇》录“《连山》三秩三十卷”，文下原注称他“年在弱冠著此书，至于立年其功始就。躬亲笔削，极有其劳”。[①]唐朝人看到的《连山》就是梁元帝所作，唐段成式在《酉阳杂俎续集》卷四《贬误》中说：

> 焦赣《易林·乾卦》云：“道陟多阪，胡言连謇。译喑且聋，莫使道通。”据梁元帝《易连山》，每卦引《归藏》斗图，立成委化。《集林》及焦赣《易林》《乾》卦卦辞，与赣《易林》卦辞同，盖相传误也。[②]

梁元帝的《易连山》，每卦引《归藏》《斗图》《立成》《委化》《集林》，实际上都是四处摘抄拼凑而成。

隋朝刘炫也造过《连山》，《北史·儒林传》记载：

---

① 许逸民：《金楼子校笺》卷5《著书篇》，中华书局2011年版，第995页。
② （唐）段成式撰：《酉阳杂俎》，中华书局1981年版，第234页。

> 时牛弘奏购求天下遗逸之书，炫遂伪造书百余卷，题为《连山易》《鲁史记》等，录上送官，取赏而去。后有人讼之，经赦免死，坐除名。

牛弘搜集购买天下遗书，刘炫便伪造了一本《连山》来求赏，不过很快就被发现了。

到了北宋，又出现《古三坟》一卷，分为《山坟》《气坟》《形坟》三篇，其中《山坟》也被称为《连山》。其书以君、臣、民、物、阴、阳、兵、象为八卦，卦序排列以山为首，其首八卦为叠山象、藏山兵、连山阳、潜山阴、兼山物、列山民、伏山臣、崇山君。不过这部书，也应该是宋人假造的。因此，《四库总目提要》说：

> （其书）以《连山》为伏羲之《易》，《归藏》为神农之《易》，《乾坤》为黄帝之《易》，各衍为六十四卦，而系之以传，其名皆不可训诂。又杂以《河图代姓纪》及《策辞》《政典》之类，浅陋尤甚。至以燧人氏为有巢氏子，伏羲氏为燧人氏子，古来伪书之拙，莫过于是，故宋元以来，自郑樵外，无一人信之者。

认为《连山》是伏羲之《易》，《归藏》为神农之《易》，《乾坤》即《周易》，是黄帝之《易》，这是清代学者的推断。清代马国翰《玉函山房辑佚书》、王谟《汉魏遗书钞》和观沫道人《闰竹居丛书》等，都曾搜集整理《连山》和《归藏》的佚文，但由于其出处不可靠，所引资料并不可信，需要谨慎对待。

二、《归藏》

《礼记·礼运》引孔子语说：“我欲观殷道，是故之宋，而不足征也。吾得《坤乾》焉。《坤乾》之义，夏时之等，吾以是观之。”郑玄注：“得殷阴阳之书也。其书存者有《归藏》。”[①]孔子想要观看殷朝治国之道，便前往宋国，但是宋国文献不全，孔子得到了一本名为《坤乾》的书，孔子通过《坤乾》发现了夏朝的事情。商朝的卦以《坤》卦居首，以《乾》卦居二，今天的《周易》是以《乾》卦居首，《坤》卦居二。可见，孔子曾经见过商朝的《易》，即孔子见过《归藏》。郑玄曾提到：“得殷阴阳之书也。其书存者有《归藏》。”[②]认为孔子所见到的以《坤》第一卦，《乾》在第二卦的书就是《归藏》。孔颖达正义说：“殷《易》以《坤》为首，故先《坤》后《乾》。”[③]习惯认为《归藏》以《坤》为首，先《坤》后《乾》。宋人朱震《汉上易传》引《山海经》曰：“黄帝氏得《河图》，商人因之，曰《归藏》。”[④]汉代学者杜子春、桓谭、郑玄等人也曾提到《归藏》。但《归藏》之书并

① 《礼记正义》卷21，《十三经注疏》本，中华书局1980年版，第1415页。

② 《礼记正义》卷21，《十三经注疏》本，中华书局1980年版，第1415页。

③ 《礼记正义》卷21，《十三经注疏》本，中华书局1980年版，第1415页。

④ （北宋）朱震撰：《汉上易传卦图》卷上，《景印文渊阁四库全书》本（第11册），台湾商务印书馆1983年版，第309页。

没有被收录在《汉书·艺文志》中，说明汉朝的时候《归藏》可能已经遗失了。

《隋书·经籍志》始载《归藏》十三卷，并解释说：

> 《归藏》，汉初已亡，案晋《中经》有之，唯载卜筮，不似圣人之旨。以本卦尚存，故取贯于《周易》之首，以备《殷易》之缺。[①]

从干宝《周礼注》、朱震《易丛说》以及李过《西溪易说》等书所存《归藏》佚文中，可以看出《归藏》的卦序，即坤、乾、艮、兑、坎、离、震、巽。《说卦》中说："雷以动之，风以散之；雨以润之，日以烜之；艮以止之，兑以说之；乾以君之，坤以藏之。"[②]其中"坤以藏之"，以"藏"为"坤"之象，正与重"坤"、以"归藏"为名的《归藏》符合。通过这一点可以推断，《归藏》的卦有可能是存在的。

1993年湖北江陵王家台15号秦墓出土了一批竹简，简中大概有四千余字，人们整理后发现，它的内容与传本《归藏》多有重合。秦简本《归藏》与传世的《归藏》卦象相同，卦名不同，文字形体不同，还有一些增字和误字，但大部分内容是重合的，这也说明《归藏》这本书在当时有可能存在。

《归藏》卦主要有两个特点：一是以史为鉴，《周易》不是

---

① 《隋书》卷32《经籍志》，中华书局1973年版，第913页。

② 《周易正义》卷9，《十三经注疏》本，中华书局1980年版，第94页。

以史为鉴，是以事为鉴。比如《归藏》的卦辞称《节》卦是周武王伐殷之前占到的一卦；称《明夷》卦是夏后启占卜得到的，是历史事件的积累；而《周易》中的《节》与《明夷》，则是通过“不出户庭”“不出门庭”“明夷于飞”等事例介绍经验。第二是以枚为占，不问事项。《归藏》关注的是卦的吉凶，而不问爻的吉凶。从这个角度来说，《归藏》应该是《周易》的前身。

第二章　易经

从文本上来说,《周易》是由“经”和“传”两部分组成的。“经”是《周易》中原初的文字;“传”是孔子后学对经文的进一步解说,其中杂入了儒家和道家的学说。我们学习《周易》,首先要对“经”有所了解。

第一节 《易经》的形成

一、周、易之义

“周易”中的“周”的含义，历来众说纷纭，主要有以下四种观点。

一是指周朝。《周易》作于西周时期，人们自然地将《易》与周朝联系起来，即该书是周代的《易》。

二是循环往复。古人认为，周天三百六十度，圆周也是三百六十度，所以“周”有循环往复的含义。《系辞下》言：“《易》之为书也不可远，为道也屡迁。变动不居，周流六虚，上下无常，刚柔相易，不可为典要，唯变所适。”[①]阴阳之间如太极图一般，形成相互抱着的环形。夏至的时候一阴生，到冬至的时候，阴气达到极致，同时一阳生，然后经过春分，到夏至阳气达到极致。宇宙周流不息，“周”有周天变化的含义。

三是周至万物。《系辞上》说：“《易》与天地准，能弥纶天地之道。仰以观于天文，俯以察于地理……知周乎万物而道济天下，故不过；旁行而不流，乐天知命，故不忧。”[②]《周易》能把自然万物都了解得十分清楚，也将天、地、人的关系思考得周到、周全，故有“周至万物”之义。

---

① 《周易正义》卷8，《十三经注疏》本，中华书局1980年版，第89—90页。

② 《周易正义》卷7，《十三经注疏》本，中华书局1980年版，第77页。

四是周密。东汉学者许慎的《说文解字》在解释“周”时说:“密也,从用、口。”但是《周易》的“周”一般并不取此含义。

以上几种观点,各有各的道理,相比之下,“周”以周代解释更为稳妥。郑玄在《易赞》中说:“《连山》者,象山之出云,连连不绝;《归藏》者,万物莫不归藏于其中;《周易》者,言易道周普,无所不备。”[①]《连山》是象山之形,即表示山的形状,连绵不断。《归藏》取万物藏于其中之义。《周易》说的是周普,就是周旋、周到。但是如果按照这种说法,《连山》应该叫“象易”,《归藏》应该叫“阴易”,《周易》才能叫“周易”。孔颖达在《周易正义·卷首》中称“神农一曰连山氏,亦曰列山氏;黄帝一曰归藏氏。既《连山》《归藏》并是代号”,因而《周易》也应该是“因代以题周”,后代多遵从孔说。所以,还是解释为“周代”最为合理,《周易》是周朝形成的《易》。

“易”的含义,郑玄在《易赞易论》中解释说:“《易》一名而含三义:易简,一也;变易,二也;不易,三也。”[②]认为“易”有三个含义:简易、变易和不易。

一是简易。天地万物的规律非常复杂,如果要描述自然万事万物,那么最简单、最直观的方式,就是概括天地运行的模式,这就是简易。《易纬·乾凿度》说:“《易》者,以言其德也……光明四通,效易立节……虚无感动,清净照哲……不烦

① 《周易正义·卷首》,《十三经注疏》本,中华书局1980年版,第9页。

② 《周易正义·卷首》,《十三经注疏》本,中华书局1980年版,第7页。

不挠，淡泊不失。”[①]郑玄说："效《易》者，寂然无为之谓也……照，明也。夫惟虚无也，故能感天下之动。惟清净也，故能照天下之明……未始有得，夫何失哉。”《系辞上》也说："《易》，无思也，无为也，寂然不动，感而遂通，天下之故。”[②]《周易》通过八种要素来概括天地运行的动因，八卦相互叠加在一起构成六十四个卦，便能将宇宙运行的基本模式和人类社会的基本活动描述得淋漓尽致。比如《蒙》卦讲述孩童的启蒙，《师》卦讲军事，作出简单概括，是为简易。

二是变易，即不断地变化。《易纬·乾凿度》说："变易也者，其气也。天地不变，不能通气……君臣不变，不能成朝……夫妇不变，不能成家。”《系辞下》也提到："《易》之为书也不可远，为道也屡迁，变动不居，周流六虚，上下无常，刚柔相易，不可为典要，唯变所适。”[③]世间万物处于不断变化的过程中，《周易》的六十四卦表现了变化的方式。具体来说，卦与卦之间有变化的过程；每一卦的内部，六个爻是有变化的；六爻之间还有呼应，也会发生变化。这种变量的存在，表现了事物发展变化的可能性。比如天地《否》卦和地天《泰》卦，前者卦象为地在下，天在上，后者反之。这就好比沙漏一般，当沙子在下面的时候，沙漏是静态的，如果将沙漏倒过来，沙子会向下漏，沙漏内部发生变化，也就产生了能量。这也好比物

---

① （日）安居香山：《纬书集成》，河北人民出版社1994年版，第3页。

② 《周易正义》卷7，《十三经注疏》本，中华书局1980年版，第81页。

③ 《周易正义》卷8，《十三经注疏》本，中华书局1980年版，第89—90页。

理学中的势能和动能，势能是静止的，能量虽大，但不能发生作用，只有在运动的时候，势能才能转化成动能。《周易》当中处处蕴含变化之道，观察其变化趋势，才能理解其中的转化过程。

三是不易。《易纬·乾凿度》说："不易也者，其位也。天在上，地在下；君南面，臣北面；父坐子伏，此其不易也。"《系辞上》中说："天尊地卑，乾坤定矣。卑高以陈，贵贱位矣。动静有常，刚柔断矣。"《周易》之所以简易，是因为它能概括宇宙的规律，这种规律是永不变易的。比如勾股定理看上去十分简单："勾三、股四、弦五。"却精确地概括了直角三角形边长的关系。中国有句话叫"万变不离其宗"，任何事情变来变去，其中根本的部分是不变的。《周易》将变化的内容叫作器，将根本的、不易的部分称为道，认为器是有形的、变动不居的，道是无形的、恒定守常的。学习《周易》，就是要把握根本之道，以不变应万变。

《周易》的名字蕴含了三个层面，学习《周易》中的每一卦、每一爻和卦爻辞的时候，要注意把握其中永恒的内容，体会其中所蕴含的变量。这一关键，可以用八个字来概括："光明四通，效易立节。"《周易》判断吉凶的依据，一个是阴，一个是阳，阳爻在阳位则吉，阳爻在阴位则凶。具体来说，君子能够掌握自己的命运则吉，否则为凶。如果阳爻在阴位，就等于君子行阴险之道，最后一定会凶。同样，阴爻在阴位，好比女孩子有坚持操守，就不会轻易发生不愉快。但阴爻在阳位则凶，女孩子不按女性的身份做事，就会有后悔的事情发生。光明四通，是要洞察事理，行所应当行之事。

不易还有一层含义，即定位。天地和宇宙万物的位置一旦确定，就不会再改变，不论如何运行，也不会超出这个范围。曾子有句话叫"君子思不出其位"，[①]是说君子不会思考超出范围之外的问题。古人认为，天在上，地在下，君南面，臣北面，父亲是端坐的形象，孩子则是匍匐的形象。这些是宇宙不变的道理。不论天地、君臣还是父子，如果能够各安其位，这个世界就会和谐稳定。定位观念，我们现在的理解就是随时随地按照自己的角色行事。

二、《易经》的作者

《易经》的形成，经历了一个漫长的历史过程，它不是由某个人在某段时间独立完成的，而是由众多先贤历经千百年逐步总结成书。一般用两句话概括，叫作"人更三圣，世历三古"。人更三圣，是说有三位圣人完成了《周易》的加工和改造。世历三古，是说《周易》的形成历经了远古、上古和近古三个时代才成书。

首先，伏羲画八卦。伏的字形是一个人字旁，一个犬。西北的少数民族常被人称为犬戎，以犬为图腾。"羲"有时也写作

---

① 《论语注疏》卷14，《十三经注疏》本，中华书局1980年版，第2512页。

“牺”，牺，一般指古代祭祀时所用的纯色的牲畜。伏牺氏的形成，大约出现在上古游猎时期，神农氏显然是出现在农业种植时期，有巢氏时期，中华民族已经有固定的居住场所，到了轩辕氏，生产工具已经较为发达，出现了早期的车、舟。

《系辞下》中说：“古者包牺氏之王天下也，仰则观象于天，俯则观法于地，观鸟兽之文，与地之宜。近取诸身，远取诸物。于是始作八卦。”这里所讲的包牺氏，即为伏羲。其所言为氏，并不是某个特定的人，而是一个部落氏族，古人习惯用部落的首领来代表这个部落本身。伏羲氏部落善于观察天文地理，他们抬头仰望星空，绘制了早期的星象图；还观察地上的道路和山川走势，体会到了艮、坤和兑等用意。伏羲氏还将身体构造与其他自然物对应起来，后世循此对天人关系进行解释，如周天是三百六十度，人身上有三百六十个穴位，一年有三百六十天；一年有十二个月，人有十二经络。十二经络连接十二脏腑，与二十四节气对应。伏羲氏根据天、地、人的特点创作八卦，用八个抽象出来的符号象征天地万物的本质特征，从而形成了最初的八卦系统。

然后，重为六十四卦。传说伏羲创作八卦之后，其后人又将八卦两两重叠，推演成六十四卦。关于六十四卦的作者，后人观点不一。王弼、孔颖达等人认为六十四卦为伏羲创作，他制作八卦之后，又将其重叠，形成六十四卦。郑玄认为是神农氏推演出六十四卦。孙盛认为是夏禹重卦，而司马迁认为是周文王重卦。[1]由于年代久远，人们无从确知六十四卦的作者究竟为谁，这些说法不过是后人推测出来的，都没有十足的证据。

后世一般采用周文王重卦之说。相传，周文王被殷纣王囚禁在殷都南边的羑里城，羑里是一个军事堡垒。周文王在被囚期间，心中充满忧患，不单是为了自己而患得患失，更为了商朝统治下黎庶们的艰辛，便将八卦继续推演，重新排列出一个秩序，对每个卦进行推断，配上卦爻辞，形成了六十四卦。与前面相似，周文王所代表的也是一个时代，即在商朝后期，数学、文化、科学、艺术得以发展。综合诸多的自然、社会认知，人们经过积累、总结和整理，最终形成了六十四卦。殷商后期许多出土文物中，如龟甲、陶器、铜器上面都出现了数字卦，说明在这一时期，《周易》的六十四卦已经初步形成。

第三，文王演卦。传说中的文王重卦，是创制了六十四卦的卦画系统，我们今天看到的《周易》，每一卦和爻后面都有卦爻辞，这些卦爻辞的产生时代，也十分值得注意。一般认为，文王演卦时配上了卦辞和爻辞。至少孔门弟子这么认为，如《系辞下》中说："《易》之兴也，其当殷之末世，周之盛德耶？当文王与纣之事耶？"[2]这是孔子的弟子们在读《周易》时的感

---

① 孔颖达："然重卦之人，诸儒不同，凡有四说。王辅嗣等以为伏牺画卦，郑玄之徒以为神农重卦，孙盛以为夏禹重卦，史迁等以为文王重卦，其言夏禹及文王重卦者……故今依王辅嗣以伏牺既画八卦即自重为六十四卦为得其实。"（《周易正义》卷首，《十三经注疏》本，中华书局1980年版，第8—9页。）又云："盖伏牺之初，直仰观俯察，用阴阳两爻而画八卦，后因而重之为六十四卦。"（《周易正义》卷9，《十三经注疏》本，中华书局1980年版，第93页。）

② 《周易正义》卷8，《十三经注疏》本，中华书局1980年版，第90页。

慨。从文本来看,《易经》中记载的史事大部分发生在殷周之际,只有个别句子写的是西周中后期的史事,数量很少。也就是说,《周易》主体部分在西周初年已经形成。因此,孔颖达在《周易正义》中说 :“明文王本有此意,周公述而成之,故系之文王。然则《易》之爻辞,盖亦是文王本意,故《易纬》但言文王也。”[①]意思是说,周文王时期,六十四卦已经形成了,而爻辞是周公在文王整理的基础上又进行修订,将作者归之于文王。我们常说,周公制定礼乐,是周朝文化的奠基人。其实,古代著书多为世代累积而成,大部头的著述多由某人主持、众人合力编纂。周公的制礼作乐,是在周公摄政期间,主持建立了周朝的礼乐制度,因此《易经》之类的典籍,并不能说是周公一人完成的,而是他带领众多辅臣共同完成的。由于周公为文王之子,是周代精通巫术、占卜之人,其在文王演卦的基础上对《易经》进行了全面的整理,基本形成了现在我们看到的六十四卦文本。

文王演卦与周公定卦,主要完成了三个方面的工作 :一是确定卦序。八经卦有先天八卦与后天八卦之别,伏羲所创为先天八卦,文王则制定了后天八卦,卦序略有不同,文王之后便形成了乾、坤、震、巽、坎、离、艮、兑的排列。二是形成六十四卦序。六十四卦的顺序,历史上有很多种不同的排法,文王据其中最为合理的一种顺序进行整理,形成我们现在看到的六十四卦的次序。三是制作卦体,为六十四卦配上了卦辞和爻辞,从

① 《周易正义》卷首,《十三经注疏》本,中华书局1980年版,第10页。

而使得六十四卦得以为更多人理解,并进行系统解读。

第二节 《易经》的结构

今本《易经》由两部分组成,前面是“上经”,后面是“下经”。上经以《乾》《坤》两卦为首,以《坎》《离》二卦结尾;下经以《咸》《恒》两卦为首,以《既济》和《未济》两卦结尾。我们以此来解释《易经》的结构。

一、《易》分上下

六十四卦,分属上经和下经。上经三十篇,下经三十四篇。《易纬·乾凿度》解释了为什么这么分:

> 《易》卦六十四,分而为上下,象阴阳也。夫阳道纯而奇,故上篇三十,所以象阳也。阴道不纯而偶,故下篇三十四,所以法阴也。

孔颖达赞同这一说法,并认为阳道运行的规律和法则是“纯而奇”。纯,是严格按照基本规律来做事,如钟表般的准确,在固定的时、分、秒达到固定的位置;奇,是指阳数皆由奇数组成,故上篇为三十卦。下篇不纯而偶,阴与阳不同,阳要求守阴者持中,而阴是阳的承载,要像大地一样铺开,不要求精准，但要有厚度、能承载；阴数为偶，故分下经为三十四卦。

《易经》六十四卦的顺序，可以通过背诵六十四卦卦歌来记忆：

乾坤屯蒙需讼师　　比小畜兮履泰否
同人大有谦豫随　　蛊临观兮噬嗑贲
剥复无妄大畜颐　　大过坎离三十备
咸恒遁兮及大壮　　晋与明夷家人睽
蹇解损益夬姤萃　　升困井革鼎震继
艮渐归妹丰旅巽　　兑涣节兮中孚至
小过既济兼未济　　是为下经三十四

在这其中，有些卦的意思可以想象得出来，有些与我们现在常用的意思不太一样，比如《豫》不是指犹豫，而是康乐；而《噬嗑》卦，有咬牙切齿的意思；《遁》卦是隐遁的意思。先把这些卦歌背下来，对六十四卦有一个总体的了解，翻看《周易》的书籍时，就能很快找到所需要的卦。

二、乾坤为首

六十四卦中前两卦，是《乾》卦和《坤》卦。《乾》《坤》二卦分别作为天、地的象征，是言天地运行之道的。《易传》有一篇《文言》，专门解释《乾》《坤》二卦的属性和特征。在《周易》中，用六十四卦推演天地社会秩序,《乾》《坤》之外的六十二卦讲的是人事,主要讨论人该如何发展,才能应合天地之理。在这六十二卦中,都体现着《乾》《坤》二卦中蕴含的阴阳之道、天地之法、刚柔之义。

一是天地之蕴。乾、坤代表天地阴阳,六十四卦贯通天地阴阳之道,天地秩序在人世间万事万物之中都有体现。这就是《礼记·乐记》所言的:

> 天尊地卑,君臣定矣。卑高已陈,贵贱位矣。动静有常,小大殊矣。方以类聚,物以群分,则性命不同矣。在天成象,在地成形。

天地是一切秩序的来源,也是万物得以类聚的本质所在。《系辞上》的解释更加学理化:

> 天尊地卑,乾坤定矣。卑高以陈,贵贱位矣。动静有常,刚柔断矣。方以类聚,物以群分,吉凶生矣。在天成象,在地成形,变化见矣。①

在古人看来,人类所拥有的一切,从根本上来讲,都是天地赋予的。唯有我们居住的星球,天地能够运化出人类。现

① 《周易正义》卷7,《十三经注疏》本,中华书局1980年版,第75—76页。

在我们看到的金星木星，虽然也有物理学意义上的天和地，但却没有万物，因为这些星球上的天地不能交泰，即天与地不能相生、相济而成万物。其天空中大气稀薄，地面温度非常高，即使曾有河流、水蒸气，也都被高温蒸发而消散。在这样的环境中，天地相克而万物不生，唯有地球是天地相生的，天之气下行，地之气上行，天地之气氤氲交泰而化生万物。

在这过程中，天所体现出来的规律性，万古不变，才能形成稳定的天文条件，使得大地能够适应其不息之理。而地所体现出来的稳定性，总体恒定，才能形成稳定的地理环境，使得天之不息得以被负载。在化育万物这一点上，天是充分条件，而地是必要条件，二者相辅相成，才造就自然万象、世间万物。《系辞上》言：

夫乾，其静也专，其动也直，是以大生焉。夫坤，其静也翕，其动也辟，是以广生焉。广大配天地，变通配四时，阴阳之义配日月，《易》简之善配至德。

不是用形象的语言来描述，而是用理性的阐释分析乾坤所体现出来的宇宙运行之道。乾，安静而专一，安静是不轻易变动，专一是亘古不变。男子为阳，应该像乾之道，站如松、坐如钟，做人有方，行事有则。坤，安静而闭藏，其安静在于能涵养万物，其闭藏才能深厚无垠。广大配天地，是说《周易》用乾、坤概括了天地之道。

《泰》卦的卦象也反映了这一点,《泰》卦之象,地上天下,大地在上面,天在下面,天托着地。"变通配四时",《周易》中的变通依据的是时间概念,比如春天有春寒料峭,有乍暖还寒,秋天有秋燥,在合适的时候出现在合适的位置上,这叫作"时"。对于我们来说,就是在合适的时候做合适的事情。"阴阳之义配日月",天地变化、阴晴圆缺都是日月形成的,所以《周易》中要取阴阳之义。"《易》简之善配至德",正因为简单,它的概括才十分精辟。我们学习《周易》要形成一个认知,即言语越是简单,越容易表达清楚,论断越是精辟,往往更容易抓住事物的本质。

二是阴阳之象。"乾道成男,坤道成女。乾知大始,坤作成物。"[①]天地之间的万事万物都由阴阳组成,于性别而言,则是男性为阳,女性为阴。男性是阳刚的,但不能是纯阳,否则男性就做不成事。因为纯阳是至刚,一个人特别刚强,从来不知道谦卑,不知道退让,他的刚强就会变成粗鲁。女性看似阴柔,但她的阴柔是外柔内刚,这样才能够圆融。

孔子曾经说过:"乾坤其《易》之门耶?乾,阳物也;坤,阴物也。阴阳合德,而刚柔有体。以体天地之撰,以通神明之德。其称名也杂而不越。于稽其类,其衰世之意邪?"[②]阴阳合德就是阳中有阴,阴中有阳。对男子来讲,就是内心刚强,外表谦和;对女性来讲,则是外表柔和,内心刚强。二者看上

---

① 《周易正义》卷7,《十三经注疏》本,中华书局1980年版,第76页。

② 《周易正义》卷8,《十三经注疏》本,中华书局1980年版,第89页。

去相同，实际上侧重点不一样，男性本性阳刚，因此用谦和补之；女性本性阴柔，因而用刚强弥补。这反映了外柔内刚之道，也就是阴阳合体。纯刚至刚之人一般早夭，出师未捷身先死。至柔至弱之人无独立之象，故无成才之望。所以，只有刚中有柔，柔中有刚，刚柔相济，才能成就事业。天地之间，纯阳的事物和纯阴的事物都不存在，拿中药来说，中药一般用的是阳中有阴之药或阴中有阳之药，然后阴阳互济，形成圆融的一体，这样的中药才能治病，而不会出现偏颇。

三是宇宙之法。《系辞下》说："夫乾确然，示人易矣；夫坤隤然，示人简矣。"乾代表简易精确，如君王、长者都是话少有力。坤代表简单随和，如母亲也常教给我们一些很简单的道理，但更多的是柔顺的态度：

> 乾以易知，坤以简能；易则易知，简则易从。易知则有亲，易从则有功；有亲则可久，有功则可大；可久则贤人之德，可大则贤人之业。易简而天下之理得矣。天下之理得，而成位乎其中矣。①

乾坤蕴含了宇宙的法则，我们从中能够体会到天地运行的大道。

"夫乾，天下之至健也，德行恒易以知险。夫坤，天下之至

① 《周易正义》卷7，《十三经注疏》本，中华书局1980年版，第76页。

顺也，德行恒简以知阻。能说诸心，能研诸侯之虑，定天下之吉凶，成天下之亹亹者。”[①]坤的法则是跟随，一场戏剧中，有人是主角，有人是配角。作为配角，就要用坤德要求自己，以柔顺为德。如果是主角，则以乾德为德。宇宙法则就是让每个人领会，当他需要退到次要位置的时候，就要用次要的法则。

我们学习《周易》，应当灵活掌握其中的道理，避免刻板教条。比如说“东青龙，西白虎，南朱雀，北玄武”，其实这种说法只用于坐北朝南的方向，而正确的方法应当是“左青龙，右白虎，前朱雀，后玄武”，在《周易》当中，我们要领会象所表达的义理，而不是只看它的字面意思。

四是万物之则。《乾》《坤》反映了宇宙运行的范式，是宇宙万物的法则：

> 《乾》之策二百一十有六，《坤》之策百四十有四，凡三百有六十，当期之日。二篇之策，万有一千五百二十，当万物之数也。是故四营而成《易》，十有八变而成卦，八卦而小成。引而伸之，触类而长之，天下之能事毕矣。[②]

在大衍筮法中，经过一番变化之后，会得到老阳乾爻的正策为三十六，老阴坤爻的正策为二十四。每卦六爻，也就是乾策有二百一十六策，坤策有一百四十四策，坤为地阴，乾为

① 《周易正义》卷8，《十三经注疏》本，中华书局1980年版，第90—91页。
② 《周易正义》卷7，《十三经注疏》本，中华书局1980年版，第80页。

天阳,阴阳合起来一共为三百六十,应于周天之数。六十四卦中,阴阳卦各三十二,以三十二乘以乾的二百一十六策,会出现六千九百一十二种可能；坤有一百四十四策,为四千六百零八种可能,两者相加便是一万一千五百二十种可能,从概率上统计,基本涵盖了商周时期简单生活方式中出现的可能性。由此观察《周易》的占卜,实际是用阴阳二气的交互运行作为观察事物可能性的基础,再结合其他变量进行更为细致的推算,将所有的可能性合并起来,对事物的发展做出一个基本的推断。

乾阳而坤阴,被作为阴阳秩序在《易》卦中的体现："乾坤成列,而《易》立乎其中矣。乾坤毁,则无以见《易》,《易》不可见,则乾坤或几乎息矣。"[①]二者不仅代表着基本的运行规律,而且作为其余六十二卦运行秩序的来源,不仅是《易》卦系统建立的基准,而且成为整个人类秩序运行的法则。如果不能够理解《乾》《坤》两卦中蕴含的机理,《周易》系统是无法理解的。

三、经卦有八

《易经》有六十四卦,这六十四卦是由八个基本的卦衍生出来的,这八个基本卦叫八"经卦"。八个经卦之间相互组合,就形成了六十四卦。

① 《周易正义》卷7,《十三经注疏》本,中华书局1980年版,第82页。

八个经卦从何而来？我们习惯上说是：乾坤生六子。乾是父亲，坤是母亲。乾坤交合，共生了六个孩子，即长男、中男、少男、长女、中女、少女，实际是用家庭来比喻八经卦的关系。如果以天地来比喻，乾为天，坤为地，天地之间能量包括雷、风、火，天地间的物质有山、水、泽，这些都是天地激荡交合而生出的三种能量、三种物质。这实际体现了早期人类对宇宙形成的基本理解。

朱熹的《周易本义》中存有《八卦取象歌》，描述了八个经卦的阴阳特征：

乾三连☰，坤六断☷。
震仰盂☳，艮覆碗☶。
离中虚☲，坎中满☵。
兑上缺☱，巽下断☴。

乾，为三个阳爻，阳爻相连。坤，为三个阴爻，阴爻为断。震，仿佛开口盛水的盂，上面是两个阴爻，下面一爻是阳爻。艮，好比倒扣的碗，上面一爻是阳爻，下面两爻是阴爻。离，中间是虚的，离为火，火的外焰温度最高，焰心的温度最低。火炉就要把中间的部分掏空，火苗才能燃烧起来。坎，中间是盈满的，上下是阴爻，代表宇宙中阴柔之气，中间是阳爻，代表阳刚。中国文化用坎指代肾，肾是水中藏有阳气，合乎内刚外柔之象。兑，下面是两个阳爻，上面一个阴爻，即

“上缺”。巽，上面是两个阳爻，下面一个阴爻，是为“下断”。

巽，还是太极之象，太极的特点是“恍兮惚兮，惚兮恍兮，其中有物，其中有象”，按照现代物理学理解，宇宙中有能量，有暗能量，有物质，有暗物质，有的能看到，有的看不到。太极中的阴，用以表示能看到的物质；而阳则用以表示看不到的能量。中国文化中认为，阳都是无形的、看不到的，是能量。阴则是有形的、能够看到的，是物质。以人体为例，人体中有经络和血管，经络走气，为阳，是无形的；血管走血，为阴，是有形的。

阴阳化成八卦，按照宇宙论的解释："太极生两仪，两仪生四象，四象生八卦。”两仪就是阴阳，阴阳两两结合，生成四种组合，即两阳爻的太阳，两阴爻的太阴，一阳一阴的少阳，一阴一阳的少阴。然后再组合，用三个爻相叠，就变成了八个卦。其中，乾、兑、巽、坎阳比较足，坤、艮、震、离则阴充足。少阳就分为坎和巽，最能体现少阳本质的是巽，其次是坎。

在中医学说里，也是“太极生两仪”为阴阳，但两仪却生六象，太阳、少阳、太阴、少阴、厥阴、阳明，这六种结构贯穿于人的身体，形成十二经络。以六象为基础的经络学说在秦汉时期最终成型，要比形成于商周时期的四象学说更有学理性。

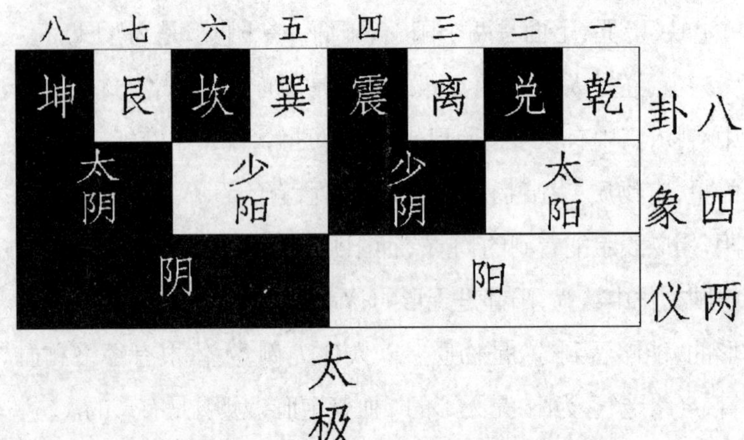

图2.1 太极生四象八卦图式

我们来看八卦的基本象征意义：

卦序	1	2	3	4	5	6	7	8
卦名	乾	兑	离	震	巽	坎	艮	坤
卦符	☰	☱	☲	☳	☴	☵	☶	☷
卦象	天	泽	火	雷	风	水	山	地
卦事	父	少女	中女	长子	长女	中子	少子	母
卦位	西北	西	南	东	东南	北	东北	西南
卦德	刚健	喜悦	光明	发动	不定	危险	阻碍	柔顺

图2.2 八卦卦象本旨图

其中，乾，代表天，是为阳，为父亲，父亲是一家之主，取坚强刚健之德。兑，代表是池泽，载笑载言，天真快乐，取喜悦、善言之义。离，代表光明，就像普罗米修斯手里的火种，要照亮人类，主文章，文章光彩绚烂。震，代表发动，若用时间轴衡量，春天是从震的方位开始，春雷有发动之意。巽，为风，风飘忽不定，象征事情尚未最后决定。艮，有两个含义，一是止，二阻碍，艮方位东北，万物止于艮而终于艮。坤，为柔顺，卦德为柔和。

当然，八卦所象征的事物与意义，远不止这些，学《易》者得意忘言、得象忘形，才能洞察事物发展的微妙变化，而不能生搬硬套。我们可以举出许多象征义：

卦名	乾	兑	离	震	巽	坎	艮	坤
五行	金	金	火	木	木	水	土	土
人体	首	口	目	足	股	耳	手	腹
工具	玉器	罐子	兵器	车辆	绳子	弓	节钮	大舆
动物	马	羊	雉	龙	鸡	豕	狗	牛
颜色	大赤	白	红	绿	绿	黑	黄	黄
行为	健	说	丽	动	入	陷	止	顺

图2.3　八卦象义图

从动物的象征性来讲，乾，还可以表示马，因为马是刚健的象征。坤，可以象征牛，因为牛柔顺勤恳，任劳任怨，与大地一样能负载万物。震为龙，龙为天地震动的象征。巽为鸡，公鸡很少能静止不动；巽，为风，风有号令风化之义，雄鸡一唱天下白，也是这个道理。坎，是猪，在中国古代神话中，水神被演化为猪的形象，最经典的就是天蓬元帅，掌管十万天河水兵。下界之后变成了猪的形象，猪八戒总说是错投猪胎，其实他的原型就是猪。离，为雉鸡，孔雀、雉鸡这些鸟类有美丽的花纹，象征文采。艮，有始有终，狗的特点恰恰是忠诚，始终如一。兑，代表是羊，兑字本身就是羊的角，用羊来象征。

八卦象征人体的时候，也是按照其特性来分配。乾为天，代表头部。坤为腹，取其厚载之义。震为足，其特性是动，人之所以能日行千里，是脚的功劳。巽，可以理解为腰和股，我们平时运动，腰和大腿都是顺势而动，仿佛随风摇摆一般。坎，象征耳，坎为水，水主肾，肾开窍于耳，儿童耳朵灵敏，老人听力下降，正是年老肾衰的缘故。离，为目，象征眼睛之明。艮，代表手，因为手能动能止，事情的开端和结束都是依靠手的应对，与“万物始于艮而终于艮”之理应和。兑，主口舌，有两个含义，一是口舌之争，二是能说会道。

从颜色上说，八卦也各有其特点。如乾，代表大红色、朱红、明红；坤为土，代表黄色；震为青色，方位在东；巽在东南，代表绿色；兑为泽，方位在西，属性为金，代表白色；坎，为水，黑色；离火为红色；艮为山，也是黄色。《周易》看似复杂，但万变不离其象，关键在于能否随机应变。因此，我们学习中国传统文化，关键是要能随类赋形，以貌取神，看到不同的事物，马上能够领会到它背后的意义是什么，所体现的形而上之道是什么。

四、别卦六十四

《周礼·春官宗伯·大卜》说：“其经卦皆八，其别皆六十有四。”八个经卦是最基本的卦，通过重卦的方式叠起来，形成的六十四卦，称作“别卦”。我们可以以坐标的形式来看，把八个卦先按照纵轴和横轴排出来，如表分别进行组合：

	天☰	泽☱	火☲	雷☳	风☴	水☵	山☶	地☷
天☰	《乾》							
泽☱		《兑》						
火☲			《离》					
雷☳				《震》				
风☴					《巽》			
水☵						《坎》		
山☶							《艮》	
地☷								《坤》

图2.4　六十四卦生图

其中,八经卦自身的重叠就能形成八重卦:天和天重,泽和泽重,火和火重,雷和雷重,风和风重,水和水重,山和山重,地和地重。这样就形成了八个别卦:《乾》为天,《兑》为泽,《离》为火,《震》为雷,《巽》为风,《坎》为水,《艮》为山,《坤》为地。

按照这样的次序,天依次和泽、火、雷、风等卦相配,会衍生出不同的卦象。如上面是天,下面是泽,这个卦就是天泽《履》;天与火相配,则为天火《同人》;如果火在下面,泽在上面,则为泽火《革》;天在下,火在上,则为火天《大有》卦。

如果以地为固定坐标和其他卦相配,会出现新的卦象。地在上位有地泽《临》、地火《明夷》、地雷《复》、地风《升》、地水《师》、地山《谦》等卦。地在下位则有泽地《萃》、火地《晋》、雷地《豫》、风地《观》、水地《比》、山地《剥》。以火为固定坐标,则有火天《大有》、火泽《睽》、火雷《噬嗑》、火风《鼎》、火山《旅》、火水《未济》;火在下有天火《同人》、泽火《革》、雷火《丰》、风火《家人》、水火《既济》、山火《贲》、地火《明夷》。以此类推，最终可以得出以下表格中列出的六十四卦：

	天☰	泽☱	火☲	雷☳	风☴	水☵	山☶	地☷
天☰	《乾》	泽天 《夬》	火天 《大有》	雷天 《大壮》	风天 《小畜》	水天 《需》	山天 《大畜》	地天 《泰》
泽☱	天泽 《履》	《兑》	火泽 《睽》	雷泽 《归妹》	风泽 《中孚》	水泽 《节》	山泽 《损》	地泽 《临》
火☲	天火 《同人》	泽火 《革》	《离》	雷火 《丰》	风火 《家人》	水火 《既济》	山火 《贲》	地火 《明夷》
雷☳	天雷 《无妄》	泽雷 《随》	火雷 《噬嗑》	《震》	风雷 《益》	水雷 《屯》	山雷 《颐》	地雷 《复》
风☴	天风 《姤》	泽风 《大过》	火风 《鼎》	雷风 《恒》	《巽》	水风 《井》	山风 《蛊》	地风 《升》
水☵	天水 《讼》	泽水 《困》	火水 《未济》	雷水 《解》	风水 《涣》	《坎》	山水 《蒙》	地水 《师》
山☶	天山 《遁》	泽山 《咸》	火山 《旅》	雷山 《小过》	风山 《渐》	水山 《蹇》	《艮》	地山 《谦》
地☷	天地 《否》	泽地 《萃》	火地 《晋》	雷地 《豫》	风地 《观》	水地 《比》	山地 《剥》	《坤》

图2.5　六十四卦成象表

第三节　卦的结构

六十四卦中每一卦，都有卦名、卦画、卦爻、卦辞。如果要了解六十四卦的含义，就要明白每一卦的结构。

一、识卦

识卦，即认识一个卦的形象及其表示的内涵。每个卦有卦画,就是用阴阳爻自下而上画出来的形状。每一卦都有一个卦名,如六条阳爻组成的卦叫作《乾》卦,六条阴爻组成的卦叫作《坤》卦。

每一卦后面会有卦辞,对卦的整体进行解说和判断,例如《乾》卦的卦辞是“元,亨,利,贞”。每一爻后面也有爻辞,如《乾》卦的初九,爻辞为“潜龙勿用”。

䷀《乾》:元,亨,利,贞。

初九,潜龙勿用。

九二,见龙在田,利见大人。

九三,君子终日乾乾,夕惕若厉,无咎。

九四,或跃在渊,无咎。

九五,飞龙在天,利见大人。

上九,亢龙有悔。

用九,见群龙无首,吉。

《周易》最初本为占卜之书,后来演变为描述人类社会和宇宙、自然运行的概括。其中反映了人类对外部世界的判断和理解,“元,亨,利,贞”四个字中,具有本意、引申义和德义三层含义。

元者,首也,谓万事的开头,道家有位仙人叫元始天尊,这个“元”是时间的起点,具有“初生”之义。古人做事,首先要占卜,甲骨文中经常看到打猎占卜的记载,“元”在这里,首先表示占卜。引申而言,“元”的德义是大,善始善终方为大。元,还有“元首”之义,也就是最高的首长。进一步而言,元还是“众善的尊长”,有“善之又善”之义。中国人十分推崇“元”这个字,所谓“道生一,一生二,二生三,三生万物”,元就是元一,不仅是时间的起点,还是万物发生的开始,也是构成万物的本原。

亨,指代祭祀,古代占卜前后要祭天。古人出征前要占卜,然后祭祀天、地、先祖等。祭祀是通过人神相感来交通。亨的德义是“通”,现在有个词叫“亨通”,也是这个意思。

利,包含征服、克服、通过的迹象,通俗来说是很顺利的意思。《周易》判断吉凶时常用象来表意,如“利涉大川”,大川即大河,江河在古代是艰难险阻,古人常划江而治,依山分界,一条河就可以成为一条不可逾越的障碍,能通过大河,就说明事情十分顺利。利的德义是正义,很多正义、有利的因素都可以用这个“利”字来概括,平时说“胜利”,也是指所有好的因素组合在一起而得到的结果。

贞,指贞问,即请教上天,探寻天意。贞的德义是正,做事的时候能够坚守正道和做人的原则。

总而言之,《乾》卦里面列举了四种德行:达到最完善的境地,即为元;得到了大家一致的夸奖,即为亨;做事的时候无往而不胜,叫作利;最后坚持操守,坚持做人做事的原则,叫作贞。

我们学习《周易》,要由此了解万事万物发展的规律,当我们看到“元亨利贞”的时候,就要想到做人要追求善,做事的时候要合乎正道,坚持原则。如果我们能够按照这样的要求去处世,就没有必要再去占卜了。有的人恰恰相反,想的是一回事,做的是另外一回事,无数次立志,又无数次把自己的志向装到抽屉里锁起来。很多人年轻的时候都有理想、有抱负,但随着岁月的流逝,就变成没有原则、缺乏追求的人。如果要成就一番事业,能做到《周易》中第一卦的德义要求就足够了。古人说半部《论语》治天下,对于《周易》而言,一卦就足以洞察机微天下了。

二、读卦

六十四卦,每一卦都分为上、下两部分。下卦一般称之为内卦,上卦称为外卦。根据爻的顺序来说,下卦在先,上卦在后。早期人读《易》卦,都按照"某下某上"的形式来读,比如《大有》卦,内卦为天,外卦为火,读为"天下火上"。

现在我们是按照先外卦、后内卦的顺序,以《大有》卦为例,这一卦读为"火天《大有》";如果是重卦,则读为"某为某",如《坎》卦就读为"《坎》为水"。但在分析卦爻时,仍然遵循先下后上的顺序。

《左传·僖公十五年》载卜徒父占了一卦,并对其进行解释:"《蛊》之贞,风也;其悔,山也。"杜预注:"内卦为贞,外卦为悔。"[1]这里说的是山风《蛊》卦。山风不可预测,常指莫名

① 《春秋左传正义》卷14,《十三经注疏》本,中华书局1980年版,第1806页。

其妙的事情发生。一般室内有风,不会伤人,即使能把人吹感冒,也没有大碍;但古人认为山中之风有很重的邪瘴之气,会伤害到人,便将山风作为《蛊》卦之象。卜徒父说“内卦为贞,外卦为悔”,并根据时令进行解释,大意为:“时令到了秋天了,我们的风吹过他们山上,吹落了他们的果实,还取得他们的木材,所以能战胜。”

我们再以《震》卦来分析,这一卦是两个相同的卦重叠而成。

䷲《震》:亨。震来虩虩,笑言哑哑;震惊百里,不丧匕鬯。

《彖》曰:震亨。“震来虩虩”,恐致福也;“笑言哑哑”,后有则也。“震惊百里”,惊远而惧迩也;出可以守宗庙社稷,以为祭主也。

《象》曰:洊雷,震,君子以恐惧修省。

初九,震来虩虩,后笑言哑哑,吉。

《象》曰:震来虩虩,恐致福也;笑言哑哑,后有则也。

六二,震来厉;亿丧贝,跻于九陵,勿逐七日得。

《象》曰:震来厉,乘刚也。

六三,震苏苏,震行无眚。

《象》曰:震苏苏,位不当也。

九四,震遂泥。

《象》曰:震遂泥,未光也。

六五,震往来厉;意无丧有事。

《象》曰：震往来厉，危行也；其事在中，大无丧也。

上六，震索索，视矍矍，征凶；震不于其躬，于其邻，无咎；婚媾有言。

《象》曰：震索索，中未得也；虽凶无咎，畏邻戒也。

《震》为雷，读为震下震上。卦辞说："亨。震来虩虩，笑言哑哑；震惊百里，不丧匕鬯。""卦辞"是对这一卦的解释，是概括六爻整体所表达的意思。亨，是指亨通，万事万物只要有动就有变，有变就有化，穷则变，变则通，通则久。震，主动，有亨通之义。虩虩，是很紧张的意思，有如晴天霹雳，让人目瞪口呆，平日听到雷声在天空劈过的时候，人们往往十分惊惧，这种惊惧会让人非常谨慎。有时电闪雷鸣，人们就不会外出，也是因为有惊惧之心。如果保持这样的心态去做事，就会十分认真，即使有过错也能改正，因而最终"笑言哑哑"。惊惧之后，发现很多问题得到了改变，很多事情也都处理得很好，这都是惊惧而谨慎的结果。所以，只有保持警惕，最后才能得到成果。匕，是勺、匙之类的器皿；鬯，是祭祀用的香酒；匕鬯，这里指祭祀，不丧匕鬯，就是最终得到天佑。《震》卦，言震惊百里，让人保持警惕之心，君主的号令也会传达百里，不用反复传达，心存警惧，最终才会得到天地的眷顾。

《震》卦每一爻后面都有一句话，称作"爻辞"，是对这一爻的判断。《震》卦的爻辞是借用雷声的大小和远近，形容在不同的情形下应当如何行事，讲述了君子恐惧修省的过程。如果我们再往深处理解，就需要结合爻辞、爻位来理解。

三、辨爻

《易》卦六个爻中，一、三、五为阳数，这三个数之和为九，九为阳之极数，阳爻也因此称为“九”。如《乾》卦中，六爻的顺序依次为：初九、九二、九三、九四、九五、上九。二、四爻为阴数，二与四的和为六，因此六为阴之极数，阴爻称为“六”。如《坤》卦中六爻的顺序依次为：初六、六二、六三、六四、六五，上六。需要注意的是，《易》卦的顺序是自下而上的，最下面为第一爻，也就是初爻；最上面为第六爻，也就是上爻。

《易》卦中的六个爻具有不同的含义，其含义用爻辞来表达。每一卦有六爻，共有六段爻辞。爻辞一般用“九”和“六”作爻题，阳爻称九，阴爻称六。卦辞和爻辞的区别在于：卦辞是对卦的整体进行判断，讲的是事情的大环境、总体走势；爻辞是对同一件事情在不同的阶段、不同的情形下进行具体判断，分析的是特定环境下如何应对。商周时期解卦，主要结合卦辞来分析，《左传》中有很多关于占卜的记载，但很少讲述爻辞，而主要是用卦象和卦辞来判断吉凶。

今本《周易》，一般将《彖传》和《象传》附在爻辞之后，《彖传》是用来解释六十四卦卦辞的，也称《彖辞》。《象传》有“大象”，解释六十四卦的卦名和卦义。还有“小象”，解释三百八十四爻的爻辞。我们读《周易》，每一卦中都会出现

“《象》曰”，其后面的内容就是“象辞”。

䷸《巽》：小亨。利有攸往，利见大人。

《彖》曰：重巽以申命。刚巽乎中正而志行，柔皆顺乎刚，是以小亨，利有攸往，利见大人。

《象》曰：随风，巽，君子以申命行事。

初六，进退，利武人之贞。

《象》曰：进退，志疑也；利武人之贞，志治也。

九二，巽在床下，用史、巫纷若，吉无咎。

《象》曰：纷若之吉，得中也。

九三，频巽吝。

《象》曰：频巽之吝，志穷也。

六四，悔亡，田获三品。

《象》曰：田获三品，有功也。

九五，贞吉，悔亡，无不利；无初有终；先庚三日，后庚三日，吉。

《象》曰：九五之吉，位正中也。

上九，巽在床下，丧其资斧；贞凶。

《象》曰：巽在床下，上穷也。丧其资斧，正乎凶也。

我们以《巽》卦为例，《巽》为风，《巽》卦之象是巽下巽上，为两个《巽》卦重叠而来。卦辞为“小亨。利有攸往，利见大人”。其后有《彖》和《象》，是对卦的进一步解释。《巽》为风，随风《巽》，如坐船顺风，十分顺利。风的特点是易散，把很多事情吹散，因此《象》的解释是："君子以申命行事。"申命，一是接受命令做事，名不正言不顺；二是要结合天命来做事。每一卦开头说的"《象》曰"，是一卦之象的解释，称作"大象"。卦中六段爻辞之后也有"《象》曰"，是对爻辞的进一步解释，即为"小象"。

在《乾》和《坤》两卦中，还分别有"用九"和"用六"的概念。《乾》卦说："用九，见群龙无首，吉。"王弼注："九，天之德也。"孔颖达疏："九天之德者，言六爻俱九，乃共成天德，非是一爻之九则为天德也。"[①]要注意，用九和用六是卦辞，而不是爻辞。

古代占卜有一个特点，卦数具有变化性，高亨说："依古筮法，筮遇《乾》卦，六爻皆七，则以卦辞断事，六爻皆九，则以用九爻辞断事。"[②]《乾》卦六爻都是阳，如果占卜时六爻的数都为"九"，就达到了阳的极限，事物达到极限就会产生变数。一般情况，我们占到《乾》卦，六爻都是阳爻，表示的是现在的状态，可以用"元，亨，利，贞"来判断，但它缺少变量，而《周易》始终强调要有变量，即便我们占卜得到"元，亨，利，贞"，也未必万事大吉，那么这个变化就要通过"用九"来进一步思考。同样，《坤》卦中的"用六"也是如此。世上的万事万物如果相互之间没有发生关联，就不会产生变化，也就没有动的可能，一

---

① 《周易正义》卷1，《十三经注疏》本，中华书局1980年版，第14页。

② 高亨：《周易大传今注》，齐鲁书社1998年版，第47页。

旦其中发生关联,就会出现变量。

《乾》卦用九,以“群龙无首”为喻。龙在中国文化中代表君子,如果六位君子在一起,但没有一个头领,这就是群龙无首的状态,是十分吉祥的。由于大家都是君子,所以就会很快选出首领,因为君子明白,三人行必有我师,懂得成人之美,不成人之恶,学会发现他人的优点,这样就会趋于吉祥。君子群龙无首,恰恰有可能成就一番事业。

这样我们就知道了:面对一个卦,首先要看卦画,然后看卦名,之后看卦辞,最后看各爻的爻辞。下面,我们以《坤》卦为例,按照这一顺序,对全卦进行阐释。

☷《坤》:元亨,利牝马之贞。君子有攸往,先迷,后得主利。西南得朋,东北丧朋,安贞吉。

初六,履霜坚冰至。

《象》曰:履霜坚冰,阴始凝也;驯致其道,至坚冰也。

六二,直方大,不习无不利。

《象》曰:六二之动,直以方也;不习无不利,地道光也。

六三,含章可贞;或从王事,无成有终。

《象》曰:含章可贞,以时发也,或从王事,知光大也。

六四,括囊,无咎无誉。

《象》曰:括囊无咎,慎不害也。

六五,黄裳元吉。

《象》曰：黄裳元吉，文在中也。

上六，龙战于野，其血玄黄。

《象》曰：龙战于野，其道穷也。

用六，利永贞。

《象》曰：用六永贞，以大终也。

《坤》卦的卦体为六个阴爻。卦象为坤下坤上，卦辞为："元亨，利牝马之贞。君子有攸往，先迷，后得主利。西南得朋，东北丧朋，安贞吉。"《坤》卦由两个坤重叠而成，其特点是厚德载物，要求人们做事情也要始终坚持厚德载物的原则，这是《象传》对《坤》卦德义的解释。乾坤为天地之初态，故为元；亨，指的是亨通。牝马有负载之象，古人用它来象坤。"先迷"是说，做事要先经过困惑，才能够找到方向。坤位在西南，重叠后得到的《坤》卦，二坤处于自己的位置上，是为"西南得朋"。东北为艮，艮为山，是高高凸起的；坤象是沉潜下去的，二者虽然性质都属土，遥相呼应，但一上一下、一高拔一沉潜，追求不同。也就是说表象相同，志趣各异，因而叫"东北丧朋"。通过比较，《坤》卦让人学会潜藏厚重，懂得顺应之道，故吉祥。

《坤》卦以阴柔、柔弱作为特征，六爻皆以此立意。

初六"履霜坚冰至"，霜是阴气覆于地表而形成的，是阴气下沉的结果。阳气是蒸腾的，春天来的时候，首先是大地解冻，然后万物复苏；阴气则是肃降，寒气从上往下走，草木受霜，而地面不受霜。一旦地上受霜，阴气已经非常重了，有些地方也就会结冰。这是最冷、最无奈的时候，也是寒意彻骨的时候，在这样的条件下，做人做事都要封藏起来，不要轻举妄动。

六二爻："直方大，不习无不利。"六二好比一个女性的端庄之态，在经历了一番风霜之后，初出茅庐，为人要正直、大方，按照坤德来做事。习的本义是鸟反复学飞，反复实践，"不习无不利"，就是告诉人即便时机不佳，也要反复实践，不惧挫折，为未来大展宏图作出准备。

六三爻："含章可贞；或从王事，无成有终。"《坤》卦有含章之美，含就是含蓄。人们常用秀外慧中来形容女子，女子最大的智慧，是很含蓄地把智慧藏起来，而不是锋芒毕露。她知道怎么交谈，会让所有与她交流的人都感到舒服、舒心。中国古代形容这样的女子为"含章之美"，就是女子很含蓄，能把光辉灿烂的一面含起来。可贞，就是坚守正道。如果含章又能坚守正道，就可以来辅佐国君做事。无成有终，是指对他人或国家有成全之美，而成功之后，自己却毫不居功。居功不自傲，才能善始善终。在《周易》的逻辑系统中，坤，代表的阴柔顺从之德，强调的是如何辅佐别人做事，成人之美，成功在他。

六四爻："括囊，无咎无誉。"括是束紧、括好，囊是口袋，代表嘴巴。把口袋装起来，意思是管好自己的口舌。在所有卦的六爻中，第三爻和第四爻的位置都很微妙，是上下卦的分界，他们自己又处于可上可下之间，因此三、四爻的爻辞都在提醒我们要三思而后行、三思而后言。

六五爻："黄裳元吉。"六五是君位，本该是阳爻，而这里，却是阴爻处于君位，说明即便内心如何刚强，但是也要表现出柔和的一面。黄裳，形容人的地位很高，却表现得十分谦和，礼贤下士便不会有任何灾祸。

上六爻："龙战于野，其血玄黄。"坤之德在于卑下，但上六爻处在与天相接的位置上，已经超越了坤德的负载。地与天交合时，由于位置过高而与天出现摩擦，天地震而生雷，雷为龙行，如同君父与母后相争，其子必遭其殃。上六爻多有反悔之象，以形容过犹不及。

第三章　易传

《周易》是由《易经》和《易传》两部分组成，《易经》产生在前，《易传》形成于后，是解释《易经》中蕴含的哲理、思想、观念的文字。全面阅读六十四卦之前，应当先读《易传》，对《周易》的来龙去脉有一个基本理解。

第一节　《易传》的形成与作者

从学术史的角度来看，"易传"有广义和狭义之别。广义的“易传”是指所有解释、传疏《易经》的著作,如王弼的《周易注》、程颐《伊川易传》等。狭义的“易传”则专指《周易》附录的十篇文字,它们是《彖传》上下篇、《象传》上下篇、《系辞传》上下篇,以及《文言》《说卦》《序卦》和《杂卦》,共计十篇,自汉代起,人们把这十篇称之为“十翼”。

一、《易传》作者

关于《易传》的作者,学界有许多种说法。一种观点认为,孔子晚年研究《周易》,撰写了这十篇文字。《庄子·天运》记载,孔子曾对老聃说:“丘治《诗》《书》《礼》《乐》《易》《春秋》六经,自以为久矣,孰知其故矣。”[①]虽然这句话的可信程度还有待查考,但我们可以推断,最晚从庄子时代起,人们便认为孔子研究过《周易》。这一点,很多学派都深信不疑。孔子在《论语·述而》中说:“加我数年,五十以学易,可以无大过矣。”关于“易”字,有两种不同的说法,一种认为是《易》,即《周易》,这句话的意思是,孔子认为自己如果能在五十岁学习《周易》,就可以避免很多过失。

另外一种说法则认为“易”当为“亦”,唐代陆德明《经典释文》就说:“《鲁》读易为亦。”也就是说,在《论语》的另外一个版本中,“易”写作“亦”。河北定州八角廊汉墓出土的

① (清)王先谦撰:《庄子集解》卷4《天运》,中华书局1987年版,第130页。

《论语·述而》中,此句为:"加我数年,五十以学,亦可无大过矣。"验证了陆德明的说法。因而有人便认为《论语》中的这段文字不能直接证明孔子学习过《周易》。但是我们仍然可以从其他典籍的记载中,证明孔子晚年对《周易》情有独钟。

《史记·孔子世家》记载说:"孔子晚而喜《易》,序《彖》《系》《象》《说卦》《文言》。读《易》,韦编三绝。曰:'假我数年,若是,我于《易》则彬彬矣。'"此处记载孔子晚年学习《周易》,作《彖》《系》《象》《说卦》和《文言》,读《周易》读到韦编三绝。

什么是"韦编三绝"呢?古代的竹简,需要用牛皮绳把竹简连起来。韦编三绝,就是读书的时候多次把穿竹简的绳子磨坏了,可见读书十分用功。《汉书·艺文志》也有类似的记载:"孔氏为之《彖》《象》《系辞》《文言》《序卦》之属十篇。故曰《易》道深矣,人更三圣,世历三古。"《易纬·乾凿度》的记载与此大同小异:"(仲尼)五十究《易》,作十翼。"至少民间传说认为,孔子在五十岁之后是研究过《周易》的。

《汉书·艺文志》认为《周易》最初主要用于占卜,直到孔子才对其进行说解,赋予了义理的内涵,通过它来阐明自然和社会的道理。班固所说的"人更三圣,世历三古"两句话,是指伏羲画八卦,文王演六十四卦,孔子作《易传》,形成了《周易》系统。而世历三古,则指远古是伏羲,上古是文王,近古是孔子,前赴后继,对《周易》千锤百炼,成为经典的文本。

《易传》究竟是否为孔子所作,现有材料还无法直接断定。但我们可以肯定,孔子曾教授学生《周易》。《论语•子路》中记载:“子曰:‘南人有言曰:“人而无恒,不可以作巫医。”善夫!’‘不恒其德,或承之羞。’子曰:‘不占而已矣。’”[①]“人而无恒,不可以作巫医”是说一个人如果没有恒心,是无法从事巫师、医生这种高尚职业的。“不恒其德,或承之羞”来自于《恒》卦:“九三,不恒其德,或承之羞,贞吝。”[②]孔子和弟子在谈论中脱口而出的就是《周易》的原文,可见他们对《周易》是非常熟悉的。

孔子说“不占而已矣”,反映的正好是孔子对《周易》的终极理解,也就是要用《周易》中蕴含的哲理、思路来解决现实问题,而不是用占卜的吉凶结果来判断。他认为君子读《周易》不是用来占卜,而是要找出其中蕴含的哲理和为人处世的方法,按照《周易》中蕴含的思路来思考问题。这样,孔子把《周易》从占卜变成了义理,形成了独特的学问,后人称之为“儒门易”或“孔门易”。由此,《周易》便脱离了原先的巫术和占卜,成为一套讲述义理的学问。

二、孔门易

《易传》中出现了许多“子曰”,这在先秦的典籍中出现得很多。古人有这样一个习惯,就是要把重要的话归于名人所说,代名人立言。《黄帝内经》中有很多黄帝和岐伯对谈的记

① 《论语注疏》卷13,《十三经注疏》本,中华书局1980年版,第2508页。
② 《周易正义》卷4,《十三经注疏》本,中华书局1980年版,第47页。

录。黄帝的时代，有没有文字尚且存疑，即便有文字，也无法记载得如此详细，并流传下来。其实，这些都是秦汉之际思想的总结。《六韬》中有周文王、周武王与姜子牙的对话，也是后代学者托名编写的。后世学者托前代圣贤之名，不是有意作伪，而是出于代圣人立言的传统。《易传》中引用了一些孔子的话，实际上并不一定是孔子所说，而是后世追溯孔子的话，也可能是孔子曾说过的话，经过历代的演化与增加，最后被归纳成为孔子的学说。《易传》十篇的内容非常博杂，风格各异，讨论问题的思路也不一样，甚至还有自相矛盾之处。可以认为，《易传》这十篇文章不是一人所写，也不是一时所著，而是由孔子的弟子，即战国儒生们不断地累加而形成的。这十篇文字是解开《周易》的一把钥匙。

《易传》的顺序是《彖》《大象》《小象》《文言》《系辞》《说卦》《序卦》《杂卦》。《彖》解释六十四卦卦名、卦辞的意义，通行本将之编入六十四卦卦辞之后。《大象》解释每一个卦的卦象，《小象》解释每一爻的爻象。《文言》解释《乾》《坤》两卦，《系辞》相当于"易学通论"，讨论《周易》的形成。《说卦》《序卦》和《杂卦》是从各个不同的视角对《周易》进行的解释。

学术界认为《易传》形成于战国时期，是因为战国时的很多典籍都开始引用《易传》的内容。例如作于战国晚期的《荀子》在《大略》篇中便引用了《彖传》的内容。在出土的战国晚期帛书里，《二三子》和《缪和》两篇也引用了《大象》和《小象》的内容。《吕氏春秋》《中庸》当中引用《文言》。《吕氏春秋》是在战国末期、六国即将统一的时候问世,《中庸》当中有些章节出现得也比较晚。西汉的《新语》中引用了《系辞》,马王堆帛书《衷》引用了《说卦》,《淮南子》开始引用《序卦》;到了东汉的《论衡·正说》中则出现了《杂卦》的引文。学术研究中,一般把被引篇章出现的年代,作为这一篇成型的下限。我们可以根据其他典籍引用这十篇文章的早晚,大致推断出各篇形成的时间顺序,并可以看出《易传》是陆续形成的。

第二节 彖传

《彖传》是对六十四卦义进行解释的文字,因为易卦分在上、下两部分中,“彖”也就被分为“彖上”“彖下”。孔颖达依据汉魏古注,把“彖”解释为“断”,即用来判定一卦之义,并将之分为三类:以卦象象征万物释卦义;以义理、德行释卦义;以爻象在卦中所处地位释卦义。

一、彖义

“彖”的本义,许慎在《说文解字》中解释为:“彖,豕也,从彑从豕。”“彑,豕之头,象其锐而上见也。”[①]“彖”的字形为猪一样的动物,头上长有尖锐的牙齿,能咬断各种坚硬的物品,

① (汉)许慎撰,(清)段玉裁注:《说文解字注》,上海古籍出版社,1981年版,第456页。

引申为能裁断各种事物。孔颖达说："夫子所作彖辞统论一卦之义，或说其卦之德，或说其卦之义，或说其卦之名。"[①]即《彖》是针对固定的一卦来进行讨论的，取名"彖"，是对这一卦的卦象、卦德、卦体进行判断。卦象是指卦本身的形象，如《乾》卦象征着天，《坤》卦象征着地等；卦德指的是卦象中体现出来的德行要求；卦体则是对卦的特征进行概括。

古代学者一般认为，《彖传》是孔子所作。朱熹就说文王序六十四卦，创作了卦辞，对每一卦的卦象、卦德和卦体进行了断定，是为"彖"；孔子对卦辞进行了进一步的解释，是为"传"，二者相合为《彖传》。李光地在《周易折中》中也说："《彖传》者，孔子所以释文王之意。先释名，后释辞。其释名则杂取诸卦象卦德卦体，有兼取者，有但取其一二者，要皆以传中首一句之义为重。"[②]意在准确概括卦的本义。我们现在认为，《彖传》是由孔门的弟子所作。

二、彖法

彖法，即判断卦的吉凶的方法。《彖传》的用意在于论断六十四卦卦名、卦辞。通行的注疏本都将《彖传》编入六十四卦，放在卦辞之后，标注为"《彖》曰"。以《离》卦为例，卦辞为："利贞，亨；畜牝牛吉。"《彖辞》说："离，丽也；日月丽乎

① 《周易正义》卷1，《十三经注疏》本，中华书局1980年版，第14页。

② （清）李光地纂：《周易折中》卷9，巴蜀书社2008年版，第246页。

天，百谷草木丽乎土。重明以丽乎正，乃化成天下。柔丽乎中正，故亨，是以畜牝牛吉也。”将“离”解释为“丽”，即有附丽、美丽之义，日月在天上给人光明，草木在地下五彩缤纷，天下便形成丰富多彩的景观，这就是《彖传》对《离》卦的卦名与卦辞之意义的判断。

《彖》的首句，通常解释卦体，即解释卦象所代表的物体名称，如前文所说的“《离》，丽也”。《离》卦位在南方，象征朱雀，朱雀是类似野鸡和孔雀的神鸟，羽毛艳丽。离又象征火，南方炎热。《彖》的解释，让我们更加明白卦辞所蕴含的意思。

《谦》卦的卦辞是“亨，君子有终”。《谦》卦之形，是地在上，山在下，以山之高大雄伟，而能甘心屈居地下，说明其有空谷藏峰的包容性。《彖》将“君子有终”的原因，解释为“天道下济而光明……君子之终也”，居功不自伟，保持谦和的心态，就有助于事业成功。能以谦和心态处事，即使功高震主，也能一生平安。

《彖传》的解释，使《周易》从判断吉凶之书，变成了教人修心养性之书，其性质发生了根本转变。我们现在读《周易》，目的在于从中学习为人处世的经验。孔子认为君子读《周易》，不占而已。就是说应该随时翻看《周易》，从中掌握德义，就能防患于未然，把握住做事的过程，结果自然会水到渠成。

《彖传》在解释卦辞的时候，有这样几种方法：

第一是点题法，是用一字一词点题评说卦名。比如《师》：

“师，众也。”[1]讲述如何团结大家，建立组织。有的随后加上注解，比如《晋》：“晋，进也，明出地上。”[2]晋是再进一步的意思。“明出地上”，说明原先十分沉闷、阴暗的地上，终于看到了一线光明从地平线上升起。《周易》当中，有十九个卦使用了点题法，分别为《需》《师》《比》《噬嗑》《剥》《大过》《坎》《离》《咸》《恒》《晋》《蹇》《夬》《姤》《萃》《鼎》《艮》《丰》和《兑》。点题法用一句话说明卦的主题，是《彖传》中最常见的方法。

第二种是解题法，针对卦名进行解释。比如《同人》卦讲怎样寻求志同道合的人一同合作，尤其是处在危难的时候，怎么团结别人。《彖》说“同人，柔得位得中而应乎乾，曰同人”，要求刚柔相济，二者和合，才能共处。再如《豫彖》说：“豫，刚应而志行，顺以动，豫。”[3]《豫》卦之象，上为雷，下为地，九四爻是阳爻，就是“刚应”。坤为地，代表柔顺，震为雷，表示动，所以是“顺以动”。具体来说，就是顺应外在的变化去做事，这样就会获得吉兆，称为“豫”。《周易》中有十三卦采用了解题法，包括《蒙》《讼》《小畜》《同人》《大有》《豫》《随》《蛊》《观》《大壮》《解》《井》《革》。

第三种是释义法，即释义卦名。除去以上所列点题法、解题法之外，余下的都属于此类，共计三十二卦。如《坤彖》说：

---

① 《周易正义》卷2，《十三经注疏》本，中华书局1980年版，第25页。
② 《周易正义》卷4，《十三经注疏》本，中华书局1980年版，第49页。
③ 《周易正义》卷2，《十三经注疏》本，中华书局1980年版，第31页。

“至哉坤元，万物资生，乃顺承天，坤厚载物，德合无疆，含弘光大，品物咸亨。”[①]天生万物，地以养之。大地十分宽厚，它能负载万物、滋养万物，这就是坤德。大地一望无际，能够包容世间万物，还能把美好的品德推行开来，所有的事物都因大地的厚德而亨通、各得其所。再如《颐彖》说：“颐，贞吉，养正则吉也。”[②]颐，是养的意思，贞义为正，一个人如果能够养正，就会趋向于贞吉。这是释义法。

三、彖例

《彖传》主要包括以下几部分内容：

一是分析卦体。如《乾彖》说：“大哉乾元！万物资始，乃统天。云行雨施，品物流形。大明终始，六位时成，时乘六龙以御天。乾道变化，各正性命，保合太和，乃利贞。首出庶物，万国咸宁。”[③]《乾》《坤》两卦的德行，一个是“品物流形”，一个是“品物咸亨”。地上的风景，山川河流，正因风雨的雕塑，才有了鬼斧神工的形貌。大地上的万物，因为太阳、雨水的滋养，才形成的天地交泰，生机盎然。再如父母教育子女，母亲教给孩子养德，父亲教给孩子砺志，共同塑造孩子的人格。

“大明终始”，是说《乾》卦从第一爻到第六爻皆以阳爻出

---

① 《周易正义》卷1，《十三经注疏》本，中华书局1980年版，第18页。

② 《周易正义》卷3，《十三经注疏》本，中华书局1980年版，第40页。

③ 《周易正义》卷1，《十三经注疏》本，中华书局1980年版，第14页。

现,始终为一;“六位时成”,是说虽然从下到上始终如一地做事,同样的阳爻,在不同的位置上表现的吉凶也是不一样的,是随着“时”(所在的阶段性不同)与“位”(所在外部环境不同)的变化而变化的。

“时乘六龙以御天”,指《乾》卦的六个阳爻,就像六条龙一样合乎天道。因此,“乾道变化,各正性命,保合太和,乃利贞。首出庶物,万国咸宁”。事情成败与否,主要不在于是否聪明、勤奋,而在于能否坚持,能否坚持这种刚健不息的气象,这就把握住《乾》卦的宗旨。君子做事,要想成就一番事业,就要学习乾的德义,努力坚持到最后。《乾》卦提供给我们的启示,就是要刚健不息、从不满足、永不懈怠、不断坚持。

《周易》中有吉、凶、悔、吝四个字,吉就是吉祥,凶是不祥,悔是由吉转凶、产生悔恨,吝是逢凶化吉,有所珍惜。可以说,人的境遇只有两种可能,一种是吉,一种是凶,因此我们要趋吉避凶。但是吉凶不是一成不变的,而是处于不断地变化当中。《周易》所讲的正是变化之道,世间万物都是变化不止的,唯一不变的,就是刚健不息、厚德载物之类的品行。

二是分析卦德。如《坤象》言《坤》卦的特征:

至哉坤元,万物资生,乃顺承天。坤厚载物,德合无疆。含弘光大,品物咸亨。牝马地类,行地无疆,柔顺利贞。君子攸行,先迷失道,后顺得常。西南得朋,乃与类行；东北丧朋，乃终有庆。安贞之吉，应地无疆。[①]

柔顺利贞，概括的是《坤》卦的卦德。坤处于次要的、退守的、成全的、辅佐的位置，柔顺体现了《坤》德的特点。同时又"利贞"，即利于守正，坤道讲究的是以柔克刚。古人常用阴来指代女性，从这个角度上说，女性不是柔弱，而是柔和，是四两拨千斤。一阴一阳之谓道，世上的万事万物都是如此。由此延伸出来的意思就是：做人要明确自己的位置，是处于阳位还是阴位，处于阳位，就要主动，要刚健，要自强不息；处于阴位，则要退守，要包容，要随和，要柔顺。

三是阐释卦名卦义。如《师彖》言："师，众也；贞，正也。能以众正，可以王矣。刚中而应，行险而顺，以此毒天下，而民从之，吉又何咎矣！"[②]师是指军队，军队就是合众，是把很多人联合起来，组织成一个体系，就需要有一个基本的道义在其中，才能让大家同仇敌忾，这样的团队生命力才能长久，战斗力才强。即便遇到艰难险阻，由于这个团队是为了大家的利益而做事，也能因为得到众人的支持而走出困境。再如《萃彖》言："萃，聚也。顺以说，刚中而应，故聚也。王假有庙，致孝享也。利见大人亨，聚以正也。用大牲吉，利有攸往，顺天命也。观其所聚，而天地万物之情可见矣。"[③]"萃，聚也"，这是

---

① 《周易正义》卷1，《十三经注疏》本，中华书局1980年版，第18页。
② 《周易正义》卷2，《十三经注疏》本，中华书局1980年版，第25页。
③ 《周易正义》卷5，《十三经注疏》本，中华书局1980年版，第58页。

对卦名进行解释，其后主要阐释了只有脚踏实地、应合天下，才能聚合众人、走向成功的道理。

四是解释卦辞。有些卦，其卦名就是从卦辞里来的。如《咸彖》解释《咸》卦：

> 咸，感也。柔上而刚下，二气感应以相与。止而说，男下女，是以"亨利贞，取女吉"也。天地感而万物化生，圣人感人心而天下和平。观其所感，而天地万物之情可见矣。[①]

咸，是感的意思，"柔上而刚下，二气感应以相与"，讲的是男女相互欣赏。《咸》卦显示彼此刚柔相济，就像阴阳互抱一样，此卦中有男女拥抱之意。至于"天地感而万物化生，圣人感人心而天下和平。观其所感，而天地万物之情可见矣"一句，可以从爱情的角度来理解。现代年轻人之间的恋爱可以概括为三种模式：一种是"辐射"，即经过不断努力追求对方，最终取得成功；第二种是"传导"，指通过媒人介绍而成功；第三种是"对流"，这是最为理想的一种状态，就是两个人彼此相互欣赏，这就是万物交感的表现。《咸》卦讲述的就是万事万物的相互感应、欣赏和体味。只有天地交感，天地之气结合起来，万物才得以化生；圣人能够明白大家的心思，总结出一个

---

① 《周易正义》卷4，《十三经注疏》本，中华书局1980年版，第46页。

理论或者提出一个梦想，建构一种大家都能接受的理念，从而将众多的人凝聚在一起。孔子及其后学提出的小康、大同等理想，总结了中国人内心深处对幸福生活的理解，因而成为中华民族几千年来永恒的追求，所以才能凝聚人心、聚拢人气。《咸》卦是以男女相互欣赏作为卦象，但不仅仅限于男女之间，而是由此阐释了人心相感、万物交感的方法和路径。

五是解释卦象。比如《噬嗑彖》说："颐中有物，曰噬嗑。噬嗑而亨，刚柔分动而明，雷电合而章。柔得中而上行，虽不当位，利用狱也。"[①]"颐中有物"，即口中咬着东西，这个动作叫噬嗑，它包含三层含义：一是口舌是非，比如人们打架的时候会咬牙切齿，心中生恨；二是打官司，在《水浒传》中，将犯人带上枷锁发配，官司缠身，无法自在；第三个含义就是刚柔不能相济，或过于刚强，或过于柔弱，二者不能协调，从而导致进退失据。所以，《噬嗑》卦描述的情形，仿佛有东西放在口中，用力去咬咬不动，不咬则如鲠在喉。因此，这一卦当中所蕴含的积极意义，就是让我们明白：人必须经过煎熬才能走出自我，人的心灵要经过锤炼和磨难，才能体会到幸福。

六是剖析爻位。不同位置的爻可以表现出不同的特征，比如《讼彖》说："讼，上刚下险，险而健，讼。讼有孚，窒惕中吉，刚来而得中也。终凶，讼不可成也。利见大人，尚中正也。不利涉大川，入于渊也。"《讼》卦之象，上为天，下为水。

---

① 《周易正义》卷3，《十三经注疏》本，中华书局1980年版，第37页。

天代表刚，水代表险，一个人外表很刚健，内心却又很多算计，外刚而内险，就容易和人发生纷争。《讼》卦的《象传》还对一些爻位的吉凶进行了概括，如“孚”告诉人们要讲究诚信，“窒”是表示有所不通，“惕”在提醒人要保持警惕。这些都是象辞对爻位的具体分析。

七是阐发卦理，即对卦理进行解释。《泰象》说：“泰，小往大来吉亨。则是天地交而万物通也，上下交而其志同也。”小往大来，是说付出的很少，收获却很可观。《泰》卦上面是地，下面为天，地为阴，阴气向下走，天为阳，阳气往上走，形成天地阴阳相互吸引的形态，这就是天地交泰之象。以自然界为例，天上有云，云生雨，雨往下走，地上有水，水受阳气蒸发，往上走。所以，同样是水，雨水属阴，而水气属阳，二者相互演变，也是天地交泰之象。在社会中，《泰》卦也可以象征上下级之间的关系，在上位的人能够关心下属，在下位的人又非常仰望、敬仰上司。这样一来，上下志同道合，同样是天地交泰之象，这就是“天地交而万物通也，上下交而其志同”的意思。

《泰象》又说：“内阳而外阴，内健而外顺，内君子而外小人，君子道长，小人道消也。”意思是说，光明的、正面的、积极的、向上的力量在不断地增加，要相信人类社会总会正向地发展，世上还是好人多。在《周易》的设计中，还有一卦与此相反，即《剥》卦，体现的却是“君子道消，小人道长”，是说君子生不逢时，周围全是阴险自私的小人，小人宁肯让伟大的事业黄掉，也只追求个人利益或者小集团利益。君子处在这样的时代,只能如孟子所讲的“苦其心智,劳其筋骨,饿其体肤,空乏其身”。[①]即便如此一生,在古人看来,也不必抱怨,因为中国文化里强调“太上立德,其次立功,其次立言”,[②]人生在世,最难得可贵的不是获得多少物质享受、成就多少功业,而是能够实现道德的自我超越,活得坦坦荡荡、无所畏惧。当自己离开这个世界时,能够真诚地说一声:自己一生没有害过别人,也没有坏过正事,这就不枉一世,这是中国文化所追求的最高境界。

《泰彖》所言的“内阳而外阴”,是说内心坦荡而外表柔顺,宁为真小人,不做伪君子。一些人虽然有不阳光的地方,但他内心坦诚,这是强调内君子。外小人,是说时世有时很浑浊,人生在世,不可能绝对的超然物外,一尘不染,要能够“悟真性而抱精淳,混嚣尘而游世俗”,做到和光同尘,才能不为小人嫉恨。外小人,不是要做小人,而是与小人接触的时候,要按照小人之道和他们交往,但内心里面是君子,按照自己的原则评判是非得失。人一方面要讲清,即身清目明,骨子里面有一种清气,但在某些场合却要能够放下身段,而不是放下节操,否则就很难和周围的人融在一起,这是和光同尘的含义,也是《泰》卦中蕴含的处世哲学。

再比如《谦彖》就说:“谦亨,天道下济而光明,地道卑而

---

① 《孟子注疏》卷12,《十三经注疏》本,中华书局1980年版,第2762页。

② 《左传·襄公二十四年》:“大上有立德,其次有立功,其次有立言。”《春秋左传正义》卷35,《十三经注疏》本,中华书局1980年版,第1979页。

上行。天道亏盈而益谦，地道变盈而流谦，鬼神害盈而福谦，人道恶盈而好谦。谦尊而光，卑而不可逾，君子之终也。”天道下济，地道上行，实际上是讲“泰”的道理。一个人想要发展得好，应当注意四个方面：

第一，天道亏盈而益谦。亏是亏损，益是增加。天道公平，但在盈亏运行的时候，会更加谦和。一个人行的是阳刚之道、君子之道，却会因太完美而不被人理解，甚至遭到排斥。正所谓白玉微瑕，听到别人提出意见，就要虚心接受。子贡曾经说，君子有过失就像日食和月食一样，日食和月食发生的时候，大家都可以看得到，一旦日食或月食结束，人们还会敬仰他。君子发现自己的过失，要及时改正，增加自己的长处，补全自己的不足，绝不可刚愎自用，文过饰非。

第二，地道变盈而流谦。益谦是容量，流谦讲的是变化。盈是充满、饱满。在小说《笑傲江湖》当中，令狐冲和任盈盈的名字分别体现了冲虚和饱满的含义。两者一个体现了阳刚，一个体现阴柔，说明了武术的最高境界是太极，也就是阴阳合一。按照天道，人的内心永远充实而谦虚，这是内在要求；按照地道，人要能够随时随地根据具体环境调整自己，让充实而谦虚的特性如水一样，适应任何环境，而不是轻易损了自己或损了别人。

第三，鬼神害盈而福谦，人道恶盈而好谦。这里涉及了鬼神和人道，在天、地、人之外加了一个鬼神。《周易》的六十四卦里面一般不谈鬼神，但是《彖传》里面谈鬼神，反映出在后世的理解中,鬼神的出现,实际代表了一个不确定的变量,鬼是不确定的不利因素,而神是不确定的有利因素,对天地运行之道进行补充,因而人要对未知因素增加几分畏惧,才能获得福佑。人道也是如此,好谦而恶盈,过于高调、过于张扬,最后会被自己毁掉的,莫如低下头,谦和处事,才能获得众多的支持。

第三节　象传

《象传》对每一卦和每一爻所进行的描述。由于卦名、卦义的解释都以卦象为根据,爻辞的解释也多以爻象、爻位为依据,因此题为《象》,也称《象》辞。与《彖传》一样,通行本也将《象传》编入在六十四卦之中。《周易》中共有四百五十条《象传》,其中,解释六十四卦卦名、卦义的有六十四条,称为“大象”;解释三百八十四爻爻辞的有三百八十四条,称为“小象”;另外还有解释“用九”和“用六”两条,放在《乾》《坤》二卦之中。

一、《大象传》

六十四别卦由八经卦重合而成,其中《乾》《坤》《震》《巽》《坎》《离》《艮》《兑》自身重合为八纯卦,其余五十六卦为不同的八经卦的重合。《大象传》对卦象进行解释,是从八经卦的取象入手的。

以《离》卦为例,这一卦之象,为《离》上《离》下之象,卦辞说："利贞，亨；畜牝牛吉。"《彖》解释说："离，丽也；日月丽乎天，百谷草木丽乎土，重明以丽乎正，乃化成天下。柔丽乎中正，故亨，是以畜牝牛吉也。"《彖》辞下面的《象》辞，则是对卦象的进一步解释："明两作，离，大人以继明照于四方。"[1]离，意思是明，两个"离"叠在一起，叫"明两作"。真正为大家所尊重的人，能够像火把一样给他人带来光明，给他人以智慧的启迪。

䷝《离》：利贞，亨；畜牝牛吉。

《彖》曰：离，丽也；日月丽乎天，百谷草木丽乎土，重明以丽乎正，乃化成天下。柔丽乎中正，故亨，是以畜牝牛吉也。

《象》曰：明两作，离，大人以继明照于四方。

初九，履错然，敬之，无咎。

《象》曰：履错之敬，以辟咎也。

六二，黄离元吉。

《象》曰：黄离元吉，得中道也。

九三，日昃之离，不鼓缶而歌，则大耋之嗟，凶。

《象》曰：日昃之离，何可久也。

九四，突如其来如，焚如，死如，弃如。

《象》曰：突如其来如，无所容也。

---

① 《周易正义》卷3，《十三经注疏》本，中华书局1980年版，第43页。

六五，出涕沱若，戚嗟若，吉。

《象》曰：六五之吉，离王公也。

上九，王用出征，有嘉折首，获匪其丑，无咎。

《象》曰：王用出征，以正邦也。

《象传》的基本解释，是立足于经卦的取象。如《乾象》说："天行，健，君子以自强不息。"乾象天，天的特点就是刚健不息。《坤象》："地势，坤，君子以厚德载物。"坤象地，大地的特点是厚德载物。《坎象》："水洊至，习坎，君子以常德行，习教事。"坎象水，水是流动的，水善利万物而不争，既有险的特征，也有智的习性，君子要修养德行，达到上善若水的境界。"习教事"，即开智，君子乐水，就在于水也是智慧的象征。《离象》："明两作，离，大人以继明照于四方。"离象火，火是光明之象，能够烛照四方。《巽象》："随风，巽，君子以申命行事。"巽象风，有个成语叫风行天上，前面讲过，在中国文化中，一年四季有十二风，这十二风可以带来不同的节令，风有号令之义。《震象》："洊雷，震，君子以恐惧修省。"雷的声音非常响亮，带给人的感觉就是畏惧。其实，人在世上，需要怀有恐惧感，这样才能知敬畏，不知敬畏就会悖逆作乱。反之，如果一个人总怀恐惧之心，也不是长法。因此，君子听到雷声的时候要有所恐惧，并因此而修行自己。

又如《艮象》称："兼山，艮，君子以思不出其位。"艮有两层含义，第一是表示静止，第二是表示安静、安心、安分。《艮》

卦要求君子思不出其位，即在什么地方想什么事，不要胡思乱想，做好当下的事情。《兑象》："丽泽，兑，君子以朋友讲习。"泽指的是润泽，兑有欢乐的意思，主口舌。口舌一方面指是非，另一方面指人善言辞。《兑》卦描述的是君子之间互相讲习，共同进步。正所谓"独学而无友，则孤陋而寡闻"[①]，一个人学习的时候不能没有朋友，没有可切磋、交流的人，否则会孤陋寡闻。《诗经·卫风·淇奥》中也讲"如切如磋，如琢如磨"，就是强调朋友之间的交流学习。陶渊明在《移居》中说"奇文共欣赏，疑义相与析"，有好的文章，大家一起读一读，有问题一起讨论，久而久之，其知识、眼界、思维、判断都会不断地提高。

以上是《象传》对八个经卦进行的解释。《周易》对其余五十六卦的解释也是立足于上下两经卦的取象的，如《屯》卦之象，上《坎》下《震》，坎为水，震为雷，《屯象》为"云雷，屯，君子以经纶"，这是根据卦象解释其中蕴含的德行。山水《蒙》卦："山下出泉，蒙，君子以果行育德。"我们常用"高山仰止"这样的词来形容人的学识和人品非常好。在《论语·子罕》中，颜回形容孔子说："仰之弥高，钻之弥坚；瞻之在前，忽焉在后。夫子循循然善诱人，博我以文，约我以礼。"认为孔子像一座山一样，忽然在前，忽然在后，最后发现"只在此山中，云深不知处"。水代表知识和智慧，山本身是不产水的，但是山

① 《礼记正义》卷36，《十三经注疏》本，中华书局1980年版，第1523页。

高水长，山有多高，水就有多高，所以，人们以“山下出泉”来形容启蒙，这就是《蒙》卦。

又如《讼象》说：“天与水违行，讼，君子以作事谋始。”天水《讼》卦，天在水上，水在天下，这是天与水相违之象。在《周易》中，天和水性质相似而共存，因此叫“违行”。君子做事谋始，即在做事的时候要规划明白，就会免去口舌和是非。《师象》：“地中有水，师，君子以容民畜众。”“师”有两个含义，第一是军队，第二是征伐。无论是军队还是征伐都需要大量的人，这就好比只有地下才能藏有大量的水一样。君子应该学习水，地中有水这个形象的特点就是包容，是能藏得住。能藏得住的叫慧，藏不住的叫智。智指的是聪明表现在言谈和行为中；慧则是平时看不出来，但到了关键的时候，会显示他的高明之处。《师》卦体现出的，就是这样一种包藏之象。

《大象》一般分为两部分：前一部分是对卦象的解读，后一部分是对卦象引申之义进行解释，可看成是对卦名、卦象的补充和发挥，往往用“君子以”开头。中国文化不论儒家、道家还是墨家等，都旨在培养君子。君子和小人是中国人在区分道德、人品和格局时常用的一个词汇。在《大象》中，几乎每一卦都会谈到君子应当怎么做，其目的是告诉人们要从中学到什么道理，学到什么德行，而不是简单地说这个卦是吉还是凶。六十四卦当中，吉凶相伴，同样，人生也是有起伏的，福祸相依。六十四卦中的每一卦、每一爻都体现着这样的变化和发展，并时刻强调人要在这种变化中注重修养自身、提高自己、完善自我。

《大象传》采用的是取象法，就是直接用卦象来解释。这种方法是先讲天道和地道的特征，然后再讲人道如何去做。在中国文化里面，天道代表着客观规律，是变化的因素，它是人世变化的外部因素。同样一棵树，在不同的季节会有不同的表现，夏天郁郁葱葱，秋天就会树叶飘零；同一个人在不同的年龄阶段，表现的特征也不一样。这些都是恒定不变的自然规律。如果时机不到，则需要等待；等时机一旦来临，结果自然会水到渠成。

天道，在中国文化中指代的是必要条件，地道指的是充分条件，一般是客观因素，是可变的量。时机和境遇结合起来形成一组不可变量和可变量，人就在这样一个不变和可变的环境当中做事。基于此，《周易》六十四卦建立起一个模式，其中包括两点内容：一是人在通常应该怎么做；二是此情此景下该怎么做，即时机变了，应当怎么做，如第三爻和第四爻，因为天时不同，吉凶也会随着变化。六十四卦在描述情境的时候，是把这两个因素结合起来考虑的，我们首先要判断所处的境遇，然后再看有没有机遇。

《周易》讲述天道和地道，目的是阐释做人的道理。在不同的环境中，做事的方法是不一样的。比如说，天与水相偎之时，风吹着波浪，阴风怒号，浊浪排空，这就好比君子在狂风巨浪中行走，要非常谨慎，非常细致，要谋划好，要选对路径和方向，这就是《讼》卦所讲的道理。《大象》针对全卦而言的，这一点与《彖传》相同，但《大象》不涉及爻辞内容，这是与《彖传》的不同之处。

二、《小象传》

《小象传》主要采用爻位法和取义法来解释爻象。如《小象传》对《乾》卦六爻的解释，从下爻到上爻依次为“阳在下也”“德施普也”“反复道也”“进无咎也”“大人造也”“盈不可久也”，对用九的解释为：“天德不可为首也。”其中“阳在下也”，是从爻位上进行解说的。我们知道，阳是刚健的、积极的力量，初九爻居最下位，“阳在下也”，就是说阳气没有升发，还处在被压迫的阶段，只能潜藏在地下。到了九二的位置上，龙开始活跃，“龙见于田”，其德行已经开始为大家所接受。

䷹《兑》：亨，利贞。

《彖》曰：兑，说也。刚中而柔外，说以利贞。是以顺乎天而应乎人。说以先民，民忘其劳；说以犯难，民忘其死；说之大，民劝矣哉！

《象》曰：丽泽，兑，君子以朋友讲习。

初九，和兑，吉。

《象》曰：和兑之吉，行未疑也。

九二，孚兑，吉，悔亡。

《象》曰：孚兑之吉，信志也。

六三，来兑，凶。

《象》曰：来兑之凶，位不当也。

九四，商兑未宁，介疾有喜。

《象》曰：九四之喜，有庆也。

九五，孚于剥，有厉。

《象》曰：孚于剥，位正当也。

上六，引兑。

《象》曰：上六引兑，未光也。

又如《兑》卦，兑为小女儿，在西方，又为口舌，这是《大象》、《小象》的情形各有不同。初九《象》说："和兑之吉，行未疑也。"如果阳爻在阳位，或者阴爻在阴位，这就叫当位。初九是阳爻处在第一爻的位置上，这就是当位的，有吉的特征，所以叫作"和兑"。"和"就是中和、和谐、和睦。"和兑之吉，行未疑也"，是说大家在一起能唱和，彼此不怀疑。九二的爻辞说："孚兑，吉，悔亡。""孚"是诚信，这当然是吉祥的，但还是会悔亡，这是因为九二爻是阳爻处于阴位上，就好比男子穿着女性的衣服一样，有迟疑之事。爻《象》说："孚兑之吉，信志也。"当处于第二爻位置的时候，就应该阴柔一点，保持含蓄。六三爻辞为："来兑，凶。"六三是阴爻居于阳位，应该阳刚的时候却呈现阴柔之象。爻《象》说："来兑之凶，位不当也。"也是强调位置不合适所形成的凶兆。九四爻说："商兑未宁，介疾有喜。"九四本来应该是阴爻，但实际上却是阳爻，同样不当位,因而不安宁,也就是“未宁”。

九四和六三这两个位置处得非常特殊,六三是下卦的最上爻,九四是在上卦的最下爻,它们是上下卦的过渡点,这两个爻的位置不太正,地位非常尴尬。不过,九四比六三的情况要稍微好一些。因为六爻当中,起统领作用的是第五爻,九四爻虽然不当位,但是它和第五爻志同道合,依附于九五爻,会得到九五爻的关照,所以叫作“介疾有喜”。《象》解释说:“九四之喜,有庆也。”就是指九四爻遇到了吉祥的关照。九五爻辞为:“孚于剥,有厉。”《象》说:“孚于剥,位正当也。”“剥”指的是《剥》卦,九五爻当位,这是其好的一面。但它又有一点不好的地方,就是九五爻太强势。我们知道,国君的手下应该比他弱一点,但是这个国君的手下和他一样刚强,功高震主,因此它与九四爻既是同志,又要提防着九四,因而“有厉”。上六爻辞说:“引兑。”《象》说:“上六引兑,未光也。”最上爻都昭示着物极必反的道理。“引兑”,就是无事生非的口舌之争。“未光也”,是说上六爻不能和下面五爻融合在一起。

《小象传》认为,初为始、为下、为卑、为穷。从时间上讲,第一爻是开始。比如《师》卦第一爻讲的是出兵的开始阶段,《讼》卦的第一爻讲的是打官司的第一步。从位置上讲,初爻是比较下的位置。《剥》卦第一爻讲“剥其足”,是把床的腿折断了,第二爻是把床下面支撑的横梁弄断了,之后是把床上的席子弄掉了,这就是从下面开始,向上一层一层描述。从状态上，初爻代表的是卑，就是地位比较低。如《蒙》卦讲的是启蒙的步骤，一个人刚开始读书，就像一个容器一样，摆在最下面的位置，让知识流进来，随着年龄的增长和阅历的丰富，慢慢掌握了很多知识，就由卑逐渐至高。

三爻和四爻代表的是犹豫、疑惑和反复。人生不是取决于起点，而是取决于终点，从零到一这一步是很容易跨过的，但是从一到一百这个过程是很多人不能把握的。二爻和五爻居中，代表得中、中道。这两爻吉凶之关键在于是否当位。上爻为终、为上、为亢、为盈。终表示事物结束；上指的是高高在上，高高在上的时候就像飘在空中的气球一样，基本不能解决问题；亢是发展得有些过头；盈就是充满、饱满。

《论语》中有一句话叫“过犹不及”，上九、上六的情况有时候还不如初九、初六。初九、初六时常为吉，但上九和上六往往是凶、悔之象。悔就是后悔，也有过分的含义，在中国文化里面，盈只有和虚相结合的时候，它才有归宿，否则就会“悔”。这要求我们为人处世不要过于饱满，要保持谦虚的态度。

简而言之，《小象》的体例主要是以爻象立意，来阐明《易》理，并在训释字义的同时，阐释爻德、爻位和爻义。

䷜习《坎》：有孚，维心亨；行有尚。

《彖》曰：习坎，重险也，水流而不盈。行险而不失其信。维心亨，乃以刚中也；行有尚，往有功也。天险不可升也，地险山川丘陵也，王公设险以守其国：险之时用大矣哉!

《象》曰:水洊至,习坎,君子以常德行,习教事。

初六,习坎,入于坎窞,凶。

《象》曰:习坎入坎,失道凶也。

九二,坎有险,求小得。

《象》曰:求小得,未出中也。

六三,来之坎坎,险且枕,入于坎窞,勿用。

《象》曰:来之坎坎,终无功也。

六四,樽酒,簋贰,用缶,纳约自牖,终无咎。

《象》曰:樽酒簋贰,刚柔际也。

九五,坎不盈,祇既平,无咎。

《象》曰:坎不盈,中未大也。

上六,系用徽纆,寘于丛棘,三岁不得,凶。

《象》曰:上六失道。凶三岁也。

以《坎》卦为例,其形《坎》上《坎》下,相当于水。水中间是阳爻,两边是阴爻,也就是阳在中,阴在外。自然界的水,看似柔和,但所有水都有一个志向,就是要流向大海,奔腾不息。水还有一个特点,就是它非常坚韧,能够“水滴石穿”。所以,水看似很柔弱,随类赋形,随着环境的改变,形貌也会有所不同,但水的骨子里面是很坚强的。《坎》卦就很好地体现了这一特征,中间是个阳爻,代表了它的志向,代表了它的刚强,代表了它的不息。外面阴爻,说明外表十分柔和。所以君子应该像水一样，骨子里面充满了刚健的气息，外表能和光同尘。同时，《坎》卦是阴包裹着阳，就像地球一样，里面是火热的地心，外面用阴包裹它，这样地球才有了磁场，形成一个完美的球体。

第四节　系辞传

《系辞》为《周易》的通论，研读《周易》，一般要先从《系辞》入手，读完《系辞》以后再读《彖传》《象传》和《文言》，就对《周易》有一个基本的理解。所以，《系辞》可以称得上是《周易》的入门篇章。《系辞传》分上、下两篇，主要阐述了以下几个问题。

一、《易》言圣人之道

中国古代讲的圣人，实际上就是高明之人，是能够洞察宇宙、社会和人性的智者、慧者。《周易》所体现的圣人之道，代表了轴心时代学者对待宇宙、自然、社会、人生的基本理解。《系辞上》称《易》在四个方面体现了圣人之道："以言者尚其辞，以动者尚其变，以制器者尚其象，以卜筮者尚其占。"[①]概括了《周易》中蕴含的四个方面的哲理。

一是察言。《系辞上》言：

---

① 《周易正义》卷7，《十三经注疏》本，中华书局1980年版，第81页。

> 圣人设卦观象，系辞焉而明吉凶，刚柔相推而生变化。是故，吉凶者，失得之象也；悔吝者，忧虞之象也；变化者，进退之象也；刚柔者，昼夜之象也。六爻之动，三极之道也。是故，君子所居而安者，《易》之序也；所乐而玩者，爻之辞也。是故，君子居则观其象而玩其辞，动则观其变而玩其占，是以自天祐之，吉无不利。[①]

研读《周易》，首先要理解《周易》中间的言辞。圣人设卦观象，是用六十四卦来象征天地万物。象的本身有多义性、象征性，可以进行无穷的阐释。象用文字表现出来，即“系辞焉而明吉凶”，也就是用言辞阐释寓意。

句中的吉、凶、悔、吝、忧、虞、变、化等，是描述象的几个重要言辞。吉是吉祥，凶是危险，如果用吉凶象征得失，那么吉就是得，凶就是失。忧就是后悔，后悔即忧惧之象。有些事情如果做了就是好事，如果没有做，会引起一连串后果，使人后悔，这是忧。吝是虞，就是意识不到。变、化一般强调进退，进退之道，要根据不同的时间、不同的环境和不同的机遇进行调整。中国古代对刚、柔的定义非常多。如刚为阳日，一、三、五、七、九、十一是刚日，二、四、六、八、十是柔日；同样，白天是刚，晚上是柔，刚柔象征着坚持与放弃。这些是在《周易》里面经常遇到的言辞。

“君子居则观其象而玩其辞，动则观其变而玩其占”是讲

① 《周易正义》卷7，《十三经注疏》本，中华书局1980年版，第76—77页。

君子研读《周易》的方式。“居”就是平素、平常，君子平日观察卦象，了解阴爻、阳爻乘、承、比、应的关系。玩其辞，就是玩味、品味卦辞和爻辞。六十四卦中包含了很多道理，比如有的讲出师，有的讲教育，有的讲婚恋，有的讲刑罚。同一卦中，不同的爻位代表了事物发展的不同阶段，君子学习《周易》，需要通过玩味言辞来养德修身，体会大道，学会观察事物内部的变化，学习如何趋吉避凶。

二是观变。《系辞上》说：

> 圣人有以见天下之赜，而拟诸其形容，象其物宜，是故谓之象。圣人有以见天下之动，而观其会通，以行其典礼，系辞焉以断其吉凶，是故谓之爻。言天下之至赜而不可恶也，言天下之至动而不可乱也。拟之而后言，议之而后动，拟议以成其变化。[①]

《周易》认为天下万物都处在变动之中，世界上没有绝对静止的事物，思考任何问题都要能够立足于天下处在变动之中。万变不离其宗，变化的规律是守恒的。圣人便能总结出万事万物变化的规律，如说月盈则亏，水满则溢。《周易》对世间万物的规律进行了总结和概括，做出一个基本的推理判断，用象来象征吉凶的境遇，这就是爻。因此卦中的第六爻，也

① 《周易正义》卷7，《十三经注疏》本，中华书局1980年版，第79页。

常常体现着物极必反的道理。规律虽然是不变的，规律之中体现的变量，恰恰是规律运行的模式。如当人处于初爻位置时，要守拙，多些谦虚谨慎，这是一个普通的规律，但并不是六十四卦的初爻都如此。在《复》卦，初爻是阳爻，其余都是阴爻，一阳复始，作为初爻就需要坚持它的阳刚之气，来感化上爻，就不能谦虚，不能退让。因为这一点阳，是唯一的希望，必须振作。《周易》的六十四卦之中，常常有一个基本的立足点，作为它的不变量，作为它的根本，但在观察《周易》各爻的时候，还要将其放在特定环境中去观察、去思考。

三是制器。"制器"是总结天地万物的规律，将它融合起来形成一个系统。器是和道相对的，天地万物的变化规律是道，道是无名无形无象的，但要讲明，必须选择一个入口描述出来，这个表述出来的系统可以称之为器。圣人之道就是圣人把自己对天地的理解做成图式、做成象、做成卦，流传给后世。《系辞下》说：

> 八卦成列，象在其中矣；因而重之，爻在其中矣；刚柔相推，变在其中焉；系辞焉而命之，动在其中矣。吉凶悔吝者，生乎动者也；刚柔者，立本者也；变通者，趣时者也。吉凶者，贞胜者也；天地之道，贞观者也；日月之道，贞明者也；天下之动，贞夫一者也。[1]

---

① 《周易正义》卷8，《十三经注疏》本，中华书局1980年版，第85—86页。

当八卦画出来的时候，其实象就在其中，卦当中有很多变动的因素，包括刚柔、变通、吉凶等。变与动的含义稍有不同，变含有化的意思，如卦之间相互颠倒、错综；而动，则是某一个爻的变动。

四是占卜。《系辞上》言：

> 是故，阖户谓之坤，辟户谓之乾，一阖一辟谓之变，往来不穷谓之通，见乃谓之象，形乃谓之器，制而用之谓之法，利用出入，民咸用之谓之神。是故，《易》有大极，是生两仪。两仪生四象。四象生八卦。八卦定吉凶，吉凶生大业。[①]

学习《周易》有三个层面：一是理解经天纬地之道，阐释天地万事万物运行的规律；二是将其德义用于社会，定国安邦；三是致力于占卜吉凶。研读《周易》不能单纯为了占卜吉凶。在中国文化中，往往将吉凶祸福的转化，归结于人的修养与行为。从佛教的观点来讲，吉凶系于因果，一种是今世之因，今世之果；一种是往世之因，此世之果，这是因果相传。从儒家来讲，之所以出现吉凶、悔吝，是因为德行修为还不够。张载说，"《易》为君子谋，不为小人谋"，[②]就是说有恒心、懂得修身养性的人，才能读通《周易》之中蕴含的德义，而斤斤计较

① 《周易正义》卷7，《十三经注疏》本，中华书局1980年版，第82页。

② （北宋）张载撰：《正蒙·大易》，《张载集》，中华书局1978年版，第48页。

于个人之私者，即使学习了《周易》，也不能趋吉避凶，原因在于小人的最终结果必然是凶。

《系辞上》还说：

> 是故，法象莫大乎天地；变通莫大乎四时；县象著明莫大乎日月；崇高莫大乎富贵；备物致用，立成器以为天下利，莫大乎圣人；探赜索隐，钩深致远，以定天下之吉凶，成天下之亹亹者，莫大乎蓍龟。[①]

读《周易》的时候要思考几个问题。一是天地，法象莫大乎天地，是说《周易》用天地立卦，《乾》《坤》两卦是《周易》的门户，在具体某一卦中，则是上卦为天，下卦为地。同时，还有一种分法是上两爻为天，下两爻为地，中间两爻为人。人在天地之中，要受到天地的影响。一个人能否成事不光取决于自己，还取决于天地，取决于外部的条件，因而要因时制宜、因地制宜。第三爻和第四爻的变动非常大，是吉还是凶，要看上面和下面几个爻的影响，也就是天地关系对它的影响。为了将这种关系描述得更明确，《周易》提出互卦的概念，具体来说，第二、三、四爻组成一个卦，第三、四、五爻组成一个卦。这样一来，第三爻和第四爻分别是这一组互卦当中的两爻，它们的吉凶也要结合着这些卦来看。

---

① 《周易正义》卷7，《十三经注疏》本，中华书局1980年版，第82页。

二是时节。变通莫大乎四时,《周易》里面的卦、爻都可以和四时配起来,在汉代就把六十四卦、三百八十四爻与时间对应起来,形成了全新的解读。其中,此后又将卦与日、时对应起来,在阴阳之外增加了更多的变量,使之能够更为细致地体现天地万物的变化规律。

三是人事。崇高莫大乎富贵,富贵是尘俗中人的梦想。按照汉朝人的理解,第一爻到第六爻分别代表了不同身份的人。第一爻是庶人,就是普通百姓,二爻一般象征士,三爻象征大夫,四爻象征卿,五爻象征君主或者天子,六爻象征圣人或者太上皇,是比帝王还高一层的人。六十四卦之中,高贵与卑微并存,成功与失败并存,古今多少人读《周易》,恐怕更多是在六十四卦的说解、六十四卦的变动之中,常常关注的是世俗中的失去与获得。

四是祸福。圣人图形演卦的目的,是让大家从六十四卦中得到人生的启迪。《周易》表现的是圣人之道,中国古代的圣人探讨的无非都是天、地和人。老子探讨的是天道与人道,孔子单纯谈论人道,孔子后学孟子谈的则是人性。《黄帝内经》中"黄帝"和大臣们探讨的也是人的休养生息,关心的是人的生命与福祉。所以说,中国古代圣人所思考的问题,主要在于天地、日月、四时、吉凶、祸福、贵贱这些道理,通过探赜与阐发,形成一个个学理系统,最终造福天下苍生,《周易》便是其中之一。

二、《易》在开物成务

《大学》将人生发展阶段，概括为格物、致知、诚意、正心、修身、齐家、治国、平天下八个阶段，分别代表着心性的成长阶段。《周易》则用四个字总括了这八个阶段，即“开物成务”。所谓的开物，便是从格物开始；成务，便是成就一番事业。《系辞上》说：

> 子曰：“夫《易》何为者也？夫《易》开物成务，冒天下之道，如斯而已者也。”是故，圣人以通天下之志，以定天下之业，以断天下之疑。[1]

中国古代的学者，提出各种各样的学说，如儒家讲仁政王道，墨家讲兼爱非攻，其目的就是建构起一个学说或一种策略，让天下的人能团结起来。《周易》多次提到“通志”，就是能够了解天下人的志向，让大家能够合作起来，志同道合成就一番事业。因此，《周易》的作者和解释者思考的最重要的问题，就是如何凝聚社会共识、树立天下的规则。受制于他们的时代，只能寄希望于某些神秘的力量：

> 是故，蓍之德圆而神，卦之德方以知，六爻之义易以

① 《周易正义》卷7,《十三经注疏》本，中华书局1980年版，第81页。

> 贡。圣人以此洗心,退藏于密,吉凶与民同患。神以知来,知以藏往,其孰能与此哉!古之聪明睿知,神武而不杀者夫。[①]

孔子讲仁、老子讲道,目的就是让天下人都朝一个方向努力,让这个社会不至于一盘散沙。所谓的“以定天下之业”,就是指天下人一起做一些事情,战国时修郑国渠、修都江堰,就是定业。再高远一些,要定天下,兴王道,建立一个海晏河清的朝代,实现天下太平。从这个意义上来说,文王推演八卦,目的就是思考做事成功要经过哪些步骤、社会运行有哪些秩序、人生有哪些经验,并解答天下人的疑惑,即“以断天下之疑”。

《周易》形成的时代,正是中国从神文走向人文的历史阶段,圣人要“明于天之道,而察于民之故,是兴神物,以前民用。圣人以此斋戒,以神明其德夫”。[②]既要能够思考明白天地运行的大道理,还要用一个基本的办法来让老百姓信服其道。第一种方法是著书立说,如老子留下《道德经》五千言,目的是让世人了解道和德。第二种方法就是制器,如《周易》有测天地、测人世吉凶的理论体系,从中教育、引导百姓弃恶从善。第三种方法神道设教,建构一个鬼神世界,让人们恐惧,让大家警戒。这是古代圣人教民的三种方法。《周易》虽然

① 《周易正义》卷7,《十三经注疏》本,中华书局1980年版,第81—82页。
② 《周易正义》卷7,《十三经注疏》本,中华书局1980年版,第82页。

摆脱了对鬼神的蒙昧崇拜,但依然保留有神道设教的意味,试图用另一种神秘力量来解释人类运行的基本法则,探讨吉凶祸福如何生成、如何判断、如何利用。用现在的眼光来看,其中的合理性就在于放弃了原始宗教对主宰者的盲目崇拜,其不合理性在于仍然相信有某种神秘力量在预示着人的吉凶祸福。我们阅读《周易》时,要了解其形成的历史阶段性,从历史生成的角度观察其学理,而不必对其占卜方法过多纠结。这是因为其中最为经典的占卜方法大衍筮法,在汉代之后人们就不使用了。而占卜,最为重要的是取卦方法,方法一变,取的卦就会变动,由此来看,《周易》流传到后世,靠的不是占卜方法,而是占卜之中蕴含的德义和道理。

三、《易》以贯通事理

在研读《周易》时,要有这样的几个观念:

第一,天尊地卑,乾坤定矣。我们都知道"天尊地卑"这个概念,才不会失去判断。这是因为在中国文化中,判断一件事,天是第一位的考量要素,地是第二位的考量要素。天代表着基本规律,地意味着客观环境。如泽风《大过》卦,中间四爻是阳爻,初爻和第六爻是阴爻。这一卦的下面两爻一阴一阳,是吉的,无不利。上面两爻,阳爻在下,阴爻在上,这两爻都是凶,或者是无咎无誉,无法断言其好坏。这就是根据天在上、地在下的基本规律判断的。初爻本来就在地下,而且十分柔顺，这样不会有大的过失。二爻应该是阴爻，卦中却是阳爻，本应很柔顺却变得阳刚，但这两个爻的形象是阴阳相济，为老夫娶少妻之象，也是比较吉祥的。到了最上面两爻，则是阴爻在上，阳爻在下，是说老妻嫁少夫，这个就凶。在古人看来，女子年长，男子年幼，是女惑男之象。天弱而地强，违背自然规律，因而为凶。

第二，刚柔相摩，八卦相荡。刚柔相摩，即阳爻和阴爻要彼此呼应，这样才吉祥，如果刚柔不呼应，就会非常凶险。典型的例子就是《泰》卦与《否》卦。《泰》卦是地在上，天在下，上面是阴气，自然往下走；下面为阳，自然往上走，天地交泰，这就是刚柔相摩。《否》卦则是天在上、地在下，这本来是正常的状态，而一旦活动起来，天气为阳，向上走，地气为阴，向下走，二者各自背离、不能呼应，阴阳相离，刚柔不能呼应，就会非常不利。

第三，乾以易知，坤以简能。易知为动，简能为静。乾是阳刚，阳刚在《周易》里面是一个动能，动能起统领、主导和支配作用。坤德为厚德载物，它是被动的，是从属的，是辅助的。只有阴阳动静结合，乾坤主辅一体，天地万物才能够运行不殆。如果乾是刚健的，坤也是刚健的，就会导致“二龙相争”，天地失序，这是不吉利的。“易知”就是简明扼要。乾是处于领导地位，要作出简明果断的判断。落实到社会中，一般用乾来代表领导，用坤来代表下属。在一个家庭里面，乾则指代男子决策，坤指代女子成全辅佐。在中国古代社会中，女子要相夫教子，女子这种地位所体现出的美德就是“简能”。古人认为，在家庭教育的分工中，父亲教孩子以智慧，母亲教孩子以德行。孩子跟着父亲学习从政、从商、从学的智慧，跟着母亲学习修养自己，这就是“易知”和“简能”的区别。可见，《周易》中讲述的内容，是与中国传统文化息息相通的，所有的理论体系都是相互呼应的。

第四，一阴一阳之谓道。《系辞上》说：

> 一阴一阳之谓道。继之者善也，成之者性也。仁者见之谓之仁，知者见之谓之知，百姓日用而不知，故君子之道鲜矣。[1]

阴是柔和，是柔顺，是成全；阳是刚强，是坚持，是统帅。阴阳之中，阳是动，阴主静，阴代表的是仁，厚德载物，阳代表的是智，易知能断。一阴一阳就叫作道，能够将道中的仁智传承发扬就是善。普通人每天都在道中生存，都在生活中无意识地应用道，但却茫然无知，只有圣人君子才能真正地体会道，发扬道。因为“一阴一阳之谓道”，所以《周易》里面的每一卦在分析吉凶的时候，要从阴阳的角度来分析。

第五，君子和小人之判。君子是具有天下家国格局的人，小人是只关心个人得失的人。君子和小人的分判，是古代思

---

① 《周易正义》卷7，《十三经注疏》本，中华书局1980年版，第78页。

想史上永恒的命题。《系辞下》说:“阳一君而二民,君子之道也。阴二君而一民,小人之道也。”一君而二民,字面的意思是一个君主领导两个百姓,君主有德,百姓拥戴,是君子之道。二君而一民,字面意思是两个君主领导一个百姓,领导之间就会相互争斗,百姓也是怀疑观望。君子之道体现的是合作,小人之道体现的是争斗。

第六,生生之谓易。《周易》六十四卦是一个轮回,以《乾》《坤》二卦为门户,从《屯》《蒙》到《既济》《未济》为一个轮回,然后再从《屯》《蒙》两卦开始,重新一个轮回,只不过层面更深更广而已。每一卦相对于它的前一卦和后一卦来说,都是一个过渡,每一爻的变化,都会有新一卦的产生。六十四卦轮回运转、生生不息。

第七,三才之道。《系辞下》说:

> 《易》之为书也,广大悉备。有天道焉,有人道焉,有地道焉。兼三才而两之,故六。六者非它也,三材之道也。道有变动,故曰爻;爻有等,故曰物;物相杂,故曰文;文不当,故吉凶生焉。[①]

认为《周易》是广博周备,于天道、地道、人道无所不包。八经卦中的三个爻分别象征天、地、人,两卦相重所构成的六

① 《周易正义》卷8,《十三经注疏》本,中华书局1980年版,第90页。

爻卦，也蕴含着天、地、人的分野。无论何时何地，始终将天、地、人合同思考，这是《周易》设卦、解卦的基本立足点。

四、《易》仿天地之法

《周易》是仿效天地运行的法则而建构的。《系辞上》说：

> 天数五，地数五，五位相得而各有合；天数二十有五，地数三十，凡天地之数五十有五，此所以成变化而行鬼神也。

五在中国古代是“成数”，也就是天地造化之数。古人观察发现，人数有五，如手指有五，脚趾有五，便用“五”作为一个成数，在人体上还归纳出了五官、五体、五脏等，不胜枚举。古人对天地有敬畏之感，认为天地自然运化出“五”，那“五”就有它的合理性存在。天数有五个阳数，为一、三、五、七、九，加起来为二十五；地数有五个阴数，为二、四、六、八、十，加起来为三十；天地之数相加就是五十五，是为天地成数。

学习中国传统文化，要用它固有的思维方式来思考问题。如：“大衍之数五十，其用四十有九。分而为二以象两，挂一以象三，揲之以四以象四时，归奇于扐以象闰；五岁再闰，故再扐而后挂。”[①]之所以选用五十，因为天地之数是五十有五，

① 《周易正义》卷7，《十三经注疏》本，中华书局1980年版，第80页。

五在其中，是为成数，从《河图》来看，其余五十围绕成数运转，是为五之衍生。减去成数之五，以五十作为变量，以观察天之运行，这便是大衍之数。大衍筮法，是从《河图》演化出来的，因而取《河图》四方之数以象天，其皆由成数五衍生出来，因此叫作大衍。占卜时，去掉其一，就其理而言，是以此像太极所生之一，以统领所衍之数。就其法而言，是挂一漏万，天地之机不可穷尽，去掉一个，用其余的四十九数来进行占卜。就其数而言，只有四十九，才能多次分配而成卦。

五、《易》蕴天地秩序

《系辞下》说：

> 八卦成列，象在其中矣；因而重之，爻在其中矣；刚柔相推，变在其中矣；系辞焉而命之，动在其中矣。吉凶悔吝者，生乎动者也；刚柔者，立本者也；变通者，趣时者也。吉凶者，贞胜者也；天地之道，贞观者也；日月之道，贞明者也；天下之动，贞夫一者也。[1]

《周易》试图把天地运行的秩序与规律全部都描述概括出来。八卦的产生，就把天、地、水、火、风、雷、山、泽八种最基本的物象都概括其中。其中八八相重，产生六十四卦，其中

① 《周易正义》卷8，《十三经注疏》本，中华书局1980年版，第85—86页。

的三百八十四爻就囊括了世间的一切事情。卦中阴阳相摩、刚柔相推,又将六十四卦无限运转起来,其中蕴含着无穷的变数,包含了天地宇宙间一切的可能性。《系辞》用这一内在的规律将天地运行变化的规律都阐发了出来,认为天地万事运行产生的吉凶悔吝都系于“贞”,即是否能够守正。

比如《乾》卦的“元,亨,利,贞”,大而言之,从国家治理的角度来说,这四字代表立国的基本精神:元,立国要正,即国家要具有合法性,古代用五德终始说、帝王受命说来解释国家更替的原因,阐释新王朝建立的合法性。亨,是要善行王道,使天下亨通,亨还有祭祀的意味,那就是要用虔诚、虔敬的态度对待一切事。利,就是坚持、持守,使天下万民各得其所、各得其利。贞,则是一切行政要归于正道,国家要有正气,要弘扬正气。

小而言之,从个人成长的阶段来说,元就是起步阶段,起步要正。亨,就是敬慎天地,敬重周围的人事,谦虚为怀。利,就是善于做事,不光要想明白,还要做明白,善利万物,广利国家。贞,就是不放弃,不抛弃,是守正。《周易》里面包含的秩序,大而言之是天地、宇宙,小而言之是个人修身养性,都有秩序存在。

六、《易》存德义制度

德义,理解《周易》当中蕴含的德行要求。《系辞下》解释了一些卦的德义:

《履》,德之基也;《谦》,德之柄也;《复》,德之本也;《恒》,德之固也;《损》,德之修也;《益》,德之裕也;《困》,德之辨也;《井》,德之地也;《巽》,德之制也。[①]

《履》卦讲的是履行,即履行自己的职责,这是德的基础。《谦》卦讲如何做一个谦谦君子,谦和、谦虚是德的柄端,只有把握住“谦”,才能有德。《复》卦是上面五个阴爻,最下面一个阳爻,表示从头开始,告诉人们德之本,要从基础做起,从点点滴滴做起。《恒》卦讲的是坚持、永恒,坚持不懈地修养,这样德行才能稳固。《损》卦告诉我们在失败中、在困难中,更要修养自己,不怨天不尤人。人只有在失败中才能磨砺成才,一个人总是一帆风顺,就会忘乎所以,最终必然失败。暴露缺点并不可怕,关键是过而能改,善莫大焉。《益》卦讲的是培养自己的德行和修养,如何增益自己的德行。《困》卦讲的是走投无路、左右为难、进退无方的境遇,这时人才会辨析,才能分辨出什么是德,什么不是德。井是陷阱,《井》卦讲的是被困守在一个地方,恰恰是立德之地,以此作为人生的起点。《巽》卦是风行万里,孔子说:“君子之德风;小人之德草。”[②]巽为风,《巽》卦是德的普及推广。如果我们能坚持用卦的德义来反观自我,就会不断地提升自己的人生境界。

《系辞下》又说:

---

① 《周易正义》卷8,《十三经注疏》本,中华书局1980年版,第89页。
② 《论语注疏》卷12,《十三经注疏》本,中华书局1980年版,第2504页。

履和而至。谦尊而光；复小而辨于物；恒杂而不厌；损先难而后易；益长裕而不设；困穷而通；井居其所而迁；巽称而隐。[1]

认为读懂《履》卦，就会学会与人和睦之道，与天下人和睦，就会使得天下归心。《谦》卦教人学会尊重别人，进而赢得别人的尊重，君子相敬若宾，相看两不厌，人就会光华发外，声名显赫。《复》卦如星星之火，虽然微弱，然一点一滴做事，最终能够由小见大，由微弱而刚强，终能究通人情物理。《恒》卦讲的是要保持恒心，即使外部有无数的人和事摇曳心性，但最终能够守恒而不动摇。《损》卦是说君子修德要先难而后易，找到人性中最大的缺点，把它改正过来，所有的事业就会水到渠成。《益》卦讲不要设界限，避免画地为牢、止步不前。《困》卦讲是因穷而通的道理，穷则变，变则通，通则久，人在走投无路的时候就会思变，思变才会有将来。《井》卦告诉人们被困住的时候，要转换方式，换一条路走。《巽》卦则是说，推行德化要如风吹草、雨润物一般，无声无息，而不自我显露。

在研读《周易》的时候，要明白每一卦所表达的道理，将之作为做事的参考：

履以和行，谦以制礼，复以自知，恒以一德，损以远

① 《周易正义》卷8，《十三经注疏》本，中华书局1980年版，第89页。

害，益以兴利，困以寡怨，井以辨义，巽以行权。

认为《履》卦教人以礼，让人学会和顺行事。《谦》卦教人自制，使得性情柔顺。《复》卦教人反求诸己，回复善性。《恒》卦教人始终不二，德行如一。《损》卦教人遏制私欲，修德远祸。《益》卦教人善于损益，增福兴利。《困》卦教人不要怨天尤人。《井》卦教人辨别义利。《巽》卦教人申明行权。巽是风，君子之德风，风就是影响力。当一个人有足够影响力的时候，他的想法才能实施。巽，还可以理解为顺，顺是顺势、顺流、顺人情。当一个人顺着大家的想法去思考，顺着大家的思路去做事时，自己的想法也能落到实处。

总之，在《周易》中，每一卦中都有丰富的道理，都蕴含着不同的德行。《系辞》尤其重视对德行的强调。我们读《周易》，要从《系辞》入手，才能知道《周易》一书的根本，是在讲德义。

第五节　文言

《文言》是对《乾》《坤》两卦进行解释。《乾》《坤》被视为《周易》的门户，读懂这两卦，也就明白了阴阳这两种基本力量是如何决定事物的变化，天地两个基本的秩序是如何左右人事的运行。如果说阴阳是道的话，那么《乾》《坤》就是德，分别代表了阴、阳两种力量在宇宙中的存在状态和在人类社会中的运行方式。

《文言》对这两卦的解释主要包括以下几个方面：

第一，解释卦辞。《乾·文言》：

> 元者，善之长也；亨者，嘉之会也；利者，义之和也；贞者，事之干也。君子体仁，足以长人；嘉会足以合礼；利物足以和义；贞固足以干事。君子行此四德者，故曰："乾：元，亨，利，贞。"[①]

这段话对《乾》卦简短的卦辞做了详尽的阐释。元、亨、利、贞四个字，前面已经多次提到，我们还可以更深地分析：

元，一是开始，形容万事万物发生的阶段。二是境界，指代境界非常高，保持着万事万物的本初状态和最高阶段。《文言》提出，元是善之长，元是绵延不绝的善。古人认为，万事万物开始时，都如赤子一般纯净。道家将天道比作没有半点私心、完美纯净的赤子，天道是无私的，是不亏的，天下的万事万物都应该按照天道的原初形态运行。儒家认为人之初，性本善，善是赤子之心，是人性的根本。《易传》的阐释，是儒家和道家学说的融合，因此元既是初，又是善，还是善之长。

亨，是嘉会，现在我们常说的万事亨通，就是让所有的事情变得非常通畅，此处称为"嘉之会"，嘉就是好的意思，锦上添花、好上加好是亨。

利，是义之和，大丈夫义中求利，这是儒家义利之辨在人

① 《周易正义》卷1，《十三经注疏》本，中华书局1980年版，第15页。

生实践中的体现，利要立足于义，只有把握住义，才能谈得上利不利的问题。

贞，在甲骨文里面，基本含义是“贞问”“贞卜”，即占卜人和事是对还是错，是好还是不好。前面已经讲过，吉凶悔吝都系于“守贞”。贞的第二个含义就是“正”“守正”。这里讲贞是“事之干”也，干是根本，即守正是做事的根本。

综合起来说，就是“君子体仁，足以长人；嘉会足以合礼；利物足以和义；贞固足以干事”。将元、亨、利、贞四个占卜的要求，与仁、义、礼、智四种基本的德行相配，使得传统的占卜之书，变成了对儒家心性之说的解读。

第二，解释爻辞。《乾·文言》解释初九爻的爻辞时说：

> 初九曰“潜龙勿用”，何谓也？子曰：“龙德而隐者也。不易乎世，不成乎名，遯世无闷，不见是而无闷，乐则行之，忧则违之，确乎其不可拔，潜龙也。”[①]

对“潜龙勿用”四字进行了全面的阐述。在正常印象中，龙是要飞腾于九天之上，呼风唤雨，吞云吐雾，这是龙的德行。但这里说的“潜龙”，是比喻有德行而隐居在野的人。在古代，有德是对人最高的褒奖。《说文》将“德”解释为“升”，所以“德”字本身就有一种知难而上的意味。如果一个人在世

① 《周易正义》卷1，《十三经注疏》本，中华书局1980年版，第15页。

道混乱之时，仍然能够坚持理想、坚持正道，那么他就是有德之人。《论语·泰伯》中说："天下有道则见，无道则隐。"有德行的人，处在一个不能容他的时代，他就要离开尘俗，甘愿去享受被遗忘的清静，努力去追寻被冷落的平和，这就是所谓的"遁世无闷"。有德者尽管改变不了这个世界，但也不会让这个世界轻易改变自己，他可以快乐地坚持自己的原则与志向，有所不为。有德者将自己隐藏起来的时候，就不再强调成就事业。值得注意的是，有德者可以潜藏起来，但一定要坚持正道。初九是阳爻，阳爻就是阳刚，是堂堂正正。当你还是一个社会普通民众的时候，处在社会的最底层，只有堂堂正正，才可能有所发展。如果在人生刚刚起步时，就变得随波逐流，也就没有前途可言了，这就是"潜龙勿用"中蕴含的德义。

《乾·文言》又解释九二爻爻辞：

> 九二曰"见龙在田，利见大人"，何谓也？子曰："龙德而正中者也。庸言之信，庸行之谨，闲邪存其诚，善世而不伐，德博而化。《易》曰'见龙在田，利见大人'，君德也。"①

九二爻处于下卦正中间的位置，居中，所以说称之为有

① 《周易正义》卷1，《十三经注疏》本，中华书局1980年版，第15页。

德，能发挥作用，也就是相当于能得到别人的扶助。九二相对于初九来讲，地位更高一层。这时候要“庸言之信，庸行之谨”。“庸”一般理解成中庸，也就是守正、持正，说话要讲信，做事要严谨。这是年轻人参加工作时候的很重要的一个原则。“闲”是提防的意思，“闲邪”就是防邪念。防止邪念，就能诚意正心，学会做人，这样才有可能做成一番事业。

中国文化讲的诚，不光是指对人诚实、真诚，也包括对自己也要坦诚。具体来说，诚意，就是不要自己欺骗自己。自己欺骗自己，主要有两种情况：第一是找借口，为自己的不足找理由；第二就是吹牛，为自己制造一个幻象，看似欺骗别人，其实是在麻醉自己。“闲邪存其诚”，就是自己对自己诚实，能够慎独自省。在根源上禁断邪念，这是一个很重要的修心方法。“善世而不伐”，“伐”是自夸，意思是人活在世上，要抱着建设性的态度去利他，这样，社会自然就会利我；而不能因为自己对社会，对他人，有一点微不足道的贡献，就自伐其功，沾沾自喜。德博而化，“化”是改变的意思。九二处于下卦的中心，人在合适的位置上，就要利用机会把德行推广出去，改变他人。九二说“见龙在田，利见大人”。不过，这时候仅仅是利于见到大人，但还没有真正见到大人。大人是高明的人，或者是高贵的人。怎么能“利见大人”呢？那就是首先“见龙在田”，即能够让自己从最底层成长起来，再去思考遇到贵人之类的美事。

《乾》卦的九三爻是最艰难的时候，它是下卦的最上爻，处于一个阶段将要完成，但还没有完成的时期，这时候是最为考验人的。《文言》说：

> 九三曰“君子终日乾乾，夕惕若厉，无咎”，何谓也？子曰：“君子进德修业。忠信，所以进德也；修辞立其诚，所以居业也。知至至之，可与几也。知终终之，可与存义也。是故居上位而不骄，在下位而不忧，故‘乾乾’因其时而‘惕’，虽危‘无咎’矣。”[①]

九三为渐露头角之时，爻辞告诫“君子终日乾乾”，善始善终，“乾乾”就是坚持。“夕惕若”，就是每天都去反思，这样的话可以避免过失。君子不断提高自己的德行，越是在别人容易忽略的地方越要自己做得更好。孔门的解释是：“忠信，所以进德也。”忠信，就是忠诚、诚实，这是一个人对自己负责的表现。“修辞立其诚，所以居业也”，是说在德行上，一个人要时时警示自己，时时激励自己。一个人能够按照自己的智慧去做事，就能察觉到《周易》言德义的最为微妙之处。几，就是只可意会、不可言传的微妙。“知终终之，可与存义也”，是说要明白万事万物的尽头，而且要做到善始善终。

《文言》接着解释：

> 九四曰“或跃在渊，无咎”，何谓也？子曰：“上下无

① 《周易正义》卷1，《十三经注疏》本，中华书局1980年版，第15—16页。

常，非为邪也。进退无恒，非离群也。君子进德修业，欲及时也。故无咎。”[①]

九四和九三的境况相近，都是不上不下之爻，有进退两难之象。总的来说，九四爻不会有凶险。因为“上下无常，非为邪也。进退无恒，非离群也”。此时无论是进是退，都不是索群独居，而是要能自我闭关省思。人生一定要有这样的阶段，当自己走投无路、孤独无助时，就要多坚守；找不到方向的时候，就要修养德行；无助的时候，就要开始反省。坚持、养德和反省是《周易》六十四卦中解决人处在最困顿时期的三个策略。

九五爻说：“飞龙在天，利见大人。”[②]第五爻和第二爻有呼应的关系，第二爻应“利见大人”，由于地位太低，没能见到大人。但九五爻则飞龙在天，已经做成一定规模的事业了，自然能够与大人相见。虽然九二和九五都是“利见大人”，但二者位置不同，具体的表现就不一样，九二的“见”是仰见、待见，九五的“见”则是会见。

《文言》在解释“飞龙在天，利见大人”时说：

何谓也？子曰：“同声相应，同气相求。水流湿，火就燥。云从龙，风从虎。圣人作而万物睹。本乎天者亲

① 《周易正义》卷1，《十三经注疏》本，中华书局1980年版，第16页。

② 《周易正义》卷1，《十三经注疏》本，中华书局1980年版，第16页。

上，本乎地者亲下，则各从其类也。”

同声相应，同气相求，这说明了环境可以影响一个人。当大的环境在正向发展时，人生轨迹也会往上发展；当大的环境开始逆淘汰时，周围的人都不思进取，君子的人生轨迹也就随之改变。《易传》中反复提到圣人，在中国文化语境中，圣人被赋予多重含义：第一，圣人是高明的人，他能洞悉宇宙万物的道理，而且能告诉大家该怎么做。不论道家还是儒家都有圣人，这些圣人我们通常理解为高明的人。第二，圣人是一种榜样。圣人洞悉世间道理，他们的行为垂范天下，为天下树立了规矩，这些圣人是德高望重的人。第三，圣人是一种理想的境界，作为一种理想人格，圣人的所思、所想、所为、所行都是众人希望能够达到的境界。无论是“至圣”孔子，还是“亚圣”孟子，都是后世儒生推崇的人生楷模。周敦颐、朱熹、张载、王阳明等，他们都把成为圣人当做自己的理想。此处所言的“圣人作”，便是因为这些高明之人、人生榜样、理想人格为人类社会确立了一个基本的标尺，成为衡量社会发展、道德水平、行为规则的参照。

《文言》解释《乾》卦上九：

上九曰“亢龙有悔”，何谓也？子曰：“贵而无位，高而无民，贤人在下位而无辅，是以动而有悔也。”[①]

① 《周易正义》卷1，《十三经注疏》本，中华书局1980年版，第16页。

五是成数,《周易》里面用了六爻,实际第六爻已经超越成数,意味着“物极必反”。比如《复》卦和《剥》卦,《复》卦是初爻为阳,其余都是阴爻,这是星星之火可以燎原之象,代表着希望。但阳爻放在最上的时候是《剥》卦,表示小人把君子赶到无可用武之地,好比是捧杀,代表着无可救药。《乾》卦上九爻:“贵而无位,高而无民,贤人在下位而无辅,是以动而有悔也。”也是过犹不及的一事无成,上九比不上初九“潜龙勿用”有利。

第三,分析卦义和爻义。《文言》在将每爻的意思解释一遍后,又会回头对《乾》《坤》两卦的卦爻辞进行更深入一步的分析。如《乾·文言》说:

> 乾元者,始而亨者也。利贞者,性情也。乾始能以美利利天下,不言所利大矣哉!大哉乾乎刚健中正,纯粹精也;六爻发挥,旁通情也;时乘六龙,以御天也;云行雨施,天下平也。

乾是万物之首,道首先生成天,天生成地,天地形成而后生成人。因此人法地,地法天,天法道,道法自然,是按照天、地、人的内在规律运行的。乾是万物的开始,始而亨通,一旦要开始,自然就遵循一定的规律。按照宇宙大爆炸的学说,宇宙最初是一片沉寂,后来发生了一次大爆炸。当大爆炸产生的时候,宇宙的规律已经确定了,它的时间和空间也就出现了。地球最初形成的时候,便围绕着现有的轨道运行,它的运行周期也就确定了。乾天也是如此,当乾天形成的时候,即便大地尚未形成,但是天的规律已经形成了。中国文化认为,孩子是由父亲之气和母亲之血化合而成,父亲之气给孩子的是品质,就是他的刚健气质;母亲授给孩子的是血,就是行为教养。元亨讲的是万事万物的规律,利是人的本性,贞是人的情怀,利贞就是人做事的行为方式。《乾》卦刚健不息,完全合乎最完美的标准,博大而无私。

阳爻是刚健的,在六爻之中,尤其是第一、三、五的阳爻都是坚守正道,持固护正,所以说是"刚健中正",体现着阳爻最本质的特性。纯是本性善,粹是不受任何污染,精是精纯,它们体现着阳爻纯善、纯刚、纯正的本质。这也是六十四卦中阳爻当位时最本质的体现。六个阳爻曲尽情理,分别代表了同样坚持中正的人所处的不同的阶段,它们又像六条龙,总体体现出天道刚健的特性。宇宙以天道为根本,行云施雨,则天下太平。

人应该从《乾》卦中学到哪些修身之道呢?《文言》说:

> 君子学以聚之,问以辩之,宽以居之,仁以行之。《易》曰"见龙在田,利见大人",君德也。

这是对九二爻的意义进行更深入的阐释,不再拘于字义的层面,阐述的是君子之德。那么何以将贤人称为君子呢?

在于他们能够学以聚之、问以辩之，就是相互提问、相互讨论，最后分辨是非正误。这与《中庸》中所言的“博学、审问、慎思、明辨”的学习过程一致。通过学习，如切如磋，彼此激励，从根本上改变自己，坚持笃行，“宽以居之，仁以行之”，将君子之德落到日常行为之中。

第六节　说卦

《说卦》对八经卦进行解释，阐述了立《易》的原则，涉及八卦的德行、运行、象义等诸多问题。

一论立《易》之原则。《说卦》指出：

> 昔者圣人之作易也，幽赞于神明而生蓍，参天两地而倚数。观变于阴阳而立卦；发挥于刚柔而生爻；和顺于道德而理于义；穷理尽性以至于命。[①]

古人相信宇宙之间有一个主宰，宗教认为主宰者是神，《周易》作者认为主宰者是某种神秘力量。无论向神、还是向神秘力量卜问，都需要借助某些有灵性的媒介，龟甲和蓍草便被视为最有灵气的事物，能够沟通天人、预测吉凶，这就是“幽赞神明”。人们按照“参天两地”的基本结构，形成对天地万物的解释系统。在京房六爻里，天就是天时，地就是地利，卜卦

① 《周易正义》卷9，《十三经注疏》本，中华书局1980年版，第93页。

一般是说在某年某月某个地方发生什么事。《周易》解卦时，一般从天地之间的关系来考量，如《蒙》卦讲“山下出泉”，便是根据上卦和下卦的关系而言。爻之间看的是刚柔的关系，即六爻之间的彼此搭配关系。如果爻不当位，就要看上卦和下卦对这一爻的支持、支配和影响有多大。上卦与下卦、六爻之间的复杂关系，最终都是要落实到对人的道德要求，即“和顺于道德而理于义，穷理尽性以至于命”。通过观察这些复杂的运算系统和象征系统，确定出在何种条件下该如何做事，用以指导自己的行为，大家一同按照《周易》所言的德义行事，就会不自觉形成内在的约束，成为社会最基础的法则，这就是义。每一个人按照天理、性善的要求做事，就会完成自己的使命。理于义，就是知道自己的责任；至于命，就是把自己能做的事情做到最好，该做的事情做到最终，完成使命。

二论八卦之德行。《说卦》对八个卦间的关系进行了定位：

> 天地定位，山泽通气，雷风相薄，水火不相射，八卦相错，数往者顺，知来者逆；是故易逆数也。雷以动之，风以散之，雨以润之，日以烜之，艮以止之，兑以说之，乾以君之，坤以藏之。

天地确定了上下关系，山泽便气息相通，雷与风相互搏击，水与火相互克制。八卦之间是相辅相成、相生相克、相持相制的关系。在这四组关系中,八卦发挥了各自的功能。震为雷,发挥着变动、震动的功能,是震荡万物的力量。艮为山,可以使万物静止。巽是风,功能是把万事万物吹散,它的号令能独步天下,无远弗届。兑为泽,沼泽、湿地都非常美丽,起着欣悦万物的作用。坎为水,又为雨,发挥着滋润大地苍生的功能。离为火,又为日,则发挥着干燥的功能。乾是天,主导一切。坤为地,承载一切。

三论八卦之运行。《说卦》对八卦的运行方位进行了描述,通过这种描述,使得八卦所代表的方位、功能、德行之间,形成了一种相互沟通转化的关系,在此基础上,阐释了万物创生、演化的过程。

《说卦》认为:

> 帝出乎震,齐乎巽,相见乎离,致役乎坤,说言乎兑,战乎乾,劳乎坎,成言乎艮。

帝,从宗教的角度理解是主宰者,从哲学的角度理解,代表的是外在的规律,可以称之为"道"。这句话谈卦与时间的关系,认为帝从震位出发,以此经过巽、离、坤、兑、乾、坎之后,到达艮位。这就使得八卦与四季、八方形成对应关系。《文言》进行了详细的阐述:

> 万物出乎震,震,东方也。齐乎巽,巽,东南也,齐也

者，言万物之洁齐也。离也者，明也，万物皆相见，南方之卦也，圣人南面而听天下，向明而治，盖取诸此也。坤也者，地也，万物皆致养焉，故曰致役乎坤。兑，正秋也，万物之所说也，故曰说言乎兑。战乎乾，乾，西北之卦也，言阴阳相薄也。坎者，水也，正北方之卦也，劳卦也，万物之所归也，故曰劳乎坎。艮，东北之卦也，万物之所成终而所成始也，故曰成言乎艮。[①]

"出乎震"，就是说万物是从东方震位开始形成的。震位，在节气上代表春分，此时万物萌生。帝由东方顺时针运行，到达东南巽位。巽介于春夏之交，为立夏，这时候万物齐整，称为"齐乎巽"。然后运转到离位，离是正南，时值夏至，万物在阳光普照下，繁盛异常，纷纷显现，即"相见乎离"。然后至西南坤位，时主立秋，万物都得到了滋养，故称"致役乎坤"。随后又到了正西兑位，时为秋分，昼夜等长，此时正值收获季节，因而万物欣悦，称为"说言乎兑"。运转至西北乾位后，节气为立冬，阴阳交替相搏，故称"战乎乾"。正北为坎，坎为冬至，行将岁末，有一种疲惫感，但是秋收冬藏，这是劳作贮藏的季节，故为"劳乎坎"。东北艮位为立春，万物最终成就，但新的轮回又要开始，即"成言乎艮"。

《周易》原本就暗含着卦与方位时间相配的关系，却没有

---

① 《周易正义》卷9，《十三经注疏》本，中华书局1980年版，第94页。

明确地讲出来,《说卦》将这些没有讲明的关系进行了诠释,成为《周易》旁通其他占卜之术的基础。

四论八卦之象义。《说卦》在对八卦的方位、功能、德行以及运行规律的阐释基础上,又对八卦的象征含义做出了一定的解释。这种“假象喻义”解释,最早可能是出于占卜的需要。因为将抽象的卦对应到了自然界与人类社会的具体事物上,就形成了一对多的关系,赋予卦更加丰富的蕴含,也使对卦的解释变得更加灵活方便了。如《说卦》言:

> 乾为马,坤为牛,震为龙,巽为鸡,坎为豕,离为雉,艮为狗,兑为羊。
>
> 乾为首,坤为腹,震为足,巽为股,坎为耳,离为目,艮为手,兑为口。

分别将八卦比作八种动物和人体上的八个部分,这些形象都反映了八卦的功能与德行,比如马象征着乾之“健”,体现着“自强不息”;牛象征着坤之顺,体现着“厚德载物”。如果以人体为喻,“首”象征着乾之“君”,即首脑、统领的功能与地位;“腹”代表着坤之“藏”,也就是《坤》卦蕴藏、包容的功能与德行。

落实到人事上,八卦也可以对应到不同的家庭成员:

> 乾,天也,故称乎父,坤,地也,故称母;震一索而得

男，故谓之长男；巽一索而得女，故谓之长女；坎再索而得男，故谓之中男；离再索而得女，故谓之中女；艮三索而得男，故谓之少男；兑三索而得女，故谓之少女。[①]

乾是父，坤是母，乾坤生六子，即长男、中男、少男，长女、中女、少女，这三男三女分配到各个位置上。震是长男，为正东，所以古代太子常住在东宫。巽为长女，长女在东南。离是中女，在正南。坤为母亲，在西南。兑为少女，在正西。乾为父，在西北。坎为中男，在正北。艮为少男，在东北。

这是《说卦》对八卦象义的解释。当然，八卦的象义不仅仅限于此，比如乾为玉、为金，坤为布、为釜等，这些象义都是根据八卦各自的特点衍生出来的。学习《周易》，应当把握八卦的特点，做到触类旁通，而不能仅仅局限于某个具体的象。

第七节 序卦

《序卦》是对《周易》六十四卦推衍关系的总括，其依据卦名的含义，把《周易》六十四卦看作一个或相因、或相反的因果联系序列，进行了全面的诠释。一般认为是秦汉时期的学者所作。

《序卦》首先讲述了六十四卦的顺承关系：

---

① 《周易正义》卷9，《十三经注疏》本，中华书局1980年版，第94页。

> 有天地，然后万物生焉。盈天地之间者唯万物，故受之以《屯》；《屯》者，盈也，《屯》者，物之始生也。物生必蒙，故受之以《蒙》；《蒙》者，蒙也，物之稚也。物稚不可不养也，故受之以《需》；需者，饮食之道也。[①]

《序卦》将天地的形成作为万物的缘起，将《乾》《坤》两卦放在《周易》之首，万物产生为阴阳交合的结果，将《屯》卦排列在《坤》卦之后；万物生成，就需要启蒙，序以《蒙》卦；教育之外，还要抚养，《蒙》卦之后为《需》卦。这种排列顺序是按照个人成长、社会发展的基本规律进行观察，并以此列出其顺序，形成了从始到终、有条不紊的发展线索。这是按照发展的观念编排六十四卦，对卦名、卦德进行了解释，从而将六十四卦视为人类社会发展过程的总结。

其次，《序卦》还介绍了六十四卦的逆承关系：

> 有天地，然后有万物；有万物，然后有男女；有男女，然后有夫妇；有夫妇，然后有父子；有父子，然后有君臣；有君臣，然后有上下；有上下，然后礼仪有所错。夫妇之道，不可以不久也，故受之以《恒》；恒者，久也。物不可以久居其所，故受之以《遁》；遁者，退也。物不可终遁，故受之以《大壮》。物不可以终壮，故受之以

① 《周易正义》卷9，《十三经注疏》本，中华书局1980年版，第95页。

《晋》……[1]

然后天地万物的生成、人类社会的形成、社会秩序的建构、事物变化的因果作为参照，形成了对某些事物的解释。用物极必反、相反相生的运动规律等解释其他各卦的相互关系，说明六十四卦排列的次序，以"物不可穷，故受之以《未济》终焉"来解释最后一卦《未济》卦。

六十四卦的排列顺序，是按照两个原则形成，一是"覆"，一是"变"，即孔颖达所谓的"非覆即变"。[2]其中的"覆"，是将一个卦倒置过来而形成一个新的卦，也称为综。如将《屯》倒过来便是《蒙》，《需》倒过来便是《讼》。而"变"呢？指的是六爻全变，也就是把一个卦的阳爻全部变为阴爻，阴爻全部变为阳爻，也称为"错"。例如《乾》卦六爻全部由阳变为阴，则为《坤》卦，同样《坤》卦阴爻全部变为阳则为《乾》卦，此外《颐》与《大过》，《坎》与《离》，《中孚》与《小过》之间都是"错"的关系。由此，可以看出六十四卦的排列，先是将互覆的两卦排在一起；如果不能互覆的，比如《乾》卦无论如何颠倒还是《乾》，那就将互变或者互错的两卦排列在一起，从而形成了六十四卦的卦序。

下图是六十四卦的排列顺序表：

---

① 《周易正义》卷9，《十三经注疏》本，中华书局1980年版，第96页。

② 《周易正义》卷9，《十三经注疏》本，中华书局1980年版，第95页。

乾	坤	屯	需	师	小畜	泰	同人	谦	随	临	噬嗑	剥	无妄	颐	大过	坎	离
		蒙	讼	比	履	否	大有	豫	蛊	观	贲	复	大畜				

咸	遁	晋	家人	蹇	损	夬	萃	困	革	震	渐	丰	巽	涣	中孚	小过	既济
恒	大壮	明夷	睽	解	益	姤	升	井	鼎	艮	归妹	旅	兑	节			未济

以错综变化来排列卦序，是一个比较古老而又非常重要的观念。《易纬·乾凿度》中的“古文八卦”有一个卦序排列：《乾》《坤》《巽》《艮》《坎》《离》《震》《兑》，便是遵循了非覆即变的规律，《乾》错为《坤》，《乾》《坤》互为错卦；《巽》之错为《震》，《震》之综为《艮》，《震》《巽》《艮》错综。《坎》《离》和《震》《兑》也分别互为错综卦。[①]这种有规则的排序方法体现了时人对阴阳秩序的一个基本理解：阴阳之间质变和量变是事物转化的枢纽。阳爻与阴爻的互变、阳爻与阴爻的错综，用以象征事物的根本转化。

第八节　杂卦

《杂卦》形成于汉代，按照西晋韩康伯的理解：“杂卦者

① 李尚信：《<序卦>卦序中的“参伍”“错综”思想》，《周易研究》，2002年第6期。

杂揉众卦，错综其义，或以同相类，或以异相明也。”也就是对六十四卦之间的关系进行分析，按照相反相成的关系两两一组，一正一反，把六十四卦配成三十二组，用最精简的一两个字概括出卦义，并解释每组两卦的关系。从解释的复杂度来看，《杂卦》应该是秦汉时期的儒士所作。

《杂卦》的全文是：

《乾》刚《坤》柔，《比》乐《师》忧。《临》《观》之义，或与或求。《屯》见而不失其居。《蒙》杂而著。《震》，起也。《艮》，止也。《损》《益》，盛衰之始也。《大畜》，时也。《无妄》，灾也。《萃》聚，而《升》不来也。《谦》轻，而《豫》怠也。《噬嗑》，食也。《贲》，无色也。《兑》见，而《巽》伏也。《随》，无故也。《蛊》则饬也。《剥》，烂也。《复》，反也。《晋》，昼也。《明夷》，诛也。《井》通，而《困》相遇也。《咸》，速也。《恒》，久也。《涣》，离也。《节》，止也。《解》，缓也。《蹇》，难也。《睽》，外也。《家人》，内也。《否》《泰》，反其类也。《大壮》则止，《遁》则退也。《大有》，众也。《同人》，亲也。《革》，去故也。《鼎》，取新也。《小过》，过也。《中孚》，信也。《丰》，多故也。亲寡，《旅》也。《离》上而《坎》下也。《小畜》，寡也。《履》，不处也。《需》，不进也。《讼》，不亲也。《大过》，颠也。《姤》，遇也，柔遇刚也。《渐》，女归待男行也。《颐》，养正也。《既济》，定也。《归妹》，女之终也。《未济》，男之穷也。《夬》，决也，刚决柔也，君子道长，小人道忧也。

如果说《序卦传》是从本卦内、外来论阴阳的消长规律，按照人道的互动关系来讨论六十四卦的变化，那么《杂卦传》则是从四时变化的角度来讨论阴阳的消长，将宇宙万物运行的基本态势进行总结，纳入到六十四卦之中进行解释，因此《杂卦传》不言吉凶悔吝，只讨论事物之理。

《杂卦》体现的也是一种卦序的排列，对《乾》《坤》以下的六十二卦，按照以刚柔消长的不同态势来试图说明卦变的规律，将中爻爻变之后形成三十二对错综卦：

《乾》《坤》中四爻爻变为：《乾》《坤》，《剥》《复》，《大过》《颐》，《姤》《夬》四组错综卦。

《剥》《复》中四爻爻变为：《比》《师》，《临》《观》，《屯》《蒙》，《损》《益》四组错综卦。

《解》《蹇》中四爻爻变为：《震》《艮》，《谦》《豫》，《噬嗑》《贲》，《晋》《明夷》四组错综卦。

《渐》《归妹》中四爻爻变为：《大畜》《无妄》，《萃》《升》，《随》《蛊》，《否》《泰》四组错综卦。

《既济》《未济》中四爻爻变为：《解》《蹇》，《睽》《家人》，《渐》《归妹》，《既济》《未济》四组错综卦。

《姤》《夬》中四爻爻变为：《咸》《恒》，《大壮》《遁》，《大有》《同人》，《革》《鼎》四组错综卦。

《大过》《颐》中四爻爻变为:《涣》《节》,《小过》《中孚》,《丰》《旅》,《离》《坎》四组错综卦。

《睽》《家人》中四爻爻变为:《兑》《巽》,《井》《困》,《小畜》《履》,《需》《讼》四组错综卦。[①]

这类解释很多,由于《序卦》存在错简问题,汉代的学者已经不能解释清楚,后世学者对其进行了很多释读,得出了不少看法,但猜测居多。不过其中所言的错综之理,却成为后世解开卦序的一个入口。

① 任俊华:《<杂卦>卦序新论》,《山西师大学报》,1994年第4期。

第四章　易义

易义是指《周易》中蕴含的大义，亦即《周易》中蕴含的大道、垂范的精神和彰显的美德。我们就从易道、易教和易德三个层面，讨论一下《周易》中蕴藏的大义，从中体悟其中体现了哪些大道、精神和美德。

第一节 易道

一、《易》中之道

《周易》是言道之书，它借鉴了阴阳的观念，来思考宇宙运行的规律。《系辞下》中说：

> 《易》之兴也，其当殷之末世，周之盛德耶？当文王与纣之事耶？是故其辞危。危者使平，易者使倾。其道甚大，百物不废。惧以终始，其要无咎，此之谓《易》之道也。

《周易》形成于殷商末年。殷纣王力能搏虎，又十分聪明，口才很好，为人十分自信，即使有了过失，还能够将劝谏者说得心服口服。这样过分的自信，久而久之便会自负、狂妄，不能容纳任何人，结果殷纣王把王族的人全部得罪了。我们知道，天子坐稳天下，绝非一人之力，而是要依靠宗亲、朋友、助手等的共同辅佐。失去王族的支持后，殷商就逐渐走向衰落了。

与此同时，在商王朝的西边，另一个部族已经开始兴起，这就是周族。当时周文王就在思考人世运行的规律，他在思考：既然殷商濒临末世，周就应取而代之，那么，如何才能让天下人都追随自己一同推翻殷商呢？于是，周文王便试图推演六十四卦来探讨社会运行的规律。在这种背景下，《周易》

中的每一卦，实际上都是在告诉人们如何趋吉避凶。周文王作《周易》时，他在思考如何让天下变得更好，如何让自己不重蹈殷商的覆辙，如何在旧的王朝中孕育出新的朝代。《系辞下》中所说的“其辞危”，就点明了卦辞中蕴含着许多高深的道理。周文王及后来的整理者便想办法将深奥的道理系在卦爻之后，试图对天地万物的秩序进行解释，并让读者能够理解如何做才能趋吉避凶。可以说，现在我们读到的卦爻辞，寄托了朝代更迭之际的思考、探索和总结。这其中的道理，既是天地运行的大道，又是宇宙运行的大道，也是人类社会运行的大道。因而《周易》中蕴含的道，首先是指人生之道、兴亡之道，它是在实践中总结出来的规律，具有一定的普遍性与持久性。

易道的第二层含义，是说《周易》描绘的道不是一成不变的。《系辞下》又说：

> 《易》之为书也不可远，为道也屡迁。变动不居，周流六虚，上下无常，刚柔相易，不可为典要，唯变所适。

易虽然有“变易”的含义，但其中的道，不是虚无缥缈的，而是与生活、生产、工作、学习密切相关，它的每一爻都可以对应我们发展中的某个阶段，这就是所谓的“不可远”。但是，这个大道理也不是一成不变的，而是随时随地体现在具体的事理之中，这便是所谓的“屡迁”。我们讲“水无常势，兵无常形”，道也是如此。讨论道，首先要相信宇宙有一个运行不息的规律，但同时还要知道,这个规律不是一成不变的,而是在发展。我们现阶段总结出来的规律和准则,一旦环境变了,可能就不再适用。所以说,不是“道”在不断变化,而是我们认识的“道”,实际只是根本的“根本之道”的组成部分,会因为我们对道的认识逐渐加深而不断变化。道无处不在,但却不是以道体存在,而是以万物的形态存在。体现在易卦中便是,天地万物皆由阴阳组成,一阴一阳谓之道。但阴阳因为不同的事物、不同的阶段,表现不同,形态不同,性质也不同,因此才分化出八经卦、六十四卦。

在宇宙和社会当中,都存在着这样一个道,这个道不是固定的、一成不变的,而是不断发展变化着的。我们要用自己的心性和智慧抓住这个道,与道一同上下相移,一同周流六虚,才能把无常变为有常。理解《周易》,要把握住其中的道。好比我们学习数学题,一旦知道解题思路,那么无论题目如何变化,我们都可以得心应手。只要我们将义理研究清楚,那就可以随时应对变化的世界。

二、易道的特征

一是周流六虚。道是不断变动的,《周易》中的每一卦,都处于不断变动之中。有些人说,我因为工作占了一卦,看看是吉是凶。即便我们承认占卜是有其合理性的,这样做也有局限性。首先,我们要看这一卦是在什么时候占的,依据古人占卜的方法,同一卦象,时辰不同,解法就不一样。其次,我们在占卦的时候是怎样的状态，如何起卦，这些都需要考虑。有的人从扑克牌中抽了四张牌出来，那就太草率；有的人说我用电话号码，那他的电话几年不变，算出的卦岂不永远都一样？

《说卦》中说：

> 昔者圣人之作《易》也，将以顺性命之理。是以立天之道，曰阴与阳；立地之道，曰柔与刚；立人之道，曰仁与义。兼三才而两之，故《易》六画而成卦。分阴分阳，迭用柔刚，故《易》六位而成章。

学习《周易》，要解决三个问题，即天、地、人。阴阳指的是天道；刚柔指的是地道；仁义则指的是人道。所谓仁，是指一个人对待他人的态度，也就是人的德行；义，指的是责任。《周易》表面来看是讲天地之道，实际上是在教人学习仁义。

《周易》在讲周流六虚的时候，就在考虑天、地、人是如何相参相应的关系。古人认为，人是宇宙的产物。地球相对于整个宇宙来说是非常渺小的，宇宙中有无数颗这样的星球，却只有一颗孕育了人类。《淮南子·天文训》中说："天地以设，分而为阴阳。阳生于阴，阴生于阳。阴阳相错，四维乃通。或死或生，万物乃成。蚑行喙息，莫贵于人。孔窍肢体，皆通于天。"《春秋繁露·人副天数》中说："故莫精于气，莫富于地，莫神于天。天地之精所以生物者，莫贵于人。"汉代人讲究天人感应的目的，是为了解决人世的问题。《周易》正是按照天地运行的规律，去思考如何处理人事。

古人认为，天、地、人是相互交融的，环境可以对人产生深刻的影响。每一卦、每一爻的解释，都要同时看到天、地、人三个层面。《说卦》解释说：

> 昔者圣人之作《易》也，幽赞于神明而生蓍。参天两地而倚数，观变于阴阳而立卦；发挥于刚柔而生爻；和顺于道德而理于义；穷理尽性以至于命。

用蓍草占卜，蓍草外部呈圆形，中间有孔，是外刚内柔之象，可以通天地。古人认为，神明可以附着在蓍草上面。这里的神明，不是鬼神，古人认为天地中有一种人类无法理解、无法左右、无法感知的能量，这种能量能够左右人的行为。当人类学会用数学表达思路的时候，人类便由蒙昧状态进入到了理性状态。《周易》根据阴阳变化形成了六十四卦，便采用了数理逻辑来判断问题。至于卦中的数字，如两仪、三才、四象、六爻、八卦等，也都是在仿效自然的基础上，经过数学抽象思维的归纳而形成的。立卦仿天，形成阴阳之道；以爻仿地，代表刚柔之道。卦和爻，表现出来的是易理，也就是和顺于道德。《周易》每一卦的吉凶，都注重自然与人世规律的应和。凶卦，往往是作奸犯科、背弃天道的后果；吉卦，则是因为保持中和的状态，按照规律行事的必然。这其中的道，指的是规律；而德，则是规律的体现和外化。因此《周易》中的道德，不是概念性的思想阐释,更多是对普遍存在的规律进行描述。

我们明白了义理,也就知道社会运行的规律是什么,也就会更加明白事理,明白如何生活得更好。比如《大有》卦,告诉人只要不去糟蹋财富,就会变得富有。《家人》卦告诉人们,男有分,女有归,夫妇各安其位。男性要知道自己的使命,女性要明白自己的位置,两人各守本分,家庭就会和谐。

二是曲成万物。周流六虚是教给我们一种思路,让我们明白如何看待外在规律和客观条件,然后在规律和条件之中决定自己的行为。曲成万物,是告诉我们读《周易》的基本法则,指导我们将法则演绎到万事万物当中。

《系辞上》说:

> 范围天地之化而不过,曲成万物而不遗,通乎昼夜之道而知,故神无方而易无体。

这句话是说,六十四卦凝聚了天地万物的变化。世间万物的运行规律,都涵盖其中。昼夜之道,即阴阳之道。我们学习《周易》,要学会举一反三,不但要明白它的思想和规律,还要能够演绎出来,运用到自然和人世当中。所谓“神无方而易无体”,真正的神明,是没有具体指向的。比如阴阳是相对的概念,一切积极的、刚强的、向上的因素都可以视为阳,所有消极的、柔和的、向下的因素都可以视为阴。以阴阳之理观察万事万物,就能充分把握彼此之间相辅相成、互生互长的关系。

这就是所谓的“神无方”。

所谓的“易无体”,《周易》中的每一卦,看上去是在讲某件事情,实际上是在以这件事为例,来概括其他许多事情的情况。比如说《家人》卦,看上去是在讲男女相处之道,但另一方面我们也要知道,四海之内皆兄弟,这一卦不仅仅在讲我们自己的小家,还可以概括天下、四海之大家。再比如说《同人》卦,讲志同道合之人的相处之道,那么,我们也可以运用到那些和自己意见相左的人身上,想办法把他们团结起来。再比如说《咸》卦,描述男女恋爱之事,我们还可以理解为感应之象,可以借此理解朋友之间的沟通、甚至天地交感的现象等。总之,我们要能将《周易》中的每一卦演绎到其他事物当中,这样才能够融通。《系辞上》说:

> 在天成象,在地成形,变化见矣。是故刚柔相摩,八卦相荡。鼓之以雷霆,润之以风雨,日月运行,一寒一暑,乾道成男,坤道成女。乾知大始,坤作成物。乾以易知,坤以简能。

事物都是不断变化的,这种变化我们有时候能够感受得到。拿水来说,水在天上为云,在地上为水,在天地之间为雾气。然而,我们看到的仅仅是水变化的形象,水变化的原因和规律,我们是看不到的。人有喜怒哀乐之情,这些都是结果,也就是象,是我们能够看得到的,而导致情感变化的过程,是我们没有看到的。《周易》思考的，多是由此象发展到彼象的原因和过程。如果我们能够把握造成变化的原因及其过程，就可以改变我们看到的结果。比如水之所以不断变化，是因为有雷霆的鼓动、风雨的温润、日月的运行和寒暑的更迭。

三是恒久不变。事物是不断变化的，如果能够抓住万物变化的规律，那就抓住了恒久不变的因素。驾驭了事物的规律，也就可以把握它的特质。因此后人认为："易，无思也，无为也。寂然不动，感而遂通，天下之故。非天下之至神，其孰能与于此？"①《周易》讲述的内容很简单，关键在于融通。比如《观》卦告诉我们，要通过观礼来开拓眼界、丰富知识、提升格局。我们在观礼的时候，不仅仅要看那些仪式，更要从礼仪中学会恭敬。明白了这一点，不论面临什么样的仪式，我们都知道自己的心思应该放在恭敬的位置上。这就是变化当中不变的因素。如故友相见时，经常会说："你还是老样子。"这个"老样子"，指的不是外表，而是人的气质。把握人和事物，关键在于抓住根本，因此《恒象》说："日月得天而能久照，四时变化而能久成，圣人久于其道而天下化成，观其所恒，而天地万物之情可见矣。"当我们抓住根本，就能看到万变之中不变的东西。

四是易知易从。把复杂的事情简单化，就是专家；简单的事情重复做，就是行家；重复的事情用心做，就是赢家。一个人想要成功，能做到这些方面就可以了。"易则易知，简则易

① 《周易正义》卷7，《十三经注疏》本，中华书局1980年版，第81页。

从”,《周易》中讲到的很多事情都是很简单的,我们要能够举一反三,由这些事情联想到其他万事万物当中,以简驭繁,运用无穷。

《周易》将世间纷繁复杂的事物总结成六十四卦,并由此抽象出它的理念。我们学习《周易》要学会用它解释自然界中所有的现象,还要能够将万物归纳、总结到《周易》建立的模型当中。“易知则有亲,易从则有功。”[①]我们能够将复杂的问题简单化,将自己的主张变得易知易行,就会有人跟随自己、帮助自己成就一番事业。《系辞上》又说:

> 有亲则可久,有功则可大。可久则贤人之德,可大则贤人之业。

一个人的德行是需要长期考察才能下结论的,是要用一生来践行的。古人认为,人来到世界上有立德、立功、立言三种使命。立德,就是修养自己,让大家敬重自己的德行。我们大多数人在社会上可能没能做出惊天动地的事业,也未必能写出作品来流芳千古,然而每一位普通人,都可以将立德作为自己一生追求的目标。一个人可能曾经作恶多端,但当他放下屠刀的那一刻,他可以努力让自己成为一名善良的人、有德行的人,到对他盖棺定论的时候,人们就会认为他是一个好

① 《周易正义》卷7,《十三经注疏》本,中华书局1980年版,第76页。

人。想要成就事业，德行要放在第一位。其次立功，是要在事业上有所成就。立言，就是要能够著书立说。人的格局有小大之别，追求不同，成就也不一样。比如有的人想要影响一个人，那就当家长，教育自己的孩子；想要影响几十个人，那就当老师，教育自己的学生；想要改变几千人，那就当教育家，影响更多的人；如果说要改变几代人，那就要当圣人，像孔子，他的言行直到今天还影响着我们。

"易简而天下之理得矣；天下之理得，而成位乎其中矣。"[①]《周易》的特点就在于简单，正因为它简单，所以才给了人无穷的想象空间。《周易》用简单的表现形式，容纳了万事万物的规律，这是中国文化十分高明的地方。比如中国的山水画，从来没有边际，正因为没有边际，才打开了人们的想象空间。中国画讲究"留白"，画了几只虾，总能让人想到虾的外面是无穷的海洋。画一枝花，我们就会想到这是百花齐放，春天将要来了。按照中国文化，人们轻易不会概括事物的内涵，而是去拓展它的外延。这也是易道的特点。

三、易道所在

易道究竟是通过什么样子表现出来的呢？

一是天地存道。道家认为，道是看不见、摸不着的，但道又无时无刻不存在着。道不仅仅存在于美玉之中，也存在于

① 《周易正义》卷7，《十三经注疏》本，中华书局1980年版，第76页。

丑石之中；不仅仅存在于自然，也存在于人世。从化学上讲，人都是碳水化合物，仍然是道的体现。《系辞下》中说："《易》之为书也，广大悉备。有天道焉，有人道焉，有地道焉。兼三才而两之，故六。六者非它也，三材之道也。"三才，指天、地、人；天有阴阳，地有刚柔，人有仁义，叫作"两之"；三才共有六个要素，所以有六爻。道有变动，所以《周易》用爻来表示变动。比如"初九"，是阳爻居于阳位，虽然处于最下面的位置，不能轻易表现自己，但是它有未来。再如"六二"是阴爻居于阴位，开始显露头角，但因为它能够保持德行，保持谦卑的心态，所以即便十分压抑，也有出头之日。

《系辞下》认为："爻有等，故曰物；物相杂，故曰文；文不当，故吉凶生焉。"不同位置的爻，代表了不同的情形，如初爻和二爻，反映了事物初创之时，有些压抑；三爻和四爻，可上可下，选择的余地大一些；五爻居上，因而有君临天下之象。上爻居顶，往往有些过头，容易有亢龙之悔。爻的位置不同，反映了不同的物象，也对应了不同的爻辞，不同的爻辞合在一起，就形成了文。有些爻的位置好，爻辞就相对适宜；有些爻则位置不佳，其辞多示不可行，吉凶悔吝，因此分判。其中体现的道，是天地秩序的反映，人之所以有吉凶，多是因为所处的位置不合适。

我们学习《周易》，要注意辨析爻辞，爻辞中常说吉凶、悔吝、变化、刚柔四象。吉凶是得失之象，悔吝是犹豫之象，变化是进退之象，刚柔是强弱之象。《周易》的六爻考虑了所有变化的因素，包含着上至天、下至地、中至人的道理。

二是圣人明道。《系辞上》认为圣人作《易》，在于四个方面："以言者尚其辞，以动者尚其变，以制器者尚其象，以卜筮者尚其占。"我们研《易》，也是从这四个方面来用力：一是把《周易》当作文学作品，研究语言、文字；二是从《周易》中看到变动的道理；三是以仿照象来制器；四是利用《周易》来推断吉凶。我们学会这四个方面，也就学会了圣人之道。

那么什么是道呢？《系辞上》说："形而上者谓之道，形而下者谓之器。化而裁之谓之变，推而行之谓之通，举而错之天下之民，谓之事业。""形而上"，就是超越具体物象，如通过无数个直角三角形抽象出来勾股定理，那么勾股定理相对于直角三角形而言就是"道"。"形而下者谓之器"，原理变化出来的终端叫作"器"。古人认为，万物都是运化的结果，运化到某一个特征叫作"变"，比如小蝌蚪逐渐化为青蛙，这个过程叫作"化"；蝌蚪化为青蛙经历的每个阶段则叫作"变"。我们能够将自己做的事情推行下去，叫作"通"。如果提出一个纲领，一个思路，放之四海而皆准，这就是"业"。所以圣人作《易》，后人学《易》，关注的是辞、变、象还是占，目的都是为了明道作器，化成文明，推通成业，造福万民。

三是君子守道。在古代学说中，天地万物都是由道派生出来的。《周易》是言道之书，是用天地运行的秩序来看人道。君子学习《周易》，是要通过《周易》来了解天地运行的规律。《系辞上》说：

> 与天地相似，故不违；知周乎万物而道济天下，故不过。旁行而不流，乐天知命，故不忧。安土敦乎仁，故能爱。
>
> 范围天地之化而不过，曲成万物而不遗，通乎昼夜之道而知，故神无方而《易》无体。[①]

一个人如果能够按照天地运行的规则来做事情，就会很少犯过失。老子在《道德经》第二章中说："天下皆知美之为美，斯恶已。"这些年，每过一段时间，就会出现股票热，当所有人都认为股票能赚到钱的时候，股票就赚不到钱了。我们明白了这样的道理，就很少会犯过失，而能够乐天知命，就不会莫名其妙地痛苦忧愁。一个人肉体的困苦是很容易克服的，最难克服的是精神的困苦。孟子所说的"动心忍性"，就是改变人的内心，当我们特别想要得到的时候，想办法让自己心态平淡；如果能将期盼之心放下，将渴望之心平复，让恐惧之心不再煎熬自己，这就是通过"动心"来最终让自己的心"不动"。忍性，就是通过忍住"性"中的欲望，来使内心坚忍。告子说："食色，性也。"人对食物和美色有欲望，但是能够克制自己，就是忍性。孟子讲，真正要成就大事业，就要有这样的弘毅。明白了这一点，我们才不会忧心。其后《系辞上》又言：

---

① 《周易正义》卷7，《十三经注疏》本，中华书局1980年版，第77页。

> 安土敦乎仁，故能爱。范围天地之化而不过，曲成万物而不遗，通乎昼夜之道而知，故神无方而《易》无体。①

古人都有自己的领土和田宅，安土，就是在自己的一亩三分地上自得其乐，不贪求，不妄念，这就是仁。六十四卦始终在讲，什么时候可以行动，什么时候要观望等待。位置、时机、环境、条件，都是决定行动的要素，注意到这一点，才能够在合适的条件下做事。

《周易》把天地万物的变化涵盖在其中，概括了自然界的万事万物，它的阴阳变化都很清楚。真正高明的东西是万化之化。有句话讲“万变不离其宗”，但这个“宗”实际上也是在变化的，只不过这种变化是人看不到的。读《周易》最高的境界就是忘掉吉凶之占，这一点和读佛经有点像。“君子居则观其象而玩其辞，动则观其变而玩其占”，②就是要时常琢磨《周易》，领悟其中的道理。

孔子之所以认为五十岁学习《周易》，就不会有大的过失，在于他清晰地看出《周易》中蕴含着丰富的哲理，是可以用来指导人生的。例如《系辞下》中记载了孔子对《易》的解释：

> 君子安其身而后动，易其心而后语，定其交而后求。

---

① 《周易正义》卷7，《十三经注疏》本，中华书局1980年版，第77页。

② 《周易正义》卷7，《十三经注疏》本，中华书局1980年版，第77页。

君子修此三者,故全也。危以动,则民不与也;惧以语,则民不应也;无交而求,则民不与也;莫之与,则伤之者至矣。《易》曰:"莫益之,或击之,立心勿恒,凶。"[①]

安身依靠的是礼,我们处世,首先要守礼。参加工作,起码要衣冠整洁,言谈得体,举止得当。这些都是人的基本行为,是要从小孩子的时候就学习的。君子首先要安身,然后"易其心而后语"。中国有个词叫作"洗心革面",用仁义礼智改变自己,让人们心存善念,然后与人交往。我们为什么要多读书?就在于读书也是让人心无妄念。有了基本的修养之后,一个人要知道交友之道,知道朋友彼此之间的责任,然后去求得天下人的理解和支持。凡做人,第一身要合乎礼仪,第二心要合乎仁,第三交要合乎义。君子如果能够明白这三个道理,就能够保全自己。

第二节　易教

《礼记·经解》中说:"入其国,其教可知也。"[②]到一个地方,看当地百姓的言谈举止,就知道这个地方的教化。到一个人的家中,看家中的环境、家人的说话方式,就会知道这个家庭的教养如何。教,小而言之是教养,中而言之是教育,大而

① 《周易正义》卷8,《十三经注疏》本,中华书局1980年版,第88—89页。
② 《礼记正义》卷50,《十三经注疏》本,中华书局1980年版,第1609页。

言之是教化。《周易》对于个人而言，是教人吉凶善恶；对于社会而言，是教人德行、修为；从国家而言，则是教人安定天下、和睦四海之道。

《周易》即卦成象，即象成德，即德立义。即卦成象，就是"兼三才而两之，故《易》六画而成卦"，我们随便拿出六个爻来，都可以组成一个卦象。也就是说，当一个象画出来的时候，其中便蕴含了许多道德修为，反映到每一爻上，体现出的规律是："其初难知，其上易知……二多誉，四多惧……三多凶，五多功。"[1]初爻往往十分艰辛，而且不好判断，但它一定有光明的未来，它好比一颗种子，孕育了各种各样的可能性。年轻人好比《周易》中的初爻，老年人则如《周易》中的上爻，初爻艰难，不易判断，上爻基本上都是悔和吝，不可能像初爻那样孕育着无限的可能性。二爻象征着刚刚从苦难中走出来，此时会格外知道眼前的可贵。第四爻位于五爻之下，伴君如伴虎，因而多有畏惧之象。第三爻多凶相，因为它处于下卦中最上面的位置，它是从苦难中走出来的，容易"好了伤疤忘了疼"。第五爻则多有成就，我们现在讲九五之尊，也是这个意思。

即德立义，就是每一卦是用来阐释一种德行的，我们要理解其中蕴含的卦义，进而将之推演到万事万物之中，这就是

① 《周易·系辞下》："其初难知，其上易知，本末也。初辞拟之，卒成之终。……二与四同功，而异位，其善不同，二多誉，四多惧，近也。……三与五同功，而异位，三多凶，五多功，贵贱之等也。其柔危，其刚胜邪？"《周易正义》卷8，《十三经注疏》本，中华书局1980年版，第90页。

《系辞上》所言的:“八卦而小成,引而伸之,触类而长之,天下之能事毕矣。”

一、易教之说

那么,古人对于《周易》的本质及其体现的精神是如何概括的呢?《礼记·经解》说:

> 入其国,其教可知也。其为人也温柔敦厚,《诗》教也;疏通知远,《书》教也;广博易良,《乐》教也;洁静精微,《易》教也;恭俭庄敬,《礼》教也;属辞比事,《春秋》教也。

孔子认为:如果百姓温和、厚道,那是《诗经》教化的结果;如果百姓通达,能够厘清家国之事,那是《尚书》教化的结果;如果百姓胸怀开阔,知识渊博,平易近人,那是《乐经》教化的结果;如果百姓洁静精微,那是《周易》教化的结果;如果百姓恭敬简朴而庄严,那是《礼记》教化的结果;如果言谈举止十分恰当,那是《春秋》教化的结果。

那么,何谓“洁静精微”呢?从字义上讲,洁即纯洁。静,意思是安静,人的智慧都是在安静中生发出来的。静,才能够笃。笃是定的意思,静而能定。精,意思是精致。微,意思是微妙。这是说《易》教化成的人内心简朴而非常睿智。有首朦胧诗说:“我简单而丰富,所以我深刻。”简单而丰富的人是很深刻的，一方面，他可以用简单的眼光看待世界，另一方面，他的心灵充满了无限的想象和细腻的情感体验，因而可以得出深刻的结论。

如果更深一步理解，洁静是识《易》的心态，精微是用《易》的方法。孔颖达《礼记正义》指出："《易》之于人，正则获吉，邪则获凶，不为淫滥，是洁静。穷理尽性，言入秋毫，是精微。"一个人正直而淳朴，才能得到《周易》的帮助，如果我们占卜是为了正义之事，就会获得吉卦；如果是为了胡作非为，那么就会获得凶卦。这就是洁静。精微，就是探赜索隐，探求每一个卦、每一爻当中的大义。我们学习《乾》卦，就要知道"自强不息"，学习《蒙》卦，就要知道"果行育德"。我们每占一卦，首先要知道这一卦交给我们什么样的德行。

另外，宋儒卫湜认为：

> 夫《易》极深而研几，尽性以至命，其德之絜静也；如空虚之不可污，其化之精微也。如阴阳之不可究，则民不敢自欺于幽隐矣。[1]

认为《周易》研究的内容是十分深远微妙的，它能够将人的善性发挥出来，从而实现人的天命。精微就是说，万事万物的变化十分细致，卦与卦、爻与爻之间都有十分细微的关系。

---

① （南宋）卫湜撰：《礼记集说》卷117引"长乐刘氏"，《景印文渊阁四库全书》本（第119册），第509页。

清郑元庆的《礼记集说参同》认为，洁就是心中没有污浊，静就是心不妄动，精是纯一不杂，微则是隐藏不露，将洁静精微与修身养性联系起来。所以说，《周易》是修身之书，教化之书，我们读《周易》要体会到其中所讲的心性修为。

二、易教的形成

战国楚帛《衷》说：

> 《易》之用也，殷之无道，周之盛德也。恐以守功，敬以承事，知以辟患……文王之危，知史记之数书，孰能辩焉？①

意思是说，周文王创作《周易》，是为了告诉天下人殷纣王是无道昏君，而周朝将要兴盛，同时也在探究商朝灭亡、周朝兴盛的原因。我们阅读《周易》，首先要明白如何去除无道的行为，如何成为有道德的人。周文王创作《周易》之后，这部书藏在周王室中，秘不示人。春秋时期，晋国的大臣叔向出使鲁国，看到《易象》方知周朝鼎盛的原因。我们知道，周朝平定天下之后，以周公为首的大臣负责辅佐成王。当时天下有两个文化中心，周文王的《易》学传给了周公，周朝的礼乐文化几乎都由周公旦继承下来。周公的儿子伯禽被封在鲁国，鲁国也同样传承了周朝的礼乐文化。平王东迁后，周王室的礼乐有

① 廖名春：《帛书〈周易〉论集》，上海古籍出版社2008年版，第383—384页。

很多都丢失了。但鲁国仍然保留了十分完备的礼乐文化。《鲁春秋》是记载鲁国历史的史书,其中不可能看到周朝的盛德和周朝兴盛的原因,那么,这些内容应当是在《易象》中看到的。到了春秋时期,人们时常用《周易》来卜卦,但是《周易》中的义理,只有鲁国掌握得较为全面。

儒家用六艺培养君子修养。六艺,有两种说法,一种是礼、乐、射、御、书、数六项技能,一种是儒家的六经,即《诗》《书》《礼》《易》《乐》《春秋》六部典籍。在古代,儒家主要负责教化百姓,《周易》经过儒家学说的浸润之后,便由解释兴亡之道的书转化为修身立命之书。因此儒家对《周易》的讲述,目的是引导百姓向善。我们这里所说的易教,小而言之是教养,中而言之是教育,大而言之是教化。儒家学说结合这三个方面,从而形成了独特的易教学说。

那么儒家眼中的易教有哪些直接的要求呢?

一是不占不卜,而观其德义。儒家认为,要学会修身育德,而不是将希望寄托在占卜上面。高明的人学习《周易》,不是从中学习占卜的方法,而是学习义理,平日加强修为,从而趋吉避凶。举个例子来说,有个人德行很好,行事认真,那么,他做什么都很容易成功;如果一个人吃喝嫖赌、坑蒙拐骗,即使占卜,也难以成就大业。孔子说“不占而已矣”,也是告诉我们不要将占卜作为学习《周易》的第一要务。君子平日观察《易》象,琢磨爻辞,从中培养自己的德行。因而君子在应对外物的时候,不论外物如何变化,君子都能够沉着面对,不必占卜。这样的人即使懂得占卜的方法,也是不需要占卜的。

《帛书·要》记载说:

> 夫子老而好《易》,居则在席,行则在橐。子赣曰:"夫子它日教此弟子曰:'德行亡者,神灵之趋;知谋远者,卜筮之繁。'赐以此为然矣。以此言取之,赐缗行之为也。夫子何以老而好之乎?"

孔子晚年十分喜欢《周易》,不论平时在家还是出行,都要将《周易》带在身上,不时翻看。学生子贡转述孔子的观点认为,我们学习《周易》要抓住德行,明白事物的规律。对于君子来说,《周易》是教人掌握基本的规律,进而提升自己的德行:"刚者使知惧,柔者使知刚,愚人为而不忘,奸人为而去诈。"[①]

二是神道设教,以通天下之至。"神道设教"一词出自《观》卦:"观天之神道,而四时不忒,圣人以神道设教,而天下服矣。"意思是利用宗教,让百姓保持一种敬畏之心。宗教虽然是蒙昧时期的产物,但它是百姓的精神寄托,有着趋人向善的作用。在汉朝之前,孔子的地位并不像后代那样被视为圣人。刘邦立国之后,到鲁国祭祀孔子,之后孔子的地位逐渐提高。唐朝时,中国许多地方都设立了孔庙,后来逐渐形成了文庙祭祀传统。对于百姓而言,他们可能不知道文庙中祭祀的人是谁,也不知道《论语》这部书是什么,但他们知道这里面祭

① 《周易正义》卷3,《十三经注疏》本,中华书局1980年版,第36页。

祀着一位“神灵”,这位“神灵”是掌管学问的。因此在科举考试之前,有很多人去文庙上香,祈求神灵保佑。这是百姓的一种精神寄托,古代对孔子的推崇与文庙的设立,也在很大程度上鼓励了民间的崇学向学风气,对人才的培养起着积极的推动作用。之所以用这样神道设教的方式,目的是让天下的百姓向善远恶,即让人保持一种敬畏之心,让百姓知道,在现实世界之外,还有一种冥冥的力量在左右着人们的发展。

周文王本人未必有宗教观念,他相信依靠自己的德行,可以获得天下人的认同,但他将神道设教,改为易学这种理性的方式来探求天下人的思考。《系辞上》说：

> 明于天之道,而察于民之故,是兴神物,以前民用。圣人以此斋戒,以神明其德夫。

圣人之所以明白百姓所思所想,在于他从道的层面理解到了兴衰成败的规律,并将社会发展运行的规律、道义、德行附会为神灵所示,由此让百姓对这些规律、道义、德行产生敬畏之感。周文王的高明之处,在于让神灵无处不在。殷商王朝相信的神灵只有上天,《周易》则告诉人们随时随地都可以起卦,也就是说神灵是随时随地、无处不在。这就将神道设教发展为“以《易》通天下之志”。

《礼记·祭义》中也描述神道设教的目的不是愚弄百姓：

因物之精，制为之极，明命鬼神，以为黔首，则百众以畏，万民以服。

祭祀并不是告诉百姓世界上真的有鬼神，而是通过祭祀活动，让百姓知道敬畏。百姓有所忧惧，也就不敢作恶。古代的宗教，比如道教有阎王殿，佛教有六道轮回，都是教人保持敬畏之心。“睁眼看世界的第一人”魏源曾说：“鬼神之说，其有益于人心，阴辅王教者甚大，王法显诛所不及者，惟阴教足以慑之。”[①]宣扬鬼神的目的，不是为了愚民，而是为了治民。《荀子·天论》也说：“雩而雨，何也？曰：无何也，犹不雩而雨也。日月食而救之，天旱而雩，卜筮然后决大事，非以为得求也，以文之也。故君子以为文，而百姓以为神。以为文则吉，以为神则凶也。”求雨一类的事情，君子将其看作仪式，老百姓则认为是鬼神在起作用。《周易》之所以设占的目的，便是借助人们对外在力量的蒙昧崇拜，教诲人们修身育德，以此趋吉避凶。

周文王创制《周易》的目的，在于通天下之志，即让天下的人思考应当何去何从。用现在的话来说，就是统一思想。古代人质朴而蒙昧，如果想要统一思想，就要让人们具有共同的信仰。商朝信仰的是上天，商王负责祭天，上天将旨意告诉王，王再转达给百姓。武王伐纣之后，人们反思殷商灭亡的原因，得出的结论是，天命并不完全可靠。这时候人们就要思考

① （清）魏源撰：《默觚·学篇一》，《魏源集》，中华书局1976年版，第3页。

新的治理模式。周人经过长期的思考认为，天地之中存在着一种力量，这种力量不是鬼神，而是宇宙运行的法则。这样一来，人们就由原始崇拜走向了人文理性。《周易》虽然也相信天地间有一种冥冥的力量，但却不将这种力量定格为一种至上神。这就是由蒙昧到理性的初步阶段。当然，那时候还没有像现在这样完全放弃了神灵的信仰，但已经将神灵赋予了道德上的意义，即“皇天无亲，惟德是依”。[①]人们认为道德是神灵护佑的标准，具备了道德，也就得到了神灵的护佑，这就是一种进步。文王创作《周易》的目的，是通过《周易》来探求天下之志，他发现所有人都有一个本能，就是趋吉避凶，于是他用《周易》这部书告诉人们正则得吉，邪则致凶，引导人们向善，由此改良社会的风俗。

圣人设卦的目的，是通过象、占让人们产生敬畏之心，让人们了解如何发扬善性、改过自新、趋吉避凶，从而完善自己。清代学者章学诚在《文史通义・易教》中解释这种做法的合理性：“圣人首出御世，作新视听，神道设教，以弥纶乎礼乐刑政之所不及者，一本天理之自然；非如后世托之诡异妖祥，谶纬术数，以愚天下也。”古代人心中都有一种敬畏之心，他们相信人世之外的冥冥之中，存在着一种力量。《周易》则对冥冥之中的力量进行了描述。这个描述，本质上是在探求社会和宇宙运行的必然性。在这个必然规律中，存在各种各样的方法。设置了

① 《左传・僖公五年》：“鬼神非人实亲，惟德是依。故《周书》曰：‘皇天无亲，惟德是辅。”《春秋左传正义》卷12，《十三经注疏》本，中华书局1980年版，第1795页。

六十四卦，告诉人们在不同的情况下，应当如何行事。

三是开物成务，要在平敬。所谓平，意思是平天下，要求人们有尊敬之心。一个人如果缺乏敬畏之心，就容易趋于轻率。这种敬畏，不仅仅是对父母师长，也包括天地自然、亲朋好友，还包括自己从事的每一项工作。中国古代培养人的德行，要求年轻人要具备谨敬的心理。谨，意思是谨慎，在做任何事情之前都要做好充分的准备。敬，则是保持恭敬，有敬重之意。我们对人对事，都要保持恭敬之心。对人是尊敬，对事则谨慎小心。如果抱着这样的心态为人处世，就很容易成功。如果抱着应付的心态去对待外物，那就很容易让自己放松，什么事情都做不好。

开物，是做事之始；成务，是做事之终。我们做任何事情，都要心境平和，心存谨敬。《文史通义·易教》又说：

> 上古圣人，开天创制，立法以治天下，作《易》之与造历，同出一源，未可强分孰先孰后。故《易》曰："开物成务，冒天下之道。"《书》曰："平秩敬授，作讹成易。皆一理也。"

天下万物有很多复杂的情况，高明的人能够分出条理，懂得主次之分，在做事的时候也能明白其中的轻重缓急，知道哪些事情是必须做的，哪些事情是可以不做的，哪些事情是现在马上就要做的，哪些事情是可以缓一缓的。如果我们能够把握好这几点，就会取得很大的进步。圣人相对于普通人来说，就是能够分清楚轻重缓急，可以在天地宇宙当中，寻找出一些关键的因素来把握。

四是学者之要，贵在知类。学习《周易》，要根据类的方法来学。《文史通义·易教》的解释是：

> 君子之于六艺，一以贯之，斯可矣。物相杂而为之文，事得比而有其类。知事物名义之杂出而比处也，非文不足以达之，非类不足以通之；六艺之文，可以一言尽也。夫象欤，兴欤，例欤，官欤，风马牛之不相及也，其辞可谓文矣，其理则不过曰通于类也。故学者之要，贵乎知类。

学习《周易》，要掌握其中的象；学习《诗经》，要把握感兴；学习《仪礼》，要明白周代的秩序；学习《春秋》，要掌握其中的义例。这些经典都是用古代成败得失的经验教训为后世提供借鉴。中国人习惯按照类来思考问题，比如小孩子看电影，首先要想电影中的人是好人还是坏人；我们的电话本中，也将人分为亲人、朋友、同学等几类。中国人看待外物的方法是"物以类聚，人以群分"。《周易》中每一卦的初爻、二爻等等，都可以分别归为一类。所以说，学习《周易》要注意分类，这样就很容易融通了。

第三节　易德

易德就是《周易》当中所蕴含的德行。中国古人所言之德，有三个含义：一是精神，与天道相统一的，便是天德，即天所派生出来的精神；二是德行，如儒家所谓的仁义礼智信等；三是德性，如阴阳学说讲的五德终始，五德就是金木水火土。《周易》里所讲的德，主要是前两种，即“和顺于道德”，道是天道、地道、人道，“德”是天、地、人之道的精神体现，体现在卦中，就是卦德。

《系辞上》说：“夫《易》，圣人所以崇德而广业也。知崇礼卑，崇效天，卑法地。天地设位而《易》行乎其中矣。成性存存，道义之门。”六十四卦，每一卦都有各自的卦德，如《乾》卦之德为自强不息，《坤》卦之德为厚德载物，等等。可以说，《周易》是一部用来推广德行的书。帛书《要》记载孔子之言：“《易》我后其祝卜矣，我观其德义耳也……君子德行焉求福，故祭祀而寡也；仁义焉求吉，故卜筮而希也。祝巫卜筮其后乎？”孔子学《易》，看重的就是卦中的德行，而不是为了卜筮求吉。如果只明白数，却没有进入到德义的层面，是不可取的。

一、《易》中之德

一是至盛之德。《系辞上》说：“一阴一阳之谓道。继之者善也,成之者性也。仁者见之谓之仁,知者见之谓之知,百姓日用而不知,故君子之道鲜矣。"《周易》中总结出来的德行都是百姓平日就能遵循的,但百姓自身可能并没有意识到。其后又说:"(道)显诸仁,藏诸用,鼓万物而不与圣人同忧,盛德大业,至矣哉!"大道以仁德的形式显现出来,而潜藏在人伦日用之中,圣人创作《周易》有体道济民之心,虽然与大道在无为中就化育了万物的过程有所不同,但《周易》法效天地大道而彰显出的盛德大业,仍是至高至伟的。《系辞上》解释"盛德大业"说:"富有之谓大业,日新之谓盛德。"《周易》中包罗万象,囊括了天地万物,蕴藏了宇宙中的大道,这种富有广大便是《周易》之"大业"。而《周易》中的道理不是静止的,而是以"变通配四时,阴阳之义配日月,易简之善配至德",时刻处于变动之中,又十分平易简约,这种平易新变就是《周易》之"盛德"。

《周易》之道,在上明谕天地宇宙运行的秩序与规律,在中教诲人讲究德行和仁义,在下能为百姓日用乃至占卜吉凶,其中的道理,可近可远,可深可浅,可体可用,这就是《周易》的至盛之德。《周易》之道是广博完备的,但有些人学习《周易》会出现极端,或将《周易》单纯当作占卜之书,或把它只当作心性之书,这都没有体会到《易》之盛德。而高明的人,则可以同时把握《周易》的各个层面,既懂得占卜的方法,又能够从中思考积德行善,还可以从中了解天地自然之道。掌握了这三个方面,才算得上真正掌握了《周易》。

二是生生之德。《系辞上》说“生生之谓易”,《周易》中的每一卦、每一爻都在运行之中,由六十四卦画出的《易》图始终是在变化的,万变归一,即天地之道,这种变化体现出的德,即“生生之德”。天地之大德曰生,《周易》之“生”,一方面在于它法象于自然,因为自然界充满生机,《周易》中的每一卦也都充满了变化的生机;另一方面在于《周易》是用来解释天地运行规律的,它的每一卦最终都指向于天地运行的规律,而天地运行最重要的规律就在于更生变易、微妙通达。《系辞上》说:

极天下之赜者存乎卦,鼓天下之动者存乎辞;化而裁之存乎变;推而行之存乎通;神而明之,存乎其人。

天下微妙的地方都在卦中表现,卦可以反映出变化的规律,卦辞可以帮助理解卦中的含义。如果判断卦的变化,则要了解变化的要素。观察某一卦,明白了卦辞,又知道了卦的变化动向,那就知道自己应当如何面对外物。因此,正确的学易方式,应该是“默而成之,不言而信,存乎德行”,[①]按照《周易》中的原则行事,注意修身养性,这样才能够通达。

三是省察之德。在众卦之中,《谦》德最为凸显。《系辞上》说:“劳谦,君子有终,吉。子曰:劳而不伐,有功而不德,厚之至也。语以其功下人者也。德言盛,礼言恭;谦也者,致恭以存其位者也。”一个人即使有功劳,也不肯居功自傲,始

① 《周易正义》卷7,《十三经注疏》本,中华书局1980年版,第83页。

终保持谦卑的德行，那么就会得到大家的敬仰，也就能够保全自己的荣华富贵。老子有句话说“功遂身退，天之道”，[①]成就功业之后要学会保全自己，这才是最高的境界。春秋时期越国的范蠡和文种，之所以一个能够富可敌国，一个却被勾践杀掉，也是因为他们两个人，一个明白这样的道理，一个却不明白。《乾》卦上九爻讲“亢龙有悔”，也是让人保持在一个中和的位置，《文言》说：“贵而无位，高而无民，贤人在下位而无辅，是以动而有悔也。”一个人很高贵，但没有适合自己的位置，这时候就要选择离开。古代有句话讲“木秀于林，风必摧之”，人的水平超出周围人很多，就应该离开了。“高而无民”，一个人在高位上，却没有人支持；一个人德行很好却地位很低，没有人的帮助，也容易产生悔恨。在六十四卦之中，只有《谦》卦的每一爻都是“吉”“无不利”“利于”，体现出作《易》者对谦德的无比推崇。

四是慎善之德。慎，相当于我们所说的谨慎。谨、慎两个字含义有一定的区别，“谨”偏向于主动，是人在做事之初就抱着小心的态度；“慎”则是在出现危险的时候十分肃慎，绷紧心弦。“慎善之德”，是要求当事人在遇到问题的时候要严肃方能够达到一个理想的结果。《系辞上》说：“鸣鹤在阴，其子和之。我有好爵，吾与尔靡之。”孔子解释这句话说：“君子居其室，出其言善，则千里之外应之，况其迩者乎？居其室，出其言不善，则千里之外违之，况其迩者乎？言出乎身，加乎民；

① 楼宇烈：《老子道德经注校释》，中华书局2008年版，第21页。

行发乎迩,见乎远。”如果一个人有善念,一定不会感到孤独。《论语·里仁》说:“德不孤,必有邻。”一个人具备最美好最善良的德行,一定能有人和他呼应。一个人平时言善、向善,即使在此地得不到响应,也会在别的地方得到人的响应。中国有句俗话叫“名声在外”,我们周围的一些人,看上去可能很普通,但他在外面的名声很大,就是这个意思。还有一些人的德行与才能,也许在此时得不到人们的认可,但他会在将来得到人们的认可。像司汤达撰写《红与黑》,曹雪芹撰写《红楼梦》,在当时都没有得到人们的认同,但这些书在后世都名扬天下。真正意义上的君子,并不将此时此地的响应作为自己最终的追求,他们追求的是很长时间、很大范围内得到天下的响应,得到永久的呼应。正因为人的德行言语,可以在百代之下、万里之外得到人的呼应。在《系辞上》中,孔子说:“言行君子之枢机。枢机之发,荣辱之主也。言行,君子之所以动天地也,可不慎乎!”一个人的一言一行,都可能为自己招致荣辱,我们平日接人待物,言谈举止都要时刻警醒自己,说善言、行善事。善是一种德行,我们必须要很严肃很认真地对待善心,才能够达到善的境地。

二、人生之德

我们阅读《周易》,首先要知道《周易》是助人成就大事业的。要做大事业,必须大格局。六十四卦中蕴含了哪些德行,并将之作为理想人格的要求呢？

一是含蓄万物、兼容并包的胸怀。成就大事业者，必须有大胸怀；要想明白《周易》的义理，那就要培养自己含蓄万物、兼容并包的胸怀。朱熹喜读《周易》，他在《朱子语类》卷95《易三》中说：《易》不像《诗》《书》那样，《诗》和《书》分别讲的是具体情况，而《周易》说尽天下后世，无穷无尽的事理，就一个字便是一个道理。在上古，探讨大道的书有两本：一是《老子》，一是《周易》。儒家经典探讨不探讨"道"呢？也探讨，但其"道"在"用"；《老子》和《周易》探讨的"道"，是抛弃了日常之用，往更高的层面探寻，在"理"。"理"落实到什么地方呢？落实到"义"。"义"本是儒家的说法，是责任、是担当。其实，《周易》是把天地大道和人性结合起来讲。这就要求我们理解《周易》时，必须把个人放在天地运行的大道之中，放在家国秩序的运行之中去审视，才能找准个人的位置，明白该如何为人处事。

高人就是看得比常人远，奇人就是想得比常人透，牛人就是做得比别人妙。《周易》之所以几千年流传下来，就在于经过了很多高人、奇人、牛人的思考、阐述、运用，其中的很多道理是我们常人所感悟不到的。"人若志趣不远，心不在焉，虽学无成。"[①]我们要涵养心志，开阔胸襟，才能读懂《周易》。"德不优

① （北宋）张载撰：《经学理窟·义理》，《张载集》，中华书局1978年版，第273页。

者，不能怀远；才不大者，不能博见。”[①]否则的话，学《周易》只能是盲人摸象，不能得其全貌。

二是对立统一、阴阳平衡的视角。道家认为，世界的本源是无，有无相生，无中既有物，又有象，既含有有又含有无，这样的“无”才能生出“有”来。那么，天地万物究竟是怎么运行的呢？古人认为是由气来运行的，气由阴气、阳气的鼓荡，阴气弱、阳气强，弱能胜强，强能抑弱，阴阳来回振荡，就会产生一种力量。《周易》通过阴阳对转，来讨论天地万物的运行之道。其阴阳随时合爻，阳爻代表刚健的力量，阴爻代表柔顺的力量。阴阳爻并无孰重孰轻，而在于孰得孰失，阳爻失位，力量不及阴爻。

庄子说：“《易》以道阴阳。”[②]是说《周易》讲的阴阳之道，这种阴阳之道体现在人生上，就是行君子之道，勿行小人之道。邵雍有篇《君子吟》，讲君子和小人的区别，说君子整天想的是天下大事，想如何修身，怎么帮助别人；小人整天想的是如何利己，怎么坏别人。当我们总是乐善好施时，很快就会发现好事接踵而来；当我们总是以邻为壑时，就会发现倒霉的事情都来到我们的跟前。因此，在古人看来，与其外求，不如内求；与其求人，不如察己。

三是变而化之、通而用之的思路。《孝经纬·援神契》说：

---

① 黄晖撰：《论衡校释》卷13《别通》，中华书局1990年版，第596页。

② （清）王先谦撰：《庄子集解》卷8《天下》，中华书局1990年版，第288页。

"《易》长于变。"[①]认为《周易》描述的是生生不息的大道理，是讲变化之理的。太极生两仪，两仪生四象，四象生八卦，是在变化；《乾》《坤》定位、《否》《泰》对转、《既济》《未济》的衍生，也是在变化。任何一秒都是过去的结束，又是未来的开始。《周易》最微妙的求变卦，高明之处就在于求变卦之后要能随时、随地、随人解释变卦，卦辞相同，卦义各异；卦义相同，卦德各异。用易的高下，由此分明。读易，首先要让自己也与时俱进、与日俱明、与事俱新，才能去影响别人。

《序卦传》解释六十四卦的顺序，是以旁通与反对的变化来说明卦理，《杂卦传》解释卦义，也多从反对的角度阐述，比如说："《否》《泰》，反其类也。"《否》《泰》两卦，都是由《乾》《坤》两卦组成，位置不同，所形成的卦也不同。《坤》上《乾》下为《泰》卦；《乾》上《坤》下为《否》卦。这样一变，卦就不同。《明夷》卦的上下一反，就形成《晋》，这就是反对之变。旁通是本卦的六爻尽变，即阴爻变为阳爻，阳爻变为阴爻，就变为另外一卦。《比》旁通《大有》，《履》旁通《谦》，《同人》旁通《师》，这就是所谓的"穷则变，变则通，通则久"。[②]

易学中推崇的变，体现在如下几点：一是时间的变化，万物的起点与结束时间不同，结果也不一样，京房六爻、梅花易数和太乙神数很注重时间的变动。二是空间的变化，地分南

---

① （北宋）李昉等编：《太平御览》卷609《学部三》，中华书局1960年版，第2738页。

② 《周易正义》卷8，《十三经注疏》本，中华书局1980年版，第86页。

北，事有转移，空间有时是基础性的决定要素，堪舆更多是在空间上着眼。三是不变之变，事物总处在变化之中，《周易》虽试图总结变化规律，但却不一定能穷尽变化之道。对于未明之事，要依常理推度之，坚持中道而行，不作贪天之事，不悖逆人情而行，合于大道，合于正道，就能明察变化，以不变应万变。四是以变应变，根据不同的人、不同的时间、不同的地点来采取不同的策略。任何事情不可能有个预定的标准，万事万物都是吉中有凶，凶中有吉，要根据具体的情况确定具体的应变之术。由此观察，每一点、每一人、每一事都在变化，又都在不变。变的是人事，不变的是情理，变是通，通也是变。

四是自强不息、进德修业的精神。自强不息、厚德载物，分别讲天地的特性：一阴一阳，一进一退，一张一弛。其中包括两层含义：一是我们要知道该进的时候进，该退的时候退，要有张有弛、有进有退、有攻有守。二是做事时自强不息，作人时厚德载物，同时兼有天地之德。《彖传》认为自强不息的刚健之气，体现了保合太和之道。保，是敛，讲阳气时，为什么要收敛呢？古人认为太阳晚上要休息，才能光芒四射；月亮正因为它不停变化，才能把阴柔之美发挥到极致。做事能敛、有度，才能够充盈天地。

卦德，是从八卦卦象中分析出来的内在理路、本质属性和行为特征，是卦象的象征性意义。在八经卦中，除了《乾》《坤》两卦，其他卦都体现了一定的德行，《震》卦是出、动、决；

《巽》卦是入、伏、制、齐；《坎》卦是陷、险、习、劳；《离》卦是丽、见、文明；《艮》卦是止、成、光；《兑》卦是说、暗。《乾彖》中提倡“君子进德修业，忠信，所以进德也。”关键在于忠信。儒家认为做一个君子，首在忠诚，忠诚于自己的事业，忠诚于自己的理想。对自己忠诚，是一个人的立身之本，一个人要是连自己都欺骗，那他肯定会欺骗天下人。其次是信，一定要说话算话，人无信不立，一个普通的人，说话出尔反尔，朋友就会离他远去，何况我们要做大事？只有对自己、对他人讲究忠信，才能够不断提高德行。君子能够不断修养自己，充实自己，善养浩然之气，把德行作为衡量人之为人的标准，那么就能活得敞亮，活得快乐，活得平和。他人的意志不能左右我们的进退，旁边的诱惑动摇不了我们的心志，成功之时，能不喜形于色；失败之后，能勇于从头再来，以无憾之心向后看，以希望之心向前看，以宽厚之心向下看，以坦然之心向上看，这就是自强不息、进德修业。

五是厚德载物、宽容大气的格局。古人常说：“从小看大，三岁知老。”是说从小就可以看出一个人的未来，这话不一定全对，但有一定的道理。看什么？就看他有没有格局，他心里装的是什么事。王阳明十一岁，他的父亲傍晚在金山寺和人喝酒，刚想赋诗，王阳明说道：“金山一点大如拳，打破维扬水底天。醉倚妙高台上月，玉箫吹彻洞龙眠。”大家很惊讶，便让他赋月山，他随口应道：“山近月远觉月小，便道此山大于月。若人有眼大如天,还见山小月更阔。”[①]气象高旷,意境空远,理致十足。后来成为思想家、军事家、文学家,这绝不是偶然的。

观察一个人,将来能不能成事,就看他从小想的是什么事,关心的是什么事。完成六十四卦的周文王胸怀宽大,虽然自己被囚禁,孩子也被害死,但仍不移其志;孔子困于陈蔡,七天不火食,都不能吃热饭,仍能从容而歌,在想天下之事,教学生忘掉己忧。完成《周易》的两个关键人物都有如此格局,我们如果达不到,或者我们理解不了他们的格局,怎么才能洞察得透《周易》之道?

怎么体现厚德载物,宽容大气的格局呢?《系辞上》说:“劳而不伐,有功而不德,厚之至也。语以其功下人者也。德言盛,礼言恭;谦也者,致恭以存其位者也。”自己有功德但是不要夸耀,对待下面的人谦虚而彬彬有礼,这才是君子。推广德行时不要小恩小惠,小恩小惠不仅不会增加我们的威望,反而会毁掉我们的诚信。行礼时一定要恭敬,要是能谦诚、谦虚,不仅成就自己的品德,更能保存自己的地位。我们在日常生活中,谦则能顺,虚则能容,仁则可养,厚则能载。谦虚就是要处下,处下才能踏实,踏实才能成事,成事才能服众。如果别人的批评我们能接受,而且能不断改进,这个人的未来就不可限量。

六是协理三才、天人合一的视野。中国文化中所言的天

① 束景南:《王阳明佚文辑考编年》,上海古籍出版社2015年版,第12页。

地，主要是指天和地的特性。地有高下、有险易、有远近，这是自然之地。在《周易》中，地还有基础、根底、负载之义。地是复生万物的，表现的是隐藏、静穆和萌芽。因此，初、二两爻的总体倾向是凶多吉少，推崇守拙、静默的。三、四两爻表现人道，从大的方面看，其体现的是人事总的走向。五、上两爻体现的是天道，从义理上看，天道主要指向机遇、机会、条件。如果我们把天看成外部的条件，把地看成事业的基础，行事合乎人伦之道、社会之规，就能够趋吉避凶了。

《家人》卦是言家庭伦理之道，从卦象而言，内卦为中女，外卦为长女，上下皆为阴卦，二女皆得正位，故卦辞曰“利女贞”。就爻象而言，六二、六四为女正于内，上九、九五、九三、皆为男正于外，六二当位居正与当位居正的九三的爻位对立，表示着女正于内、男正于外。《家人彖》解释说：“家人，女正位乎内，男正位乎外，男女正，天地之大义也。家人有严君焉，父母之谓也。父父、子子、兄兄、弟弟、夫夫、妇妇，而家道正；正家而天下定矣！”“正位”这个词很有意思，说一个家庭里面男女秩序，夫妻两个人的位置摆不正，这个家就完了。男的在家外面很风光，回家应该顺应妻子。光有夫妻合道行不行呢？不行，夫妻之上还有父母，要孝敬父母、尊敬老人，父母关心孩子，孩子敬重父母。当父亲的是父亲的样子，有承担，给孩子以刚强；当母亲就是母亲的样子，能宽容，给孩子以包容。这样一个家庭家里面没有理由不兴旺，不发展。这一卦体现了阳以威严主外、阴以柔顺主内的天地之道,正合于人之道。

七是惧以始终、不懈不怠的毅力。《诗经·大雅·荡》说"靡不有初,鲜克有终",《恒》卦则讲"终则有始",它不是讲"始而有终",而是说"终而有始",任何事情有结束就有开始,有开始就有结束。二者相悖相行,循环往复。《系辞下》还讲:"惧以终始,其要无咎。此之谓《易》之道也。"做人做事要意识到任何事物是开始也是结束,这样来看待吉凶,就很有辩证意味。也就是说,我们在思考人生问题时,也要在吉中意识到凶,在凶中看到吉。《老子》第三十一章说:"战胜,以丧礼处之。"就是要时刻保持警戒之心,不要得意忘形,也不要失魂落魄。要意识到成功的同时,隐患是什么。福祸相倚,大喜过后可能是大悲,大悲过后可能是大喜。《同人》卦里说"先嚎而后笑",先哭,最后再笑出来,这是真正的笑到最后。我们做事时,始终要有谨慎之心,认认真真地去做。天下事情都是既是开始又是结束,既是结束又是开始,不到最后的时候不要放弃。人生的许多事情,成功就在于再多坚持一下,因为在最困难的时候,很多人放弃了、退却了,我们坚持一步,成功就属于自己。因此,君子要善始善终,不惧不懈。

比较《既济》和《未济》两卦,就能看出这种惧以始终、不懈不怠的思想。在六十四卦中,《既济》是唯一的一个三刚三柔六爻皆当位而有应的卦,但其卦辞却不是六十四卦中最好的,除了九五的《象传》提出"吉大来也",其余爻辞中没有一个提到"吉",甚至卦辞还说"初吉终乱",虽然有成功,但最终会酿成大患。原因很简单,各爻俱当位有应,九五爻也想得到“实受其福”的好处,六爻虽不提到吉,却也没有提到“凶”,应该是太平之象。但大祸患恰恰存在于太平之中,历朝历代也是在太平盛世之后走向衰落。因此上六便因处于穷极之处而有“濡首”之厉,预示着成功中藏有大祸患。

而《未济》虽然是六十四卦的最后一卦,意味着天下万物要重新开始,似乎很令人沮丧,但卦中六爻却显示出蒸蒸日上的发展。初六柔弱无力,如过河之小狐,濡湿了尾巴,小有困难。九二处险难之内,虽不得位,处中而行,可以贞吉。六三处于坎险之中,虽然不能远征,却也“利涉大川”。九四“有赏于大国”。六五有“君子之光”,故而吉祥。上九有诚信之德,六爻之中,反而凶少而吉多。

君子读《易》,要善于察几,就是要看到微妙的地方。君子做事情,要吉凶并重。读《周易》有三个境界:一是用《易》理,即用《周易》指导人的一生,让人明白一生怎么活着。积极进取,不断提高观察、思考、处事的能力。二是用卦辞,就是用卦爻辞作参照,明白吉凶并存的道理。三是占卜,放弃后天努力,一味追求吉凶之道。我们提倡第一种,这也是从孔子开始的儒门易就提倡的态度,即用《周易》中微妙的哲思、道理来服务整个人生,而不是占卜之术。

八是敬慎无咎,善于补过的勇气。有一个成语叫“革故鼎新”,出自《杂卦》的解释:“革,去故也;鼎,取新也。”就是把过去的事情抛弃掉,重建一个崭新的人生。这种革故鼎新，儒家叫与时俱进，道家叫与时俱化，都是要求随着时间来变化、来发展。我们知道，任何事情过了度就是失误，这就要求我们一方面要时时刻刻谨慎地做事，避免失误；另一方面要善于补过。《同人》卦是讲如何组建团队的。六爻之中，真正“吉”的爻位一个都没有，而且三、四、五三爻皆有兵象，上九仅“无悔”而已。王弼说：“凡处‘同人’而不泰焉，则必用师矣！”[①]就是说《同人》卦太不吉利。但在儒家看来：“君子和而不同，小人同而不和。”[②]但能够组建一个团队，恰恰要在看似争执之中，寻求到合作指导。因此《同人》卦象凶险，但如果各爻趋向能够保持，仍能在艰险之中成就一番事业。卦辞说：“同人于野，亨。利涉大川。利君子贞。”说得虽然凶险，但大家同心协力，坚持正道，仍能化被动为主动。初九上应九四，在巽下，同门合力，无咎。六二同宗合力，克服险阻。九三，敌强我弱，只能收敛指向，深藏不露，待机而动。九四虽有强敌攻城，但经三年积聚，防守有道。在这些环境中，虽有艰辛，却能同仇敌忾，开始出现转机。九五“同人先号咷而后笑”，经历了长期抗战，终于同心协力，找到机会，一鼓作气，取得胜利。《系辞上》特别强调九五爻和六二爻的呼应，称之为：“同心之言，其臭如兰。”由此可见，同门、同宗、同人三者的齐心协力，艰辛准备，不断克服各种困难，才能最终取得成功。虽然各爻都不处于吉位，但却可以通过谨慎虔

① 《周易正义》卷2，《十三经注疏》本，中华书局1980年版，第30页。

② 《论语注疏》卷13，《十三经注疏》本，中华书局1980年版，第2508页。

诚的态度，改变处境，成就事业。

九是顺道而行、循义而为的节操。在儒家看来，《周易》的道在爻辞之中，爻辞讲的是君子之道，不是占卜之道。孔子思考的是天下大道，是天下的德行，不是个人的吉凶。《同人》卦讲的是如何同心同德，那就是要“柔得位得中，而应乎乾”。外表柔弱，态度谦和，但内心刚强。真正有志向的人、能成就大事业的人，绝对不是匹夫之勇。文王演《周易》、孔子释《周易》，目的就是让天下的有识之士明白他们的心思，鼓励天下人按照正能量去做事，文明以健，中正以应。《系辞下》又借孔子之口说：“君子安其身而后动，易其心而后语，定其交而后求。君子修此三者，故全也。”讲的就是君子如何修身。先洗心革面，让自己内心虚静起来，然后把自己思想扩展开来，再说话做事。说话就是谈吐，一个人一开口说话，他的全部的才学、思想和修养就显出来了。从旁观者的角度来看，什么样的人，什么样的心胸，什么样的志向就很清楚了。观察一个人，不太了解的时候，要知道他的朋友都是谁，就知道他是什么样的人。天下就这么多人，如果要做天下事，我们就要海纳百川，把他们都看成是我们的朋友。出淤泥而不染，才是真正的干净；和光同尘而不浊，才是真正的大智慧。

十是洁静精微、清明条达的心境。前面已言“洁静精微”为易教的根本。洁净读《易》能真，安静读《易》能深，精密读《易》能通，微妙读《易》能得。《周易》的义理，清明条达，清就是自己内心非常纯净，明就是内心非常明澈，条达就是调和而畅达。有人一辈子研究《周易》,却不得要领,原因不在于《周易》,而在于自己。一是本来《周易》这个房子应该从这门进,他偏从那门进,敲了半天门没人理。二是可能是进去了,但没有心得,原因是贼头贼脑地东张西望,不愿意专心致志研究《周易》之本。

我们读《周易》时,要不断省思,是不是自己有私念?是不是有杂念?还要反思是不是过分地注重卦而不注重修身?要意识到变化,要意识到做事要合于天道、合于地道、合于人道,而不是将《周易》作为阴谋之书、占卜之术。把《周易》用在暗算别人上,这样读下去,终究会走火入魔,最终将害人害己。

第五章　易理

易理，就是易学中蕴藏的道理，是读懂《周易》、研习易学必须掌握的一些基本常识。这里所说的“理”或“道理”，并不是日常生活中或人生感悟中具体的道理，而是古人对宇宙本体或天地自然的一种理性思考。易理紧扣的主题是宇宙论，即宇宙是怎么运行起来的。

第一节　太极

太极,用现在的理论来讲,是用来讨论事物发展的可能性。万事万物都是在可能性中孕育出来的,天地万物也是如此。古人就假设了在天地形成之前,有一个孕育天地的机制,便是太极。宇宙万物在产生之前为“无”,“无”是一切的起点,这个起点经过孕化以后就形成了无穷的可能性,最后生成万物。从无到生成万物的这个过程,中国古代的著述进行了大量的描述,《周易》是按照二进的方式来描写,即“太极生两仪,两仪生四象,四象生八卦”;《老子》则是按照“道生一,一生二,二生三,三生万物”的方式描写。二者从表面上看有所不同,实际上是从不同的角度进行阐释,其本质是一致的。

太极图是一个旋转的结构,《周易》论述八卦起源的时候已经提到了这些内容。这个结构本身就是宇宙运行的规律和法则。这个法则是人类观察天地形态而总结出来的经验。中国的地形正好是若干个太极图的结构,不仅仅是弧度,甚至连阴阳鱼的点都能找到合适的位置。所以,太极并不是先贤凭空创造出来的,而是像《周易》中说的那样,仰观天文,俯察地理,根据宇宙自然中的规律总结出来的。

第二节 两仪

太极既反映了宇宙运行的结构，也是中国古人生存环境的图示。古人就把这个结构分成为八等份，每一等份用一个有代表性的事物来概括它的体系，这就形成了八卦。下面为古太极八卦图的模式：

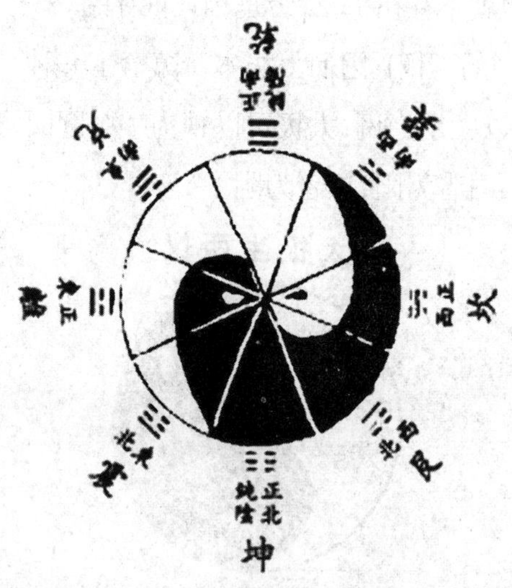

图5.1 古太极八卦图式

古太极图与现在流行的太极图有些不同，它的中间部分要多一点，看上去没有那么圆融，但概括了基本的规模。古人认为太极孕育了无数种可能性，这种可能性是用两种基本的动作形态来表现出来的，即太极生出的阴阳。

一、阴阳互根

阴阳互根是指阴、阳两种属性相互为对方存在的条件。具体来说：第一，阴阳是平衡的状态，二者在太极图中是两个相辅相成的元素，缺乏任何一个都不能完满；第二，两者相依相存，阴阳是以对方的存在为根本，阴阳如果缺少了其中一个，另一个也就不存在了，二者是相互依存的。

太极蕴含了阴阳，因而太极本身蕴含了一种可能性，即太极生两仪。以图示为例，太极可以视为一个圆圈，其中分为圆融的两部分，白者为阳，黑者为阴：

太极生两仪

两仪生四象

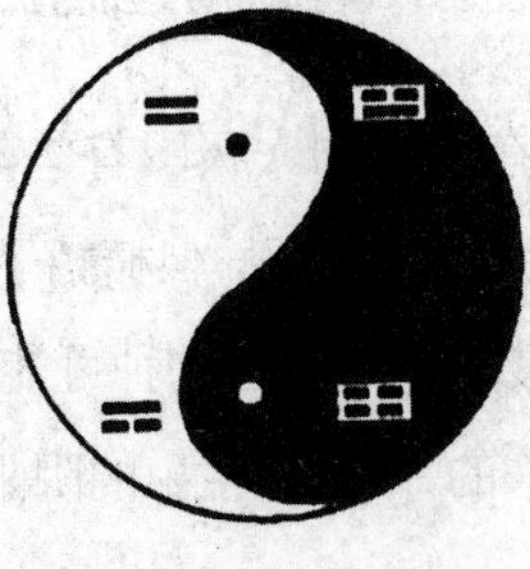

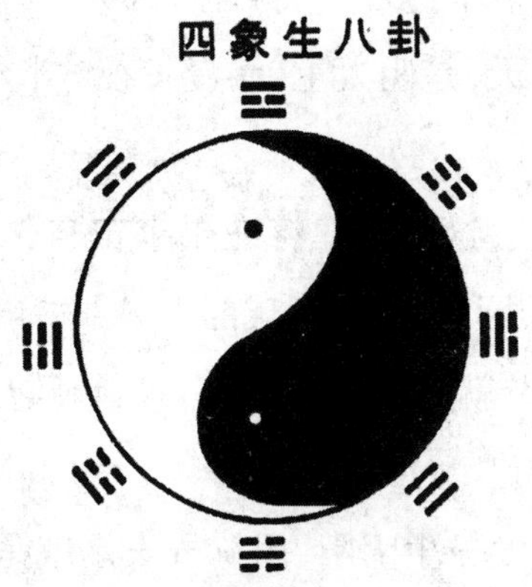

图5.2 太极生八卦图式

古代的地图方位是上南、下北、左东、右西。北方为阴气极盛、阳气初生之地；南方反之，为阳气极盛、阴气初生之地，如此周而复始。当然，阳气极盛的时候，并非没有阴气，而是阳中有阴，所以白鱼当中有一黑点；阴气极盛的时候也是阴中有阳，因而黑鱼当中有一白点。这两点使得阴阳的发展各自有了约束，就好比古代舞狮子、舞龙的时候，要有一个东西作为导引，否则的话龙和狮子的运动就失去了依据。而这阴阳两点正好起到了一个导引的作用。

阳气最旺的时候称作老阳，阴气最旺的时候称作老阴；阳气由弱到强的时候称之为少阳，阴气由弱到强的时候称之为少阴，于是两仪生出了四象。阴阳两种属性以对方为存在的条件，因而独阴不生，独阳不长，所以老阳出现时，也就是少阴发生之时。拿自然界来说，世界几大文明发源地，和其他真正适合人类居住的地区相比，阴阳都比较协调。而南极和北极地区，则最不适合人类居住，因为这样的地方阴阳极不平衡，半年冬天，是阴太重，漫漫长夜；半年夏天，则是阳太重，没有黑夜。

太极生两仪，这一规律存在于宇宙自然的任何一个角落。我们以一个圆球为例，圆球的上半部能够接收来自太阳的能量，这一部分就是阳；下半部分被遮蔽起来，这一部分就是阴。

上面讲到，太极生阴阳，用符号表示就是阴爻和阳爻。阴阳分为老阳、老阴、少阳、少阴，分别为两阳爻、两阴爻、一阴一阳和一阳一阴，是为两仪生四象。四象可以继续划分，在四象中各自添加一爻，从而生成八卦。太阴之阴是《坤》卦，三个爻全部都是阴爻。太阴之阳，在太阴上面添加一个阳爻，就形成了艮。少阳中形成两个卦，少阳之阴为坎，少阳之阳为巽。少阴之阴为震，少阴之阳为离。太阳之阴为兑，太阳之阳为乾。

从数学上讲，四象生八卦是一种二进制的线性变化关系。当人类开始使用数量关系表示自己对宇宙、社会和人生理解的时候，人类才从蒙昧走向文明。文明的标志有二，一个是文字的出现，一个是思维的形成。文字是描述文明的，数字是按照逻辑关系对宇宙进行抽象总结。人类有了文字才开始进入文明，有了数字则进入到了理性时代，而理性恰恰是摆脱蒙昧最好的方式。早期的文字是用来沟通上帝的符号，而数字产生之后，人类就开始了准确量化各种关系，包括距离、时间和方位等。

总结而言，从数学或理性的角度来讲，阴阳具有规则分形性和自相似性，分形性表现在用阴阳来衡量宇宙。在中国文化里，阴阳是可以相互转换、相互调节的。从《乾》到《坤》有一个从阳到阴的量变过程，这个过程是一个二进制的形式，具有严密的逻辑。

八卦的排列也不是一个随意排列的顺序，而是有着严密的逻辑，每一卦用初、中、上爻的位序来规定阴阳的量，爻序则是一种用数字表示的量变。因此，八卦是对阴阳的二维分析。这种阴阳的一部分与阴阳整体的相似性，即阴阳的自相似性。

二、阴阳相济

阴阳相济，是指阴阳两种物质彼此补充。这要求我们把阴阳放在三维的空间里面进行理解。阴阳是一个动态的过程，二者相辅相成，才能有所发展。举个例子来说，种子要发芽，需要阳光、适宜的温度、水等要素。阳光、温度对于种子来说就是阳，而水分是阴，只有阴阳都已具备，种子才能够发芽生长。

阴阳两仪中还可以再分出两个部分，即阳中也有一些地方受到阳气比较少，阴中也有一些地方受的阴气比较少，这样区分，就会生成四象，即太阳、太阴、少阳、少阴。我们可以将太极当做三维的球体，就可以从另一种分法来看两仪、四象和八卦的形成，这是阴阳的三维分形。具体来说，球体的上半部是阳，下半部是阴。阳中有太阳，太阳形成的同时，一阴生，从而形成少阴；阴中有太阴，同时一阳生，从而形成少阳。上半球二阴生，形成《乾》《兑》《离》《震》四卦，下半球二阳生，形成《巽》《坎》《艮》《坤》四卦。太极生两仪，两仪生四象，实际上蕴含着中国古代人对理性的概括，这八个部分仍然是用分形方法分出来的。八卦生成六十四卦，也是这样的原理。

阴阳相济，主要包括如下内容：

一是阴阳相生，《周易》判断爻位时，阴爻阳爻相生才吉。在一卦之六爻中，相连之爻谓之“比”。“比”有承、乘之区别，如二爻往下与初爻比，就叫作“乘”；二爻往上与三爻相比谓之“承”；“比”，以阳上而阴下为宜，“应”则往往以阴在上，阳在下为宜。

二是阴阳平衡，解释阴爻和阳爻要在位，就是阴爻在阴位，阳爻在阳位，凡初、三、五为阳爻当位，二、四、上为阴爻当位，就是“正”。若以阳爻居阴，以阴爻居阳位，则谓之失位，就是“不正”。得中正之道则吉，行不正之道则凶。

三是刚柔相推。阴阳表现在力量上就是刚和柔，“刚柔相推，变在其中矣”。[①]刚代表前进，柔代表后退。道家讲柔弱，是后发制人，退守就是进攻，防守才能反击，刚柔实际是两种相反相成的力量，有进有退，有强有弱，合起来才形成鼓荡天

① 《周易正义》卷8，《十三经注疏》本，中华书局1980年版，第85页。

地的力量。

三、阴阳相易

阴阳相易，是指阴阳两种物质和属性之间的相互作用。这也反映了宇宙和万物的运行规律。《黄帝内经·素问·六节藏象论》说："天为阳，地为阴，日为阳，月为阴，行有分纪，周有道理，日行一度，月行十三度而有奇焉，故大小月三百六十五日而成岁，积气余而盈闰矣。"世界上的万事万物都是阴阳组成，如昼是阳气，夜是阴气。子时阴气最重，一阳生，然后阳气不断增加；到了午时，阳气最盛，一阴生，然后阴气不断增加；到了子时阴气最盛，阳气重新生发，如此循环。这就是阴阳的相互运行，一天的运行实际上是太极图的运行规律，一年也是如此。

将阴阳放在天地万物运行的规律中，重新进行界定，就是阴阳四维分形。相对于三维分形来说，四维分形加入了时间变量。在先天八卦中，离为春分，兑为立夏，乾为夏至，巽为立秋，坎为秋分，艮为立冬，坤为冬至，震为立春。这是世界本初的一种状态。

第三节　三才

《系辞上》说："六爻之动，三极之道也。"《系辞下》说：

“兼三才而两之,故六。六者非它也,三才之道也。”三极分上、中、下,三才为天、地、人,这是《周易》结构层次的宇宙观和方法论。《周易》的六爻,有三种计算方法:一种是“一加一加一”的模式,这是解卦的基本方法,阐释的是每一个爻的关系;第二种就是“二加二加二”,这是三才的视角;第三种是“三加三”,这是两仪的分法,也是卦分上下、内外。其中,第二种方法反映了天、地、人之间的关系,也就是三才。

三才表述的是天、地、人之间的互动关系,常用刚柔来描述。刚是阳的特质,柔是阴的特质。《尚书·洪范》说:“三德:一曰正直;二曰刚克;三曰柔克。”[①]三德,指的是三个基本的运作方式,是宇宙规律落实到人世社会中所体现的特征。《周易》充分利用三德来描述天地运行的规律,以此作为处世的依据,并分析是非对错。“正”指的是中正,在儒家学说里面叫作中庸,就是不偏不倚,保持一种恰到好处的状态。“直”指的是正道直行,即如果能够处于恰如其分的道上,就要按照道去做。

万物的发展有两种做法,一个是“刚克”,一种是“柔克”。刚克指的是坚持,坚持往前走,毫不懈怠。柔克是退行,是一种守柔、退让的原则。刚柔二者缺一不可。一个人能够做出事业,原因之一就是坚持,要做到善始善终。柔则教人谦虚,虚怀若谷,不断增益。

一般来说,刚爻居阳位,这是刚中,就是该进取的时候要

---

① 《尚书正义》卷12,《十三经注疏》本,中华书局1980年版,第190页。

积极进取；柔爻居阴位，就是该谦虚的时候要谦虚，该退让的时候要退让，这是合理的。如果柔爻居刚位则有三种可能：第一是小人当位，有阴险之事；第二是能力不足，在重要的位置上，却常常做出悔恨的事情；第三是一个人虽然居刚位，但能够守拙。同样的条件，发生在不同的位置，吉凶也大为不同，这就是“唯变所适”。

六爻当中，初爻、二爻为地，三爻、四爻为人，五爻、六爻为天。《管子·霸言》说：“立政出令用人道，施爵禄用地道，举大事用天道。”颁布制度要适合人道，赐予爵位用的是地道，行大事要符合天时，顺应天道。《系辞下》言：“《易》之为书也，广大悉备，有天道焉，有人道焉，有地道焉。”伏羲创作八卦的时候，仰观于天，俯察于地，人处其中，依天而观象化，依地而取物用，人事粗备，后来三数成为成数，从而有天、地、人三才之义。所以，八卦的使用不出三才，因此八卦的本性也不会超出乾坤规律。

第四节　四象

四象是第二级的基本元素，与印度把世界本原力量分为“地、火、风、水”不同，中国四象则是太阴水、少阳木、少阴金和太阳火。介于这四象之间的中间状态是土。象指的是形象、状态、象征和比喻，如用卦和卦的六爻来比喻事物的状态，分别称之为卦象和爻象。八经卦有八个卦象，即天、泽、火、雷、风、水、山、地。爻主要有两个描述方法，一是爻画，二是爻辞。前者使用数学的逻辑,后者使用文字描述。

另外,天地的运行一般称之为天象,地面运行称之为地象。人们把太阴、太阳,少阴、少阳也称之为四个象。这四象是阴阳消长的四种基本状态。太阳是事物的阳性特征达到顶峰、阴性特征开始蕴含的时候;太阴是阴性特征达到顶峰、阳性特征开始蕴含的时候;少阳是阳性特征逐渐增多所达到的中间状态;少阴则是阴性特征逐渐增多而达到的中间状态。如果用四季来划分,太阳就是夏至,太阴就是冬至,少阳和少阴分别是春分和秋分,这是古代常用的四季分法。

月亮也是分四象,以月的望朔圆缺来划分。望就是月亮最亮的时候,即农历十五;朔就是比较阴暗的时候,一般是农历初一;再加上上弦月和下弦月,就是月之四象。具体来说,当月球挡在太阳和地球中间,三者成一条线的时候,月球不能反射太阳光,这时候是没有月相的,称之为朔,实际上是太阴。地球挡在太阳和月亮中间,三者成一条直线的时候,月亮能够充分反射太阳光,这时候看到的是满月,也就是太阳。上弦是由朔到望的中间点,为少阳;下弦是由望到朔的中间点,为少阴。

同样的,地球自转的一天中,也可以分出四象来,这四个象就是一天当中的四个时辰,即子、午、卯、酉。其中,子正为子夜零点整,是观察者所在局部背对太阳的长夜中最黑暗的时刻,属太阴;午正为正午十二时整,是观察者所在局部面对太阳的白昼中最明亮的时刻,属太阳;卯正为凌晨六时整,是由太阴向太阳运行时的阴阳平衡点，人们开始见到太阳，属少阳；酉正为黄昏六时整，是由太阳向太阴运行时的阴阳平衡点，处于太阳落山时刻，属少阴。

《黄帝内经》也用四象来计算，《金匮真言论》中说："平旦至日中，天之阳，阳中之阳也。日中至黄昏，天之阳，阳中之阴也。合夜至鸡鸣，天之阴，阴中之阴也。鸡鸣至平旦，天之阴，阴中之阳也。"从日旦到日中是阳中之阳；日中到黄昏是阳中之阴，也就是少阳；合夜到鸡鸣时分是太阴；鸡鸣到日旦是少阴。

地球的方位也是如此，古代天文学家根据太阳东升西落的方位来确定四方和四象的关系。卯时太阳升起的方向为东，酉时太阳落山的方向为西，正午时太阳的方向为南，反之为北。因而东方少阳，南方太阳，西方少阴，北方为太阴。

为了确定星象的位置，古代的天文学家把地球运行的黄道面上的星宿分为四组，每组七宿，合称二十八宿。东方青龙七宿为角、亢、氐、房、心、尾、箕；西方白虎七宿为奎、娄、胃、昂、毕、觜、参；南方朱雀七宿为井、鬼、柳、星、张、翼、轸；北方玄武七宿为斗、牛、女、虚、危、室、壁。其中，青龙、白虎、玄武、朱雀组成天体四象，构成了星体相对于地球运行的时空体系，形成了天球的坐标系统。

所以，四象不仅仅是四个名称，而是无处不可用，无时不可用的四种阶段。大到年，中到月，小到天，甚至其他很多事物在发展过程中，都可以分为四象。

第六章　易卦

前几章阐述了卦理，这一章主要深入到卦义之中，对卦进行解释，主要涉及三个方面的问题，即卦序、卦义与卦象。

第一节　八卦

八卦之序就是八个经卦的排序，反映了人类对世界的认识。八卦有先天八卦和后天八卦之分，二者的差别，既与方位有关，也与时间有关。

先天八卦按照地理为序，后天八卦按照时间为序，但是在发展的过程中，它们又相互补充，前者增加了时序，后者增加了空间秩序，各自形成了一个系统。一般在判断卦象吉凶的时候，要把先天八卦和后天八卦结合着来用。

一、先天卦序

先天八卦的卦序在《说卦》中有明确的表述：

> 天地定位，山泽通气，雷风相薄，水火不相射。八卦相错。数往者顺，知来者逆矣，是以《易》逆数也。[①]

这即是先天的卦序。宇宙在形成之初，首先要确定天与地的关系、山与泽的关系、雷与风的关系、水与火的关系。按照这种关系画出来的图，就是乾在南，坤在北，艮在西北，兑在东南，震在东北，巽在西南，离在东，坎在西。八卦当中，从震到乾为顺，方位依次是东北、正东、东南、正南；巽到坤为逆，方位依次是西南、正西、西北、正北。这样一来，《周易》里面两个太极图的运行都有了起端和终止。

① 《周易正义》卷9，《十三经注疏》本，中华书局1980年版，第94页。

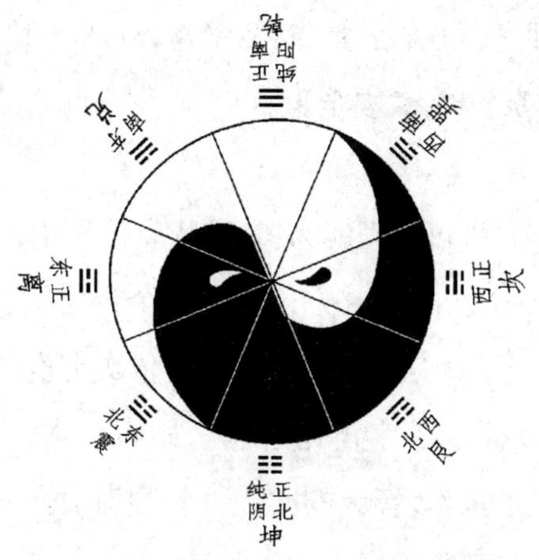

图6.1　先天八卦太极图

先天八卦，按照图示中的顺序排成数字，具体为乾一、兑二、离三、震四、巽五、坎六、艮七、坤八。乾为天，南向阳热；坤为地，北冲阴冷；离为火、日，东日出；坎为水、月，西水源；震为雷，东北雷；巽为风，西南风；艮为山，西北山；兑为泽，东南海。这是早期中国在中原地区的人们对于世界的理解，这种理解形成了先天八卦，是宇宙最本初的秩序。天地形成之后，会继续发生变化，自然中间会出现各式各样的分化，天地原先秩序中产生了变量，从而打破了原有的秩序。当宇宙万物达到一个平衡点的时候就不能再发生变动，如果没有达到均衡的状态，就会发生变动。

二、后天卦序

后天八卦是按照时序排出来的卦，《说卦》指出：

帝出乎震，齐乎巽，相见乎离，致役乎坤，说言乎兑，战乎乾，劳乎坎，成言乎艮。

这里的“帝”可以理解为道，道从震位开始，以艮为终止，从而形成了一个新的八卦方位图。这个方位图，是按照时序来分的，震相当于春分，巽相当于立夏，依次类推。

后天八卦体现了宇宙论思想。如震为木，方位在正东，巽为木，方位在东南，春天的时候万物复苏，所以归结为木。离为火，方位为正南，夏天炎热，合乎木生火。西南为坤，坤为土，而火生土，所以夏天过去以后就要进入到初秋。坤为土，土生金，所以西边为金，为兑，是秋分。西北也为金，为乾。金生水，所以北方坎为水，为冬。艮为土，方位在东北，万物始于艮而终于艮，艮就相当于一个结点，也是一个起点。

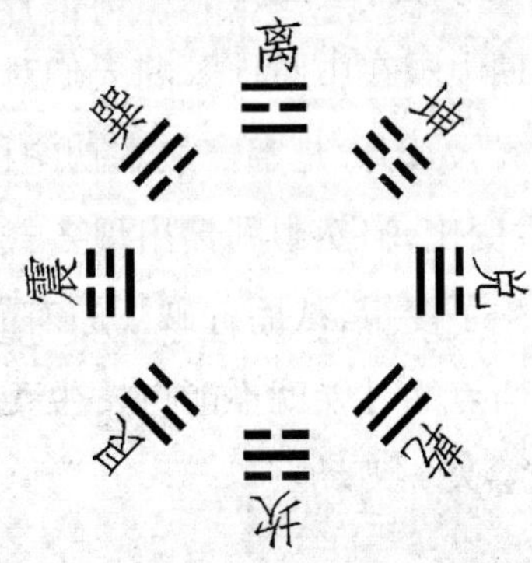

图6.2 后天八卦方位图

从东依次到南、西、北，这一圈是相生的。具体为木生火、火生土、土生金、金生水。从这一角度看，艮为变量，同样既为万物之始,也为万物之终。艮为震之首,又是坎之终,又与西南坤位遥相呼应,因而这一卦十分独特。以上为文王后天八卦,它蕴含了世界万物的兴衰变化之理。

第二节　六十四卦

六十四卦卦序有很多种，1973年在长沙马王堆汉墓里面发现了帛书《易经》,其卦序是按照八卦相重的原则,把六十四卦分成八组,按照先天八卦“天地定位”的顺序排列的。帛书本的卦序与现在流传的各种卦序相比,有较大的差异,反映的应该是一种较为原始的卦序。在此我们不做更多介绍,而主要讲解两种最为流行的六十四卦卦序,即《周易》卦序与八宫卦序。

一、《周易》卦序

《周易》六十四卦的卦序排列,是《乾》《坤》为门户,其后按照世界产生、发展、变化的过程来安排的。有天地然后万物生焉,乾坤为天地,是万物生长的前提,因而《乾》《坤》为《周易》之首。天地定位后,生出万物,《屯》讲的就是万物的出生。万物生下来之后就要对其进行启蒙,因而《屯》后为《蒙》卦。人类就需要生存,所以《蒙》卦之后为《需》卦,讲的是饮食。饮食之事会引起争讼,因而产生了《讼》卦。争讼不已则会发生争执，故而继之以《师》卦，即用兵开战。军队需要建立组织，故其后为《比》卦。军队建立秩序以后才能相安无事，则是《泰》卦。但是相安无事就会产生惰性、产生倦怠，于是就开始出现《否》卦。然而万物不可能以《否》结束，这个时候就会有一批志同道合的人一起拯救这种局面，于是产生了《同人》卦。志同道合的人坚持不懈，不停地努力，因此就产生了《大有》卦，获得了更大的成功。人取得大的成功以后，要想保全这个成功就要谦和，因而有《谦》卦。做到了谦和，才能够真正获得幸福和安康，这就是《豫》卦，是指要学会安逸。过分安逸就会随意，所以说会出现《随》，就是无事生非……总之，《周易》的上经三十卦，反映的是天地秩序，是万物运行的必然规律。

《周易》是用曲线来描述事物发展的，其发展曲线形成了一个个波形，由波峰进入波谷，再返回到波峰，如此循环。如《遁》卦之后是《大壮》卦，说的就是不能永远地逃避下去，因此需要救补。《周易》下经三十四卦，讲述的是人世间的秩序，与上经遥相呼应。

《周易》六十四卦的排列反映了古人对宇宙和人生的理解，体现了对社会秩序和自然秩序的认知。它不仅涵盖了儒道两家的思想，甚至包括了君臣、家庭的社会秩序。从这个角度上说，六十四卦虽然是宇宙论，但它绝非简单的宇宙论，这个问题十分值得研究。

《周易》的卦序有顺承和逆承两种关系。一种是顺承，用于上经当中相邻两卦，其关系为前一卦能够引导出后一卦，如《屯》为万物生长之卦，生长的万物需要启蒙，故而《屯》《蒙》为顺承关系；一种是逆承关系，用于下经当中相邻两卦，其关系为后一卦是前一卦的弥补，如《蹇》为难，但事物不会持久困难，而是总有解决的一天，因而《蹇》卦之后为《解》。

六十四卦之间还有两种对应关系，即相反和相覆。它们都是根据每一卦的六个爻而确立的。所谓相反，是指前一卦的阳爻变而为后一卦的阴爻，前一卦的阴爻变而为后一卦的阳爻，如《乾》变为《坤》，《颐》变为《小过》，《坎》变为《离》，《中孚》变为《大过》等，都是此类。所谓相覆，是将前一卦翻转即得到后一卦，如《屯》覆而为《蒙》，《需》覆而为《讼》，《师》覆而为《比》，《夬》覆而为《姤》，《震》覆而为《艮》等；有的卦兼具相反、相覆两种情况，如《泰》与《否》，《既济》与《未济》等。其原理主要是来自于《系辞下》中的一句话——“穷则变，变则通，通则久”。

二、八宫卦序

八宫卦是西汉的时候形成的，以八经卦领八宫，每宫八个卦，共六十四卦。八宫是按照“乾坤生六子”的说法推演而成，将六十四卦排列成八经卦领八宫的模式。其中“乾、坎、艮、震”是阳四宫，“巽、离、坤、兑”为阴四宫。这种排卦方法，主要用于京房六爻，因此又称为“京房卦”。

乾	坤	震	巽	坎	离	艮	兑
乾为天	坤为地	震为雷	巽为风	坎为水	离为火	艮为山	兑为泽
天风姤	地雷复	雷地豫	风天小畜	水泽节	火山旅	山火贲	泽水困
天山遁	地泽临	雷水解	风火家人	水雷屯	火风鼎	山天大畜	泽地萃
天地否	地天泰	雷风恒	风雷益	水火既济	火水未济	山泽损	泽山咸
风地观	雷天大壮	地风升	天雷无妄	泽火革	山水蒙	火泽睽	水山蹇
山地剥	泽天夬	水风井	火雷噬嗑	雷火丰	风水涣	天泽履	地山谦
火地晋	水天需	泽风大过	山雷颐	地火明夷	天水讼	风泽中孚	雷山小过
火天大有	水地比	泽雷随	山风蛊	地水师	天火同人	风山渐	雷泽归妹

图6.3 京房八宫卦图

八宫卦首先要确定八宫的顺序，依次为乾、坤、震、巽、坎、离、艮、兑。八宫当中，各自以八经卦为首，然后从初爻开始变动，生成新的卦。如乾宫中，乾为天，其后为天风“《姤》”、天山“《遁》”、天地“《否》”、风地“《观》”、山地“《剥》”、火地“《晋》”、火天“《大有》”。这其中的五个卦都和天有关，但《观》《剥》《晋》则与天无关，而是变爻分配的结果。

这里以乾宫为例分析六爻变动的情况。这一宫最初为《乾》卦，是一个不变量。然后初爻变动，形成天风《姤》卦，称为一世卦；接下来《姤》卦的第二爻变动，形成天山《遁》卦，叫作二世卦，后面依此类推。但到五世卦时，却并不改变第六爻,而是反过来改变第四爻,这样一来,山地《剥》卦中的第四爻变动,形成火地《晋》卦。这一卦不再叫作“五世卦”,而叫作游魂卦。游魂卦之后为归魂卦,卦中的上卦卦爻不变,下卦卦爻全部改变,如火地《晋》变为火天《大有》。就是把下卦中的三个阴爻全部变成了阳爻。如此,本卦、一世卦、二世卦、三世卦、四世卦、游魂卦和归魂卦共同构成了一宫,六十四卦就分配在八宫之中。

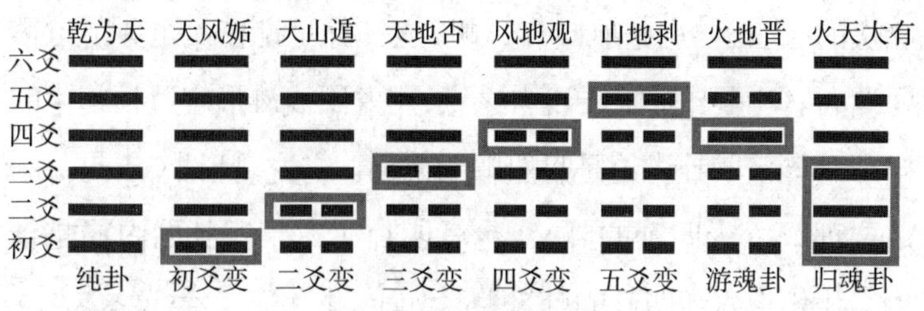

图6.4 乾宫卦变图

第三节 卦义

每卦按照内在关系组成一个整体,中心主旨就是“卦义”,按照卦辞来裁断。卦义也叫时义、时用,简称为“时”。时即时态、时运、时机。王弼在《周易略例》提到:“卦以存时,爻以示变。”[①]即说卦是时间条件所形成的时势、时机、时相、时变。比如《恒》卦讲的是有常,《遁》卦讲的是大治,《大壮》卦讲的是大勇,《晋》卦讲的是上达,《家人》卦讲的是安居之道,《谦》卦讲

① (魏)王弼:《周易略例》,《王弼集校释》,中华书局1980年版,第598页。

的是反省之道，等等。再如《乾》卦，六龙御天，是广大包容之象；《姤》卦风云相继，是君群会合之象；《遁》卦是遁隐南山之卦，讲究近善远恶等。这些都是阐述在不同时间条件下，卦所体现出的势与象。

再比如《坎》卦为船渡重滩之卦，重滩就是一层一层的险滩，因而《坎》卦指代凶险之事。水泽《节》卦，是船行风横之象，也不是很吉祥。行船的时候遇到风，本为好事，但风是横着吹的，这就要调整航向和风帆，这一卦是说在一个关节点需要调向。《屯》卦是龙居浅水之意，用龙困浅滩形容万物初生的样子。《既济》卦讲的是舟船顺利渡河。总之，阅读《周易》，一定要理解六十四卦的卦义，也就明白了六十四卦的内涵是什么。我们把六十四卦的卦义照录如下，供大家参看。

天行健：君子以自强不息。

地势坤：君子以厚德载物。

水雷屯：君子以经纶。

山水蒙：君子以果行育德。

水天需：君子以饮食宴乐。

天水讼：君子以作事谋始。

地水师：君子以容民畜众。

水地比：先王以建万国，亲诸侯。

风天小畜：君子以懿文德。

天泽履：君子以辩上下，定民志。

地天泰：后以财成天地之道，辅相天地之宜，以左右民。

天地否：君子以俭德辟难，不可荣以禄。

天火同人：君子以类族辨物。

火天大有：君子以遏恶扬善，顺天休命。

地山谦：君子以裒多益寡，称物平施。

雷地豫：先王以作乐崇德，殷荐之上帝，以配祖考。

泽雷随：君子以响晦入宴息。

山风蛊：君子以振民育德。

地泽临：君子以教思无穷，容保民无疆。

风地观：先王以省方观民设教。

火雷噬嗑：先王以明罚敕法。

山火贲：君子以明庶政，无敢折狱。

山地剥：上以厚下安宅。

地雷复：先王以至日闭关，商旅不行，后不省方。

天雷无妄：先王以茂对时育万物。

山天大畜：君子以多识前言往行，以畜其德。

山雷颐：君子以慎言语，节饮食。

泽风大过：君子以独立不惧，遁世无闷。

坎为水：君子以常德行，习教事。

离为火：大人以继明照于四方。

泽山咸：君子以虚受人。

雷风恒：君子以立不易方。

天山遁：君子以远小人，不恶而严。

雷天大壮：君子以非礼弗履。

火地晋：君子以自昭明德。

地火明夷：君子以位众，用晦而明。

风火家人：君子言有物，而行有恒。

火泽睽：君子以同而异。

水山蹇：君子以反身修德。

雷水解：君子以赦过宥罪。

山泽损：君子以惩忿窒欲。

风雷益：君子以见善则迁，有过则改。

泽天夬：君子以施禄及下，居德则忌。

天风姤：后以施命诰四方。

泽地萃：君子以除戎器，戒不虞。

地风升：君子以顺德，积小以高大。

泽水困：君子以致命遂志。

水风井：君子以劳民劝相。

泽火革：君子以治历明时。

火风鼎：君子以正位凝命。

震为雷：君子以恐惧修省。

艮为山：君子以思不出其位。

风山渐：君子以居贤德善俗。

雷泽归妹：君子以永终知敝。

雷火丰：君子以折狱致刑。

火山旅：君子以明慎用刑，而不留狱。

巽为风：君子以申命行事。

兑为泽：君子以朋友讲习。

风水涣：先王以亨于帝立庙。

水泽节：君子以制数度，议德行。

风泽中孚：君子以议狱缓死。

雷山小过：君子以行过乎恭，丧过乎哀，用过于俭。

水火即济：君子以思患而豫防之。

火水未济：君子以慎辨物居方。

第七章　易象

在中国文化中，最容易沟通的还是象，象是指一种具有象征意味的符号系统。一个人能读懂《周易》的文字，只是达到了第一个层面，如果能理解卦义，并按照卦辞、卦义对象进行解读，就进入到了更高的层面。

第一节　观象

《周易》以象学为基础。《系辞下》说："爻也者，效此者也；象也者，像此者也。”《周易》的理是象的理，《周易》的用也是象的用。在早期建构《周易》的时候，象已经成为一个基本的建构体系，存在于易卦、易爻、易义的解释之中，形成一个相互关联的复杂系统。

一、《易》有四象

《易》有四象，包括卦象、爻象、喻象和具象。卦象就是六爻所形成的象，每一卦都有一个特定的象存在。爻象是每爻所形成的象，每爻都有一个爻辞，爻辞会描写这一爻所处的环境、阶段、状况，以及它与其他爻之间的关系。喻象是卦象所指喻的象，具象是卦辞所描绘的象。学习《周易》，首先要读懂象，然后要“得意忘象”，就是能从象里面体会到更深的道理，做到触类旁通。

《系辞下》说：“仰则观象于天，俯则观法于地……近取诸身，远取诸物，于是始作八卦。”[①]观象于天，就是观察天上日月星辰的形象，如太极图的旋转和银河系的形象非常相像。观法于地，就是观察大地上万物的运行法则。近取诸身，远取诸物，是从人和物当中归纳现象、总结规律，通过观察外边事物的变化，把人和物之间的感应关系联系起来。

人对周围世界的认知有三种基本的模式：一是理性推

---

① 《周易正义》卷8，《十三经注疏》本，中华书局1980年版，第86页。

理，这种方式可以无限地发现真理，来接近对自然世界本来面目的解释。二是归纳总结，相当于现在的社会科学，不断总结新的规律，这个规律是在一定时间内、一定条件下存在的，如果条件变了，也就不再适用了。三是感知想象，感知就是人对自然界的感受，感受因个体的差异而不同。如文学、艺术是感知的，是人在观感的基础上经过合理创造而成的。想象的方式包括神话传说、宗教等，这种想象并非直感，而是通过建构的方式形成的。《周易》介于第一种方式和第三种方式之间，它使用了一些理性的思维，但程度不高；它也在概括自然界的一些规律，但这种概括实际上是在依靠直觉，通过建构象来认识世界、总结宇宙规律。

象是对世界和宇宙规律的初步概括，《系辞上》说："圣人有以见天下之赜，而拟诸其形容，象其物宜，是故谓之象。"《系辞下》说："是故《易》者，象也；象也者，像也。"取拟的象，是外部世界对它的投影。这投影是好多物象总和起来的概括，并不是单一物象的投影，是由很多种关系、很多种组织放在一起所形成的，人们称之为象。之所以称作象，是因为它采用了直感的方式，这叫"拟诸其形容，象其物宜"，象中就包含了对规律的总结和判断。所以说，象既有一种直观的思考，又有一种逻辑的思维，还有概括的成分。

二、古卦象

古卦象中有这样一些推演："乾为日，为人；坤为月，为马；艮为斗，为狗；兑为时，为豕；坎为音，为猿；离为律，为禽鹿；震为星，为虎；巽为风，为虫”。[①]与《易传》中“乾为马”的象征不同，在古卦象中以坤为马。这是早期卦象的一个遗留，反映了后期卦象和古卦象之间有一个演化的过程，即在不同的时代，因为社会生活情形的不同，卦象对外在事物的指代并不是固定的。象的概括是以局部来象征整体，人对事物的认知也是不断变化的，这种变化使得人们在不停地寻找最恰当的对应模式，这就形成了古象与易传象之间的差别。

《周易》体现的是商周时期人们对世界的一种解释方式，它能够流传几千年，就在于这种方式是人类实践经验的总结，有其内在的合理性，能自圆其说。上古时期，即使《周易》还没有成书，但它所蕴含的思维方式就已经存在了。

现在有些偏远地区保留了一些岩画，这些岩画是几千年前刻画下来的，最初都是简单的符号，随着经验的丰富，先民刻画的符号也会逐渐变得更加复杂、精细。这好比儿童画人物，最初画得很粗糙，后来会越来越精确。早期岩画的发展模式与人类童年时期对于世界的感知模式是相类似的，它们都

① 《孔子家语·执辔》引子夏语：“天一，地二，人三，三三如九，九九八十一，一主日，日数十，故人十月而生；八九七十二，偶以从奇，奇主辰，辰为月，月主马，故马十二月而生；七九六十三，三主斗，斗主狗，故狗三月而生；六九五十四，四主时，时主豕，故豕四月而生；四九三十六，六为律，律主鹿，故鹿六月而生；三九二十七，七主星，星主虎，故虎七月而生；二九一十八，八主风，风为虫，故虫八月而生；其余各从其类矣。”陈士珂：《孔子家语疏证》卷6《执辔》，上海书店1987年版，第167页。

有一个大致的倾向性或者是大体的类似性，引导人们朝着一个方向发展。在战国时期，六国文字中的“马”字各不相同，但它们还是有相似的地方。这就是人类在实践经验中总结出来的结果，虽然各国可以有各种各样的想法，但是一些根本性的特征是类似的。可以说，《周易》能够成为理解世界和认知世界的一种方式和参考，正因它是在漫长的历史岁月中逐渐总结形成的，反映了上古人类对世界的基本认知。

三、《周易》之象

《周易》包括“象”“数”“理”“占”四项基本内容。其中，象是《周易》的入门基础，在研究时绝不能只谈易理、不谈易象，如王弼一般“扫象不谈”，其讨论终究会偏离《周易》的宗旨和轨道，既可以走向哲思，也可以变成玄论。当然，也不能只观易象，醉心于象数占卜，而不究《易》中的道理，最终也会导致荒诞与迷信。我们研究《周易》要将四者结合起来，尤其要将象和理结合起来，明白理是如何体现在形象当中的。

前面提到过，八经卦的每一卦都与自然、人世中的种种元素有对应关系。而卦是这些象征事物抽象出来的符号。象有其基本的指向性和倾向性，把握住了这一点，就可以触类旁通，将许多相似类别的事物归纳在一起。否则的话就会成为无源之水，无本之木。观象方法主要有以下几种。

一是拟物取象，根据外在事物的特征进行概括。比如说按照性质分,《乾》卦刚健,《坤》卦是柔顺,《震》卦主动,《巽》有风来之象,《坎》是陷,《离》为光明,《艮》指终止,《兑》为喜悦。具备了各自的特点之后,这些卦也就有了附着性,可以和同类事物相联系。如《乾》为君,为父,为玉,为金,为寒,为冰,为大赤,为良马等,就是这种特性的推演。

六爻的象也是有规律的。如初爻多取在下之物为象,象征事物的初级阶段。举例来说,《乾》初九爻辞为"潜龙勿用",象征着弱小的龙潜藏在深渊之中,不能有所作为。《坤》初六:"履霜坚冰至。"霜是地气蒸腾所形成的结晶,首先在地表形成,所以用霜来代表最低层面的事物。再如《剥》初六:"剥床以足,蔑贞凶。"《剥》卦讲的是众阳剥尽,就是小人攻击君子,让君子无路可走。这一爻以去腿的"床"为象,也是象征比较低下的位置。再如《大壮》初九:"壮于趾,征凶有孚。"一个人处在比较卑微的地位的时候,偶尔取得了一点成绩,不要沾沾自喜,更不可得意忘形,否则就会带来祸患。因为人在比较低的位置取得了成就,与其说是自己勤奋的结果,不如说是得益于周围人的帮助,因此首先要想到感激周围的人,这就是"壮于趾"。

上爻多取在上之物。如《乾》上九:"亢龙有悔。"亢就是高亢,指高高在上,亢龙有悔的意思就是龙飞到了最高的地方,最后不得不降下来。《大过》上六:"过涉灭顶,凶,无咎。"渡河的时候水到了头顶,因此为凶。又如《解》上六:"公用射隼于高墉之上,获之无不利。"讲的是在高山之上射鹰。《旅》

上九："鸟焚其巢,旅人先笑后号咷,丧牛于易,凶。"讲的是高高在上的鸟巢。"亢""顶""高墉""巢"等,皆是取象于物之上者。

由初爻到上爻有一个层次性,就是一层层向高处走；另外还有阶段性,即由起始向高潮发展。所以,初爻的地位比较低,动辄得咎,要守正、守中；上爻的时候是地位高,过犹不及,要能自制。

二是近取诸身。初爻是用下面的物,上爻是用上面的物,中间的爻则是近取诸身,就是从身体和生活中来取象。如《颐》卦,卦象就是嘴的形状,初爻和上爻为阳爻,好比上颚和下颚,中间是阴爻,就相当于张开的嘴。《颐》卦体现的德义便是："观颐,自求口实。"要求君子慎言语而节饮食。

三是远取诸物,也就是从自然界选取物象来阐释卦义,如水天《需》卦,讲的是蒙蒙细雨浸润大地,六爻依次是需于郊、需于沙、需于泥、需于血、需于酒食等,比喻渐入佳境,以自然之理来解释事物的发展次序。

第二节　取象

据黄宗羲《易学象数论》所谈,《周易》的取象计有"八卦之象""六画之象""象形之象""爻位之象""反对之象""方位之象""互体之象"等七种。

一、八卦之象

八卦之象，每一个卦有象征的含义。八卦之象在春秋时期已经广泛的使用，如《左传·庄公二十二年》：“陈侯使筮之……《坤》，土也；《巽》；风也，《乾》，天也。”《左传·昭公五年》：“庄叔以《周易》筮之……《离》，火也，《艮》，山也。”再如《国语·晋语四》：“司空季子曰：吉。是在《周易》……‘《震》，车也。《坎》，水也。《坤》，土也’……”这些记载与《说卦》基本一致，可见最晚在春秋时代，八卦之象就被用来解说《周易》了。

二、六画之象

六画之象就是两个卦相重而生出来的六个爻，这六个爻被称为六画之象，这就是《系辞》中所谓“八卦相荡”而生成的六十四卦。六画之象包含内外两个经卦，也就是内卦和外卦。据《左传》《国语》等记载，春秋时代的人称内卦曰“贞”，称外卦曰“悔”。我们现在又称之为上卦、下卦，下卦代表事物本来的面目，上卦代表发展演变的趋势。

三、方位之象

方位之象指八经卦所象征的八个方位。具体来说，《乾》

为西北;《坎》为正北;《艮》为东北;《震》为正东;《巽》为东南;《离》为正南;《坤》为西南;《兑》为正西。至宋代,这"方位之象"又有"先天方位"与"后天方位"之分。《说卦》中论述的八卦方位被称作"后天方位"。按宋人的说法,"先天方位"是:《乾》南《坤》北,《离》东《坎》西,《震》东北,《巽》西南,《艮》西北,《兑》东南。

四、象形之象

象形之象,指的是有些卦的形状和某种事物相近。举《鼎》卦为例。《鼎》卦之所以称"鼎",就是因为该卦的六个爻画组成了"鼎"的形象。具体来说,初六爻象"鼎"之足,九二爻、九三爻及九四爻象"鼎"之腹,六五爻象"鼎"耳,上九爻象"鼎"之铉。六爻的爻辞,也是按照鼎的特征来解释的。这一卦取鼎的形象来解释事物发展的特征。

䷱《鼎》:元吉,亨。

《彖》曰:鼎,象也;以木巽火,亨饪也。圣人亨以享上帝,而大亨以养圣贤。巽而耳目聪明,柔进而上行,得中而应乎刚,是以元亨。

《象》曰:木上有火,鼎;君子以正位凝命。

初六:鼎颠趾,利出否。得妾以其子,无咎。

《象》曰:鼎颠趾,未悖也。利出否,以从贵也。

九二：鼎有实，我仇有疾，不我能即，吉。

《象》曰：鼎有实，慎所之也；我仇有疾，终无尤也。

九三：鼎耳革，其行塞，雉膏不食；方雨亏悔，终吉。

《象》曰：鼎耳革，失其义也。

九四：鼎折足，覆公𫗧，其形渥，凶。

《象》曰：覆公𫗧，信如何也。

六五：鼎黄耳金铉，利贞。

《象》曰：鼎黄耳，中以为实也。

上九，鼎玉铉，大吉，无不利。

《象》曰：玉铉在上，刚柔节也。

五、爻位之象

爻位之象是不同的爻位代表不同的形象。按照《易纬·乾凿度》的理解，在每卦的六个爻画中，古人以初爻为“元士”，以第二爻为“大夫”，第三爻为“公”，四爻为“诸侯”，五爻为“天子”，上爻为“宗庙”。有时候我们也会说，下爻象征庶人，二爻象征士，三爻象征大夫，四爻象征卿，或者说诸侯，五爻象征天子或国君，六爻象征圣人或太上皇。这是以爻象征国家社会的阶层。在家庭之中也是如此，如《说卦》言：“《乾》天也，故称乎父，《坤》地也，故称乎母；《震》一索而得男，故谓之长男；《巽》一索而得女，故谓之长女；《坎》再索而得男，故谓之中男；《离》再索而得女，故谓之中女；《艮》三索而得男，故谓之少男；《兑》三索而得女，故谓之少女。”讲的也是爻位之象，是以爻象征处于不同地位的家庭成员。

六、互体之象

六十四卦中，每一卦的第二、三、四爻，可以组成一卦，第三、四、五爻又可以组成一卦，这两卦分别叫作“下互”“上互”，统称为“互卦”。《左传·庄公二十二年》：“陈侯使筮之，遇《观》之《否》，曰‘是谓“观国之光，利用宾于王”……《坤》，土也；《巽》，风也；《乾》，天也。风为天于土上，山也’。”风地《观》卦变为天地《否》卦，即“风为天于土上”。杜预注“风为天于土上，山也”一句时称：“自二至四有艮象，《艮》为山。”即是说，《否》卦的第二、三、四爻组成《艮》卦，为下互；第三、四、五爻组成《巽》卦，为上互，二者互体为卦。可知早在春秋时期，人们便已经用了互卦的观念。

古人在解读《周易》时经常使用互体之卦，比如《恒》卦，郑玄在《礼记正义·缁衣》中注《恒》卦九三爻“不恒其德，或承之羞”说：“互体为《乾》，《乾》有刚健之德。体在《巽》，《巽》为进退，是不恒其德也。又互体为《兑》，《兑》为毁折，是将有羞辱也。”[1]意思是说，在《恒》卦中，下互为经卦《乾》，《乾》有刚健之德，而体在《巽》，《巽》为进退，所以叫不恒其德。《恒》卦上互为《兑》，《兑》有羞辱之象，故而称“不恒其德，或承之羞”，即不

① 《礼记正义》卷55，《十三经注疏》本，中华书局1980年版，第1651页。

能保全刚健之德，就会蒙受羞辱。

再如《颐》卦辞说："观颐，自求口实。"《周易集解》引郑玄注曰："自二至五有二坤。"[①]也就是说，《颐》卦中的两个互卦均为《坤》卦。《坤》卦为腹，有大腹便便的含义，因而《颐》是"自求口实"，即自求口中的食物。

七、反对之象

反对之象是将一个六画之象颠倒过来，形成另一新的卦体。如将《否》卦的六个爻画颠倒过来，这样便成了《泰》卦。这种六个爻画的颠倒，古人又称之为"倒象""反易"，是易变的一种方式。在这种相反对的卦象中，前一卦的初爻爻辞的吉凶，绝大部分与后一卦上爻辞的吉凶相同。例如《屯》卦初九爻"盘桓，利居贞，利建侯"与对应的《蒙》卦上九爻"击蒙，不利为寇，利御寇"，二者的吉凶是相同的。又如《损》卦六五爻为："或益之，十朋之龟，弗克违，元吉。"《损》卦的反对之象是《益》卦，而《益》卦六二爻辞为："或益之，十朋之龟，弗克违，永贞吉。"二者完全相同。

古人曾运用"反对之象"探求过一些卦爻之辞的由来。如《临》卦，其卦辞曰："元亨利贞，至于八月有凶。"[②]有人认为，

① （清）李道平撰：《周易集解纂疏》，中华书局1994年版，第283页。
② 《周易正义》卷3，《十三经注疏》本，中华书局1980年版，第35页。

《临》卦为《观》卦的“反对之象”。而十二消息卦中，[①]《观》卦为八月之卦，也就是说，《临》卦发展到八月份的时候，会遇到《观》卦，顺序被颠倒，故而称“八月有凶”。可见，《周易》古经的作者，已经使用了“反对之象”，并据此撰写卦辞，断定吉凶。

八、变化之象

变化之象就是因爻的变化而引起的整个卦象的调整。其中，爻的变化有两种：一种是“错卦”，也叫“反卦”，将一个卦的阳爻变阴爻，阴爻变阳爻，形成的卦就是错卦，如《乾》卦的错卦是《坤》卦；另一种叫作“综卦”，也叫“覆卦”，即将一个卦翻转一百八十度形成的新卦，就是这个卦的综卦，如《剥》卦的综卦是《复》卦。六十四卦中有八个卦没有综卦，即《乾》《坤》《坎》《离》《大过》《小过》《颐》《中孚》，因为这八个卦上下对称，翻转以后无法形成一个新卦。

自春秋战国起，经汉唐至明清止，以《易》象解释经文，一直是《易》学长河中的一支主流。正因如此，它也是今人应该重新探讨和评价的地方。今天，我们在探讨研究《周易》古经经文时，应充分吸取两千多年来前人有关《易》象的研究成果。

① 十二消息卦：又称“十二辟卦”，即与十二月相配的《复》《临》《泰》《大壮》《夬》《乾》《姤》《遁》《否》《观》《剥》《坤》等十二卦。

第三节 卦象

《周易》以“彖传”来判断每一卦的吉凶，包含着四种基本情况：第一种，卦是吉利的；第二种，卦是凶险的；第三种，吉凶相生，就是既有吉的方面，也有凶的方面，吉凶各半；第四种是吉凶转化，如先吉后凶，或者先凶后吉。因此，从吉凶的角度而言，卦存在四种基本的象，即吉象、凶象、吉凶相生之象和吉凶转化之象。

一、吉象

吉象包括这样几个方面。第一，卦象是吉利的，如《乾》卦、《谦》卦等，卦象皆吉。第二，卦象吉利，主要的爻都在正位上，卦象吉利且爻位正当，如《需》卦、《家人》卦等。《家人》卦讲的是一家人的和美；《需》卦主要的阴爻在阴位，阳爻在阳位，比较吉利。第三，卦象吉利而且核心爻上下相应，就是初爻应四爻、二爻应五爻，三爻应六爻，这种卦也是吉利的，如《师》卦和《小畜》卦都是如此。第四，卦象吉利且刚柔相济，刚柔相济就是阴爻和阳爻相对平等，比如说《恒》卦、《同人》卦，阴阳爻相辅相成，这就是吉利的。

䷤《家人》：利女贞。

《彖》曰：家人，女正位乎内，男正位乎外；男女正，天地之大义也。家人有严君焉，父母之谓也。父父子子，兄兄弟弟，夫夫妇妇，而家道正，正家而天下定矣。

《象》曰：风自火出，家人；君子以言有物，而行有恒。

初九：闲有家，悔亡。

《象》曰：闲有家，志未变也。

六二：无攸遂，在中馈，贞吉。

《象》曰：六二之吉，顺以巽也。

九三：家人嗃嗃，悔厉吉。妇子嘻嘻，终吝。

《象》曰：家人嗃嗃，未失也；妇子嘻嘻，失家节也。

六四：富家。大吉。

《象》曰：富家大吉，顺在位也。

九五：王假有家，勿恤吉。

《象》曰：王假有家，交相爱也。

上九：有孚，威如，终吉。

《象》曰：威如之吉，反身之谓也。

具体而言，如风火《家人》卦，爻位为正当。其中，第一、三、五都是阳爻，第二、四是阴爻，第六爻有变爻的情况，因而暂且不考虑。总体上，这一卦当中，下卦是阳爻在阳位，六二爻阴爻居中，上卦是第四爻为阴爻在阴位，阳爻九五居中，所以相当于男在男位，女在女位。《家人彖》说："女正位乎内，男正位乎外；男女正，天地之大义也。"这一卦当中，男有分、女有归，夫妇各安其位，如上爻和初爻都是丈夫，也就是最危险的地方都是阳爻，需要保护的阴爻在家里面则是当正位的。这就是男主外、女主内，合乎“男女正，天地之大义”。《家人》卦主张“父父子子、兄兄弟弟、夫夫妇妇，而家道正，正家而天下定矣”，即君臣、父子、夫妻都各守本分，把各自的事情做好，秩序就确立起来了。

又如风天《小畜》卦，是言小有成就。这一卦刚柔相济，初九和六四之间遥相呼应，而且六四为阴爻在阴位，即当位。另外，九五当位，六四在九五之下，好比一个家庭里面，父亲和母亲都堂堂正正，那么孩子自然也能做到堂堂正正。这一卦中，仅六四为阴爻，其余都是阳爻，但阴阳之间有呼应关系，能够以小畜大，以下济上。也就是母亲在家庭中顺承父亲，起着凝聚家人的作用，把家庭治理得井井有条，小有成就。大而言之，对于国家来讲，九五讲的是国君，六四则是宰相，国君刚健不息，大臣兢兢业业，谦和有度，国家就治理得很好。即使还没有大成，但至少有了一些成就，所以称之为“小畜”。

☴☰《小畜》：亨，密云不雨；自我西郊。

《彖》曰：小畜，柔得位而上下应之曰小畜。健而巽，刚中而志行，乃亨。密云不雨，尚往也；自我西郊，施未行也。

《象》曰：风行天上，小畜；君子以懿文德。

初九：复自道，何其咎？吉。

《象》曰：复自道，其义吉也。

九二：牵复，吉。

《象》曰：牵复在中，亦不自失也。

九三：舆说辐，夫妻反目。

《象》曰：夫妻反目，不能正室也。

六四：有孚，血去惕出，无咎。

《象》曰：有孚惕出，上合志也。

九五：有孚挛如，富以其邻。

《象》曰：有孚挛如，不独富也。

上九：既雨既处，尚德载；妇贞厉，月几望；君子征凶。

《象》曰：既雨既处，德积载也；君子征凶。有所疑也。

《同人》卦也是如此，但是不同的一点，就是此卦唯一的阴爻在六二。这一卦的下卦为《离》卦，《离》卦各爻当位，说明品行端正。《离》又为火，火的特征是炎上。这一卦当中，唯一的阴爻在六二的位置上，但它有足够的能量去影响上面几爻。而第三、四、五三个爻构成了乾象，象征着君子刚健正直。《同人》卦讲的是柔顺者守正居中，能与刚健的君子相应，志同道合。

䷌《同人》：同人于野，亨，利涉大川，利君子贞。

《彖》曰：同人。柔得位得中而应乎乾，曰同人，同人曰“同人于野，亨，利涉大川”，乾行也。文明以健，中正而应，君子正也。唯君子为能通天下之志。

《象》曰：天与火，同人；君子以类族辨物。

初九：同人于门，无咎。

《象》曰：出门同人，又谁咎也。

六二：同人于宗，吝。

《象》曰：同人于宗，吝道也。

九三：伏戎于莽，升其高陵，三岁不兴。

《象》曰：伏戎于莽，敌刚也。三岁不兴，安行也。

九四：乘其墉，弗克攻，吉。

《象》曰：乘其墉，义弗克也；其吉，则困而反则也。

九五：同人先号咷而后笑，大师克相遇。

《象》曰：同人之先，以中直也；大师相遇，言相克也。

上九：同人于郊，无悔。

《象》曰：同人于郊，志未得也。

二、凶象

凶象主要指卦象或爻位比较凶险，是从上卦和下卦的组织关系中体现出来的。六十四卦当中，《否》卦与《剥》卦是典型的凶卦，它们的卦象和爻位都比较凶险。

中国文化认为，万物相抱则吉，万物背离则凶。《否》卦当中，上三爻为阳爻，阳气上升；下三爻为阴爻，阴气下沉。这样一来,阴阳二气是相互背离的。从卦象上来讲,《否》卦为凶,而从爻上来看,这一卦也是有凶险的。第一、三爻,均为阴爻居阳位,因而都不当位。九四爻是阳爻居阴位,也不当位,都是凶险之象。当然,这一卦中,六二和九五得中、当位,因而《否》卦虽然有凶险,还能够掌握住局势。

䷋《否》:否之匪人,不利,君子贞;大往小来。

《彖》曰。否之匪人。不利,君子贞。大往小来。则是天地不交而万物不通也。上下不交而天下无邦也。内阴而外阳。内柔而外刚。内小人而外君子。小人道长,君子道消也。

《象》曰:天地不交。否。君子以俭德辟难。不可荣以禄。

初六:拔茅茹。以其汇。贞吉亨。

《象》曰:拔茅贞吉,志在君也。

六二:包承;小人吉,大人否亨。

《象》曰:大人否亨。不乱群也。

六三:包羞。

《象》曰:包羞,位不当也。

九四:有命无咎,畴离祉。

《象》曰:有命无咎,志行也。

九五:休否,大人吉;其亡其亡,系于苞桑。

《象》曰:大人之吉,位正当也。

上九：倾否，先否后喜。

《象》曰：否终则倾，何可长也。

山地《剥》卦，除九六外，其余都是阴爻。如果上面的阳爻也变成阴爻，就会成为《坤》卦，这一过程，象征着阴爻层层剥尽了阳刚之气，即君子道消、小人道长，只剩下最后一层的上九爻是个君子。初爻和上爻虽然当位，但都是比较偏离的，很难影响全局。所以，《剥》卦是非常凶险的一卦。从卦象上讲，艮居于坤上，形象也非常像一座山，但它的中间是空的，实际上就是火山要喷发的样子，也是凶象。

䷖《剥》：不利有攸往。

《彖》曰：剥，剥也，柔变刚也。不利有攸往，小人长也。顺而止之，观象也；君子尚消息盈虚，天行也。

《象》曰：山附于地，剥，上以厚下安宅。

初六：剥床以足，蔑贞凶。

《象》曰：剥床以足，以灭下也。

六二：剥床以辨，蔑贞凶。

《象》曰：剥床以辨，未有与也。

六三：剥之无咎。

《象》曰：剥之无咎，失上下也。

六四：剥床以肤，凶。

《象》曰：剥床以肤，切近灾也。

六五：贯鱼以宫人宠，无不利。

《象》曰：以宫人宠，终无尤也。

上九：硕果不食，君子得舆，小人剥庐。

《象》曰：君子得舆，民所载也；小人剥庐，终不可用也。

三、吉凶相生之象

这类卦象是指卦本身有吉也有凶。如《屯》《比》《临》《明夷》《睽》《蹇》《困》《井》《革》《未济》等。其中有两种情况：一种是卦象含有相反征兆的，如《屯》卦、《明夷》卦；另一种是爻象含有相反的征兆，如《比》卦、《临》卦。

《屯》卦以水和雷两个卦象作为比喻，水在上，雷在下，这是天地蒙昧之象，也是阴阳交融之象，或说万物始生之象。此时，水和雷是在一起相互滋生的。一般来说，雷应该在上，水应该在下，这一卦正好与之相悖，因而《屯彖》说："雷雨之动满盈，天造草昧，宜建侯而不宁。"反映的是万物草创时期的艰辛与忧虑。

䷂《屯》：元亨，利贞；勿用有攸往，利建侯。

《彖》曰：屯，刚柔始交而难生；动乎险中，大亨贞。雷雨之动满盈，天造草昧，宜建侯而不宁。

《象》曰：云雷，屯，君子以经纶。

初九：磐桓，利居贞，利建侯。

《象》曰：虽磐桓，志行正也；以贵下贱，大得民也。

六二：屯如邅如，乘马班如，匪寇婚媾，女子贞不字，十年乃字。

《象》曰：六二之难，乘刚也；十年乃字，反常也。

六三：即鹿无虞，惟入于林中；君子几不如舍，往吝。

《象》曰：即鹿无虞，以从禽也；君子舍之，往吝穷也。

六四：乘马班如，求婚媾；往吉无不利。

《象》曰：求而往，明也。

九五：屯其膏。小贞吉。大贞凶。

《象》曰：屯其膏，施未光也。

上六：乘马班如，泣血涟如。

《象》曰：泣血涟如，何可长也？

再如地泽《临》卦。这一卦中，地在上、泽在下，依据常理，泽应在地上或地中。但此时泽在地下，实际上有陷阱的意味。表现在爻象上，就是阴爻在上、阳爻在下，言外之意，就是阳气被阴气重重地压在下面，不能上行。可见，《屯》《临》两卦的卦象中都包含着一定的凶险。

当然，这两卦也并非完全凶险，如水雷《屯》，虽然雷在下、水在上，但其中还藏有一种转机和生机。地泽《临》也是如此，阳气虽在下，但还是向上升，能对上面的阴爻产生影响。初九和九二两个阳爻看上去是被群阴压制，但它们毕竟是初生的阳气,有发展的前景。这两卦都蕴含了吉凶转化的迹象,即是吉中有凶、凶中有吉。

䷒《临》:元亨利贞。至于八月有凶。

《彖》曰:临,刚浸而长,说而顺,刚中而应。大亨以正,天之道也;至于八月有凶,消不久也。

《象》曰:泽上有地,临;君子以教思无穷,容保民无疆。

初九:咸临,贞吉。

《象》曰:咸临贞吉,志行正也。

九二:咸临,吉无不利。

《象》曰:咸临吉无不利,未顺命也。

六三:甘临,无攸利;既忧之,无咎。

《象》曰:甘临,位不当也;既忧之,咎不长也。

六四:至临,无咎。

《象》曰:至临无咎,位当也。

六五:知临,大君之宜,吉。

《象》曰:大君之宜,行中之谓也。

上六:敦临吉,无咎。

《象》曰:敦临之吉,志在内也。

四、吉凶转化之象

吉凶转化之象,在《讼》卦中表现得比较明显。《讼》卦之象，天在上、水在下，其意取诉讼与口舌是非。《讼》卦与《否》卦有些类似，也是天气上行、水气下行，二者不相交合。

《讼》卦的下卦是《坎》，它的下卦三爻全都不当位；上卦中，第四爻是阳爻，也不当位，卦中明显包含着凶象。但是《讼》卦有另外一个好处，即可以进行转化。首先，《讼》的互卦可以补充该卦的不足，其下互为《离》，上互为《巽》，组合成风火《家人》卦，以《家人》卦“言有物，而行有恒”的守正，来弥补《讼》卦的口舌是非。其次，《讼》卦的初爻和四爻、三爻和六爻相应，下四爻又都是一阴一阳而相比，形成了比应的关系，使卦内阴阳相互承接呼应。这一卦当中虽然有很多爻不当位，但其自身却对吉凶进行了调节，由凶向吉转化。

䷅《讼》：有孚，窒惕，中吉；终凶，利见大人，不利涉大川。

《彖》曰：讼，上刚下险，险而健，讼。讼有孚，窒惕中吉，刚来而得中也。终凶，讼不可成也。利见大人，尚中正也。不利涉大川，入于渊也。

《象》曰：天与水违行，讼，君子以作事谋始。

初六：不永所事，小有言，终吉。

《象》曰：不永所事，讼不可长也。虽小有言，其辩明也。

九二：不克讼，归而逋，其邑人三百户，无眚。

《象》曰：不克讼，归逋窜也；自下讼上，患至掇也。

六三：食旧德，贞厉终吉；或从王事，无成。

《象》曰：食旧德，从上吉也。

九四：不克讼，复即命，渝安贞，吉。

《象》曰：复即命，渝，安贞不失也。

九五：讼元吉。

《象》曰：讼元吉，以中正也。

上九：或锡之鞶带，终朝三褫之。

《象》曰：以讼受服，亦不足敬也。

五、条件决定之象

除了上述四种吉凶卦象外，有些卦的吉凶不取决于卦本身，而是取决于外在的条件和自身的条件。因为这个卦本身是中性的，要根据现实状态判断吉凶。这些卦包括《蒙》《夬》《姤》《艮》《归妹》《节》《小过》《蹇》《井》《无妄》《解》等。

其中，有一些卦本身就隐含了双重的可能，《蒙》卦本身就包含两个含义，第一是象征蒙昧，趋向于凶；第二指的是启蒙，趋向于吉。所以，《蒙》卦是吉还是凶，取决于条件。

《节》卦之象，是泽上有水，这种现象代表的吉凶要具体问题具体分析，主要看水是否有节制。如果水过多，那么沼泽就显现不出来；如果泽上无水，那么泽就会干涸消失，这些都是凶象。《诗经·卫风·氓》说："淇则有岸，隰则有泮。"湿地都有一个边沿,池子都有一个边界。泽上有水,就要人们明白万事万物都有规定,要根据规定进行适当的调整;做事要有尺度,要能够处理好阴阳平衡的关系,保持中和之道。《象传》说:“君子以制数度,议德行。”就是这个意思。

《节》卦的每一爻也代表着不同条件下的吉凶变化。初九:“不出户庭,无咎。”以学生为例,初九好比大学新生,处于懵懵懂懂的新鲜阶段,没有举动,就不会犯过失。九二:“不出门庭,凶。”经过一年的学习和熏陶,就应当做出一些成绩,如果还是没有举措,那就不合适了。六三:“不节,若则嗟,若无咎。”六三爻位下卦之终,阴爻居阳位,说明在应该刚健的时候,变得很柔弱,未能把握住局势。六四:“安节,亨。”九五:“甘节吉,往有尚。”上卦三爻中,一般以中间一爻作为正爻,此处即九五爻,为全卦的首领,且又当位,如君在位。六四在九五之下,正像是臣与君的关系,臣十分谦和,且有可以侍奉的国君,能够发挥他的作用。同时,六四和九五又都当位,象征行为举止都比较得体。故而两爻皆吉。上六:“苦节,贞凶,悔亡。”虽然当位,但它处在上爻的位置,好高骛远、心不在焉,难以把握好节度,因而有所悔。总之,《节》卦的吉凶都是以“节”来限定的,即是否守规矩,是否能够把握做事情的度。

䷻《节》:亨;苦节不可贞。

《彖》曰:节亨,刚柔分而刚得中。苦节不可贞,其道穷也。说以行险,当位以节,中正以通。天地节而四时成；节以制度，不伤财，不害民。

《象》曰：泽上有水，节；君子以制数度，议德行。

初九：不出户庭，无咎。

《象》曰：不出户庭，知通塞也。

九二：不出门庭，凶。

《象》曰：不出门庭凶，失时极也。

六三：不节，若则嗟，若无咎。

《象》曰：不节之嗟，又谁咎也。

六四：安节，亨。

《象》曰：安节之亨，承上道也。

九五：甘节吉，往有尚。

《象》曰：甘节之吉，居位中也。

上六：苦节，贞凶，悔亡。

《象》曰：苦节贞凶，其道穷也。

有的卦只有初爻或者上爻是阴爻，这叫作独阴，它们分别是《姤》卦和《夬》卦，独阴不长。有的卦刚柔相敌，即外卦与内卦各爻不是一阴一阳地相应，而是阴爻或阳爻驳杂相间，如《艮》卦。还有的卦以柔乘刚，即阴爻压在阳爻上面，阳爻得不到成长，如雷泽《归妹》卦。这些卦都要根据现实状态判断吉凶。

《归妹》卦一般象征婚姻，其卦辞为“征凶，无攸利”，这并不代表《归妹》为凶卦，其吉凶是取决于具体条件的。这一卦中,雷是长子,泽是少女,是非常好的婚姻之象。《归妹彖》说:“归妹,天地之大义也。天地不交,而万物不兴;归妹,人之终始也。说以动,所归妹也。”男有分,女有归,男子有事业,女子有好的归宿,古人以之为吉。如《诗经·周南·桃夭》中说:“桃之夭夭,灼灼其华。之子于归,宜其室家。”也是歌颂女子找到归宿。《归妹象》说:“泽上有雷,归妹。君子以永终知敝。”这里讲的也是万物刚柔相成。

初九:“归妹以娣,跛能履,征吉。”娣,指的是妹妹,也指代美女。这是古代的媵妾制度的反映。上古男子娶妻,可以同时娶姊妹几人,舜就娶了尧的两个女儿。后来贴身丫鬟随着贵族小姐嫁过去以后,也会成为男方侍妾。《红楼梦》中,王熙凤的丫鬟平儿,后来就变成了贾琏的妾。这反映了中国古代的婚姻习俗。初九爻时女子尚且年幼,但这时候可以定亲,结两姓之好。

九二:“眇能视,利幽人之贞。”眇能视,是说眼睛不太好,但是可以看见。九二是阳爻居阴位,过于阳刚,在此处,即有女子不当位、女子不正的意思。

六三:“归妹以须,反归以娣。”也同样不当位。九四:“归妹愆期,迟归有时。”阳爻居阴位,同样是太过刚强,太过以自我为中心,有所等待,婚礼延期。六五:“帝乙归妹,其君之袂,不如其娣之袂良,月几望,吉。”六五爻处于君主的位置上,且又非常谦和,说是帝乙归妹。一般来说,六五是阴爻,象征国君礼贤下士、为人谦虚、虚怀若谷。上六:“女承筐无实,士刲羊无血。

无攸利。”女子拿着筐子,男子剪羊毛,这是夫唱妇随之象。可见,《归妹》的吉凶并不取决于卦本身,而是视情况而定的。也就是说,对于古人而言,归妹是一件大事、难事,但如果能够符合卦中对婚姻提出的要求,则归妹为吉,否则就是凶。

䷵《归妹》:征凶,无攸利。

《彖》曰:归妹,天地之大义也。天地不交,而万物不兴;归妹,人之终始也。说以动,所归妹也;征凶,位不当也。无攸利,柔乘刚也。

《象》曰:泽上有雷,归妹。君子以永终知敝。

初九:归妹以娣,跛能履,征吉。

《象》曰:归妹以娣,以恒也;跛能履,吉相承也。

九二:眇能视,利幽人之贞。

《象》曰:利幽人之贞,未变常也。

六三:归妹以须,反归以娣。

《象》曰:归妹以须,未当也。

九四:归妹愆期,迟归有时。

《象》曰:愆期之志,有待而行也。

六五:帝乙归妹,其君之袂,不如其娣之袂良,月几望,吉。

《象》曰:帝乙归妹,不如其娣之袂良也,其位在中,以贵行也。

上六:女承筐无实,士刲羊无血。无攸利。

《象》曰：上六无实，承虚筐也。

第四节　象义

象义是整个卦象呈现出来的义，也就是上下卦呈现出来的特征。如《屯象》说："云雷，屯，君子以经纶。"黄帝以云朵为祥瑞，帝王显贵的衣冠上多以云纹为饰。此处由云纹引申为经纬交错的纹饰，以及治丝织锦，即所谓的"经纶"。后代以经纶比喻经天纬地、治国安邦。这里说"君子以经纶"，就是指君子要经纶满腹，有经天纬地之才。另一方面，雷代表雷霆万钧、代表果决，君子经纶事务，就要雷霆万钧，雷厉风行。其中，雷霆万钧讲的是影响力，雷厉风行讲的是决断力。《屯》卦之象讲的就是，君子既要满腹经纶，明白物理，又要能够雷厉风行。

再如《蒙》卦，其《象》说："山下出泉，蒙，君子以果行育德。"山在上，水在下，以山下出泉之象来比喻启蒙。之所以这样讲，人们常用"山"来形容长者、名师，所谓"高山仰止，景行行止"。同时，古人又有"智者乐水，仁者乐山"的观念，以水喻智，以山喻仁。但水自山出，智慧如果是涓涓流淌的泉水，也是来自仁厚之人，一个老师，首先是个仁者，然后才是智者。《蒙》卦的象就是告诉人果行育德，"果"就是果断，"行"是指培养、践行德行。果行育德，就是知行合一、仁智双修。

又如地水《师》卦，其《象》言："地中有水，师，君子以容民畜众。”地中之所以有水，是因为大地能够容水，将水聚集起来，这就是《师》卦之象。师指的是军队，因此《师》卦讲的是组织团队的问题，方法就是“以容民畜众”。“容民”，就是要包容百姓，这样才能组织军队保护国家。“畜众”就是蓄养百姓，增加人口。

值得注意的是，《师》卦讲的是地中有水，重在凝聚，这与地上有水的《比》卦不同，地上之水，仅仅是表面的一层，就像刚下过雨，路上的积水一样。《比象》说："地上有水，比，先王以建万国，亲诸侯。”“比”的意思是人靠着人，人挨着人，此卦讲的是周朝的先王如何成就一番事业，这是因为他们能够由己推人，能够将心比心、推心置腹，也就是能够体谅别人。

第八章　易爻

《周易》每卦有六爻，每一爻都有爻辞。爻辞后面还附有《小象传》，就是根据每爻的性质和所处的位置来分析吉凶祸福。《系辞上》言："圣人有以见天下之动，而观其会通，以行其典礼，系辞焉以断其吉凶，是故谓之爻。"爻辞的体例，最初在《周易》文本中没有系统地总结出来，而在《易传》中稍有提及。后人在分析卦爻时，对其进行了归纳和整理，根据爻所处的时间、位置和它的状态进行分析，理清人们判断吉凶的内在逻辑和隐藏在爻辞后的玄机。

第一节　爻位

爻位，即爻的位置，可以决定吉凶。基本爻位，从下到上依次是：初、二、三、四、五、上，阳爻用九表示，阴爻用六表示。初爻多取象物之下，最难判断结果。上爻多取象物之上，最易判断结果。这六爻分成三个部分，就是天、地、人。天在上、地在下、人在中间。

六爻当中，如以初爻为地下，二爻则为地上。三爻和四爻所处的位置，是可上可下、不上不下，是最为尴尬最难断定的阶段。五爻和六爻指上天。第二爻和第五爻分别是上卦和下卦的中爻，这就相当于天与地在统帅。一般以三、四爻象征人，即处于天地之间。人在《周易》中虽然有一定的主动性，但更多的是一个被决定的量。后人之所以把第二、三、四爻和第三、四、五爻作为两个互卦来讨论，目的就是探讨第三爻和第四爻为正爻的时候，人能达到什么样的境地。因为天、地、人皆分阴阳，阳在下、阴在上，一、三、五为阳位，二、四、六为阴位，确定了基本爻位，就可以判断爻位的特征。

爻位可以做很多细致的划分。第一，上爻为上位，初爻为下位，其余为中位。第二，初、三、五为阳位，二、四、上为阴位。第三，初爻和四爻为同位，二爻和五爻同位，三爻和上爻同位。同位爻之间有时会有呼应关系。第四，爻位有吉凶：二多誉,四多惧,三多凶,五多功。

中国文化强调“中和”,《周易》非常重视中位。中位可以得到其他爻的保护,处于“中”的位置,能够不偏不倚,恰到好处。二爻为下卦中位,因而容易得到赞誉。九四爻和六四爻的上边是六五或九五,五是君主之位,为上卦之中,六五谦和、九五阳刚,如果是九四配六五,那么相当于君主谦恭,大臣独当一面;如果是六四配九五,则是大臣谦卑,国君阳刚,这些都是阴阳协调,相对比较安定,所以五多功。但如果是九五配九四,就会出现君臣之间的碰撞,故而九四多为凶。

除二、五两爻外,四爻“伴君如伴虎”,多有忧惧之象。九四功高震主,所以多怀忧惧之象。第三爻居下卦之首,看似扬扬得意,实则地位卑贱。如果初、二爻为地,五、上爻为天,三、四爻为人,那么三爻则是处于人下人的位置上。我们知道,地位比较高的人,往往非常谦和,而越是地位低的人,稍有成就便会自傲自矜。俗话说的“阎王好过,小鬼难缠”,便是这一道理。

第二节　爻断

爻断主要讲的是判断爻之吉凶的基本方法,我们由此可以明白《周易》中为何有的爻为凶,为何有的爻为吉。

一、当位

爻位中,初、三、五的位置为奇数,是阳位,如果阳爻居于阳位上，那么这一爻为当位。第二、四、六的位置为偶数，是阴位，如果是阴爻居于阴位，那么这一爻也是当位。反之，阳爻居阴位或阴爻居阳位，则称为不当位。

六爻之中，第五爻为尊位，不论这一爻是阴爻还是阳爻，都是如此。因此，六五和九五一般是这一卦的主帅，它与其他爻的关系十分重要。

还有一个概念，叫作“柔乘刚”。柔，指的是阴爻；刚，指的是阳爻。《周易》讲究刚柔相推，刚柔之间是变化的，所以说阳气就是要刚，好比男性要刚毅、果决；女子是柔和，不要锋芒太露，而是要顺应。

“柔乘刚”则是一种特殊现象，指阴爻在阳爻之上，象征小人居君子之上、弱者乘凌强者，多为凶险之象。这反映了《周易》中的“扶阳”思想，但将阴爻放在阴位，处于阳爻的保护之下，这也是《周易》尊坤意识的体现。坤指的是柔和，相当于女性。一个女子，一生都很柔和，与人为善，那么男子会十分尊重她、保护她。所以《周易》体现着刚柔相护，“五柔护一刚”便是理想的状态。

刚柔是《周易》中阴阳观念的具体表现，它反映的也是古人对规矩本分的推崇，主张男女阴阳平衡，刚柔相济，各得其所，各得其宜。在伏羲女娲像中，伏羲持矩，也就是方，女娲执规，也就是圆，象征着天地阴阳交泰、男女各得其所的规矩，男有分，女有归，夫妇各安其位，家庭自然会和睦。

二、中位

二爻和五爻分别位于下卦和上卦的中间位置，称之为中位。如果这两个中位所在的爻为阳爻，称为“刚中”；如果是阴爻，则为“柔中”。二爻为臣位，五爻为君位，如果阴爻居二爻的位置，阳爻居五爻的位置，表示君臣各安其位。在这种情况下，六二、九五两爻既当位，又处于中位，既中且正，称之为中正之位，简称“中正”。如《豫》卦六二爻说：“介于石，不终日，贞吉。”六二爻当位又处中位，既中且正，所以称为中正。蒋介石字中正，就是来自于这一卦。再如《临》卦九二爻“咸临，吉无不利”，《周易集解》引虞翻注曰：“得中多誉。”意思是说，九二爻位置在内卦之“中”，叫作“多誉”，没有不利的事情。

中正是中位最理想的状态，但这样的卦不多，一般的卦只能二者得一。实际上，中和正两者相比较，中更为重要，如《泰》卦当中，六五和九二都不正，但它们居中，而且两个爻一阴一阳，可以相互激励。所以，这两爻虽不正，但仍不算凶险。

三、位正

位正就是阴爻居二位，同时阳爻居五位，刚中柔中相合应，这是最高明的一个境地。比如水火《既济》卦，一般被看作是《周易》比较成功的一卦。第一，该卦阴爻、阳爻是平衡的，三个阳爻、三个阴爻，达到了阴阳和谐的状态。第二，阴爻和阳爻都在自己位置上，阳爻在阳位，阴爻在阴位，六爻全部当位。第三，这六爻都是一阳一阴之象，阴阳完全互济。第四，九五居尊位，六二与之呼应，就是君臣得位。从卦上来看，《既济》是《周易》里面非常好的一卦：

䷾《既济》：亨小，利贞；初吉终乱。

《象》曰：既济，亨，小者亨也。利贞，刚柔正而位当也。初吉，柔得中也；终止则乱，其道穷也。

《象》曰：水在火上，既济；君子以思患而豫防之。

初九：曳其轮，濡其尾，无咎。

《象》曰：曳其轮，义无咎也。

六二：妇丧其茀，勿逐，七日得。

《象》曰：七日得，以中道也。

九三：高宗伐鬼方，三年克之；小人勿用。

《象》曰：三年克之，惫也。

六四：繻有衣袽，终日戒。

《象》曰：终日戒，有所疑也。

九五：东邻杀牛，不如西邻之禴祭，实受其福。

《象》曰：东邻杀牛，不如西邻之时也。实受其福，吉大来也。

上六：濡其首，厉。

《象》曰：濡其首厉，何可久也？

当然，从爻象上来看，《既济》卦有一点不好的地方，即阴爻虽当位，却乘于阳上，且使得阳爻遭到重重阻隔。所以，《既济》卦尽管完全符合一阴一阳的规律，但阳爻每前进一步，都要跨过一个阴爻，经历一段磨炼。而经过了磨炼的成功或者成就，才最稳妥坚固。

第三节　爻象

爻象主要是指爻位之象，也就是"小象"，和卦象之"大象"共同称之为"象"。爻和爻之间，并不是孤立存在的，汉人在其注释《周易》经文的著作中，认为每个卦体的阴阳爻画之间，还有着"承""乘""比""应""据""往来"等关系。历代的易学家在注释经文、阐述《易》象时，都要运用这些关系来解释卦爻吉凶的来源。

一、承

一卦的卦体当中，相邻的两爻，若阳爻在上，阴爻在下，则此阴爻对于上面的阳爻称之为"承"。承就是下爻承接上爻，这是站在下爻的角度来看自己与上爻的关系。如《随》卦六二："系小子，失丈夫。"虞翻注曰："承四隔三，故'失丈夫。'"[1]意思是说，在《随》卦中，九四是阳爻，象征"丈夫"，阴爻

① （清）李道平撰：《周易集解纂疏》，中华书局1994年版，第213页。

六二想要去“承”九四，又被六三在中间阻隔，因而“失丈夫”。换言之，我们站在二爻的位置上来看，第二爻只能去承第三爻，所以当六二想要承九四的时候，中间遭到了阻隔，所以称为“失丈夫”。

一般情况下，阴爻只能承它上一爻的阳爻。不过，如果阴爻的上面为阴爻，再上为阳爻，也是可以相承的。如《谦》卦初六爻：“谦谦君子，用涉大川，吉。”《周易集解》引荀爽注说：“初最在下为‘谦’，二阴承阳亦为‘谦’，故曰‘谦谦’也。二阴一阳，相与成体，故曰‘君子’也。”[①]意思是说，在《谦》卦卦体中，初六爻为阴爻，位置在最下，本有谦让的意思。初六爻与六二爻都承九三阳爻，初在下，最下为谦，二阴承阳为谦，初六和六二是阴爻在下，九三阳爻在上，因此称为“谦谦”。

二、乘

乘，有乘势欺人的含义。阴阳爻的位置关系有两种类型：其一，上阳刚下阴柔，好比君子统摄小人，多为吉。其二，上阴柔下阳刚，好比小人乘凌君子，多为凶。阳在阴上是正常现象，因此所谓的“乘”，一般指六画之象中，若阴爻在上，阳爻在下，则此阴爻对下面的阳爻称之为“乘”。如《既济》卦从卦位上来看，可谓一阴一阳，十分吉祥。但是从爻象上看则有一定的凶险，因为阳在下、阴在上，阳被阴欺凌而重重阻碍。

① （清）李道平撰：《周易集解纂疏》，中华书局1994年版，第197页。

《屯》卦中，六二爻为阴爻，初九爻为阳爻，六二爻在初九爻之上，叫作“二乘初”。《周易集解》注“乘马班如”说：“乘五也。”意思是说，《屯》卦上六为阴爻，九五为阳爻，上六在九五之上，所以叫乘五，指上六阴爻“乘”九五阳爻。若一个卦体中，几个阴爻都在一个阳爻之上，则这几个阴爻对这一阳爻都可以称“乘”。如《谦》卦六五爻辞中有“不富以其邻”一句，《周易集解》引荀爽曰：“‘邻’谓四与上也。自四以上乘阳。”[①]意思是说，对于六五而言，“邻”是指六四与上六，故说“‘邻’谓四与上也”。同时，在《谦》卦卦体中，自六四起，它与六五及上六都“乘”九三阳爻，故谓“自四以上乘阳”。

三、比

“比”用于相邻的两个爻。所谓“比”，指在一卦的卦体中，其相邻两爻若是有一种相亲密的关系，称之为“比”。如其初爻与二爻；二爻与三爻；三爻与四爻；四爻与五爻；五爻与上爻等都可以称“比”。若相邻两爻，一爻为阴，一爻为阳，称“得比”。虞翻在注《周易》的时候，多次使用这一概念。如《比》卦六四：“外比之，贞吉。”虞翻注曰：“在外体，故称‘外’。得位比贤，故‘贞吉’也。”[②]意思是说，在《比》卦中，六四位置在外卦，所以说“在外体”；六四是阴爻居阴位，故称“得位”，而六四与九五有相“比”的关系，故称“得位比贤”。

① （清）李道平撰：《周易集解纂疏》，中华书局1994年版，第199页。
② （清）李道平撰：《周易集解纂疏》，中华书局1994年版，第145页。

四、应

所谓应，有呼应、照应的意思。《易纬·乾凿度》说："三画已下为地，四画已上为天。""动于地之下则应于天之下，动于地之中则应于天之中，动于地之上则应于天之上。"在六画之象中，初爻与四爻，二爻与五爻，三爻与上爻之间，有着一种呼应的关系，这种关系被汉代易学家称之谓"应"。也就是说，下卦的下、中、上爻分别和上卦的下、中、上爻相对应，如果对应位置的两爻是一阴一阳，则称为两爻相应，否则称为不应。如初六与九四叫作应，初六与六四就叫不应。

《临》卦初九："咸临，贞吉。"虞翻注："得正应四，故'贞吉'也。"[①]意思是说，初九为阳爻，又在阳位，阳爻居阳位，故谓"得正"。在这一卦中，初九应六四，故谓"应四"。六四为阴爻，又居阴位，也"得正"，由初九与六四这样两个"得正"的卦爻互"应"，这就是此爻"贞吉"的原因。再如《睽》卦卦辞说："小事吉。"《周易集解》引郑玄注曰："二五相应，君阴臣阳。"意思是说，在这一卦体中，九二与六五有着相"应"的关系。六五为国君，然而却是阴爻，九二为臣，却是阳爻，阳爻居阴位，阴爻居阳位，互相失位，所以二者虽相应，此卦也只能是"小事吉"。

① （清）李道平撰：《周易集解纂疏》，中华书局1994年版，第225页。

五、据

“据”是指在一卦的卦体中，阳爻在上、阴爻在下，如果从阴爻的角度看，这叫作“承”，若站在阳爻的角度来看，则叫作“据”。以《蒙》卦为例，《周易集解》引虞翻注该卦九二曰：“应五据初。”意思是说，在这一卦体中，九二应六五，故曰“应五”。同时，九二为阳爻，初六为阴爻，九二阳爻在初六阴爻之上，就是九二“据”初六，故谓“据初”。

在一个卦体中，若只有一个阳爻，其余都是阴爻，而此阳爻的位置在卦体中又比较偏上，则此阳爻对其余阴爻也均可以称“据”。如《豫》卦九四“由豫，大有得”一句，《周易集解》引虞翻注曰：“据有五阴，坤以众顺。”[①]意思是说，在这一六画之象中，九四为阳爻，它一爻可以“据”其他五阴，《豫》卦内卦为《坤》，坤为众，故谓“据有五阴，坤以众顺”。

六、往来

往来指的是卦中的爻象可以上下往来，其中由上到下为来，由下到上为往。研读《周易》的时候，要分析阴爻阳爻是如何上下往来的。例如《剥》卦之众阴剥独阳，就是用往来之象

① （清）李道平撰：《周易集解纂疏》，中华书局1994年版，第207页。

来判断吉凶的。再如《鼎》卦从爻位上来看,也有往来之象。具体来说,初六地位低,但比较谦和,所以没有过失。它上应九四,有呼应,又相当于得到了帮助。另外,初六与六五性质相同,《周易》把《鼎》卦看成一个变化之象,就是把六五爻看作是初六一步步攀升而来的,因而初六和六五之间,有往来之象,即柔一点一点向上发展,最后变成六五之象。这种往来关系,反映了卦爻的发展趋势。

以上简略叙述了"六画之象"中"承""乘""比""应""据"和"往来"等概念。如果我们阅读汉唐以来的各家《易》注,必然会遇到这些术语,应对这些术语有一定了解,以便于掌握传统研究《周易》的视角。

第九章　易辞

《周易》在形式方面分为言辞和符号两个系统，这两个系统之间有着密切的联系。言辞就是卦爻辞，简称易辞；符号就是《周易》书中包含的卦爻符号。本章所讲的易辞，即是与卦爻符号紧密相连的卦爻辞。

第一节　易辞的形成

卦爻辞是《周易》的主要经文，阅读《周易》，首先遇到的问题就是难以理解卦辞和爻辞的含义与意义，要想真正理解卦爻辞，就必须先明白何为卦爻辞，以及它们是如何形成的。

一、卦辞与爻辞

卦辞，顾名思义，就是总括一卦吉凶之辞。卦辞长短不一，均被置于卦名之后，爻辞之前。比较简短的卦辞，如《乾》卦卦辞，只有四个字"元，亨，利，贞"；较长的卦辞，如《坤》卦卦辞："元亨，利牝马之贞。君子有攸往，先迷，后得主利。西南得朋，东北丧朋，安贞吉。"《周易》共六十四卦，也就有六十四条卦辞。爻辞则是描述某一卦中某一爻情况的文字，卦由六爻组成，所以每卦均有六条爻辞。《周易》六十四卦，共计三百八十四条爻辞。①

在《易传》中，卦辞又被称为"彖辞"，当然这个彖辞，不是《易传》中解释卦辞的《彖传》，而是指判断一卦之吉凶的文辞。爻被认为是仿效天下万事万物变化而来的，所以"爻"字和"效"字的发音和字形都有着密切的联系。《周易》作为研究变化之书，就是用爻来效法模拟事物的变化，并用爻辞将变化的吉凶趋势表示出来。古人认为《周易》三百八十四爻已足以囊括天地之间所有变化的情况了，因为三百八十四这个数字，

① "用九"和"用六"，也有学者认为是爻辞，这样便有三百八十六条爻辞。我们认为用九、用六是对《乾》《坤》两卦特殊情形下的解释，二者不是爻，不视为爻辞。

就是三百六十周天度数与二十四节气的总和。周天度数是时空的量度，二十四节气同样也是阴阳二气在时空中的消长变化。如果再加上“用九”和“用六”，九代表天，六代表地，就相当于加上了天和地。这样，三百八十六便被解释为天地之间，阴阳二气在三百六十周天范围内，消长盈虚变化的模拟。

《系辞上》曰：“彖者，言乎象者也；爻者，言乎变者也。”这里的“彖”就是指卦辞，意为卦辞是从卦象的角度给出吉凶的判断，爻辞是从变化的角度指出事情发展的未来趋势，哪一爻变就看哪一爻爻辞。《系辞下》又言：“彖者，材也；爻也者，效天下之动者也。”“材”即裁，意为裁决、判断，可见卦辞是用来判断一卦总体吉凶，爻辞则是仿效天下事物变动趋势的。卦辞和爻辞各自指明事情的结果，“卦有小大，辞有险易；辞也者，各指其所之”，[①]卦有阴阳大小之别，卦爻辞就有危险与平安的不同，但不管吉凶如何，卦爻辞均能表明事情最终的归宿，“是故列贵贱者存乎位，齐小大者存乎卦，辩吉凶者存乎辞”，[②]我们可以根据爻位的不同来区别贵贱，根据阴阳卦的属性来区分大小，根据卦爻辞来辨别吉凶。“八卦以象告，爻彖以情言”，[③]八卦符号是通过卦象来告诉人们一些信息，卦爻辞则是把这种信息直接告诉了我们。卦象的解读，需要读象功夫，如果没有读象功夫，则可以直接看卦爻辞以明具体所指。由

① 《周易正义》卷7，《十三经注疏》本，中华书局1980年版，第77页。
② 《周易正义》卷7，《十三经注疏》本，中华书局1980年版，第77页。
③ 《周易正义》卷8，《十三经注疏》本，中华书局1980年版，第91页。

于各爻爻辞所指不一,要明一卦之义,只需要把卦辞弄懂则可事半功倍,因此《系辞下》说:“知者观其彖辞,则思过半矣。”聪明的人,看一下卦辞的含义,虽然未必明晰卦之全部意义,但也基本不失其旨了。

二、卦爻辞始于何时、何人

易学史上,习惯将伏羲时代称之为上古,文王和周公时代称之为中古,孔子时代称之为下古。《系辞下》中说:“《易》之兴也,其于中古乎？作《易》者,其有忧患乎？”把《周易》的作者推定为中古时期,认为可能是一位饱经忧患之人所作。根据文王和周公所处的时代,再加上周文王有很深的忧患意识,后人推断《周易》成书于商、周易代之际,有可能出自文王之手。司马迁也认为《周易》为文王所作,《史记·周本纪》:“西伯盖即位五十年。其囚羑里,盖益《易》之八卦为六十四卦。”《史记·太史公自序》亦称:“昔西伯拘羑里,演《周易》。”《周本纪》中,司马迁还用“盖”字,表达一种推测、不肯定的语气,但在《太史公自序》中,便直接说是西伯姬昌作了《周易》,这自然是说,卦辞和爻辞都是周文王所写了。稍后的扬雄和王充也认为卦辞、爻辞均为文王所作,如扬雄在《解难》中说:“是以伏羲氏之作《易》也,绵络天地,经以八卦。文王附六爻,孔子错其象而彖其辞,然后发天地之臧,定万物之基。”即周文王将八卦演为六十四卦并作卦、爻辞。王充也说:“伏羲作八卦，文王演为六十四，孔子作彖、象、《系辞》。三圣重业，《易》乃具足。”[①]看法与扬雄一致。班固则说得更清楚："至于殷、周之际，纣在上位，逆天暴物，文王以诸侯顺命而行道，天人之占可得而效，于是重《易》六爻，作上下篇。”[②]直接说明，是周文王作了《周易》上经和下经的卦、爻辞。

由此可见，有关周文王作卦爻辞的说法由来已久，且影响广泛。但是，喜欢考古索隐的人却不盲从这一观点。如东汉马融，南宋朱熹及其门生陈淳，研习朱熹易学的宋、元学者胡一桂，以及明代的杨时乔等人，以《周易》爻辞中有周文王死后之事为根据，认为“文王所系之辞，以断一卦之吉凶，所谓彖辞者也”，“周公所系之辞，以断一爻之吉凶，所谓爻辞者也”，[③]推断卦辞为文王所作，爻辞为周公所作。

现代学者根据章学诚“六经皆史”的观点，对《周易》卦爻辞中出现的历史典故进行研究，提出了一些新的观点。如顾颉刚根据卦爻辞中的历史故事与文王、周公的时代不符，否定文王、周公作卦、爻辞的观点，认为卦、爻辞大致形成于西周初期。[④]郭沫若在《青铜时代》一书中，根据《周易》中的《益》卦“六三”“六四”爻辞以及《泰》卦“九二”爻辞、《复》卦“六四”爻辞和《夬》卦“九五”爻辞中的“中行”，认为乃春秋时期晋国

---

① 黄晖：《论衡校释》卷12《谢短》，中华书局1990年版，第558页。
② 《汉书》卷30《艺文志》，中华书局1962年版，第1704页。
③ 朱熹撰，廖名春点校：《周易本义》，北京大学出版社1992年版，第2页。
④ 顾颉刚：《周易卦爻辞中的故事》，《燕京学报》第6期，1929年，第967—1006页。

荀林父的名字,因此断定“《周易》之作决不能在春秋中叶以前”,所以周文王演《周易》之说完全被推翻,卦、爻辞应为孔子再传弟子子弓所作。[①]屈万里在《周易卦爻辞成于周武王时考》一文中认为卦爻辞系创作而非纂辑,卦爻辞作于周武王时期,他在《易卦源于龟卜考》一文中,则说:“卦爻辞当作成于周武王的时代。这说法即使不成定论,而卦爻辞之作于西周初年,则是绝无疑问的。”李镜池认为《周易》的卦爻辞有两种形式,既有散文体的筮辞,也有韵文体的诗歌,可以看出《周易》是编纂而成,其大部分是编录旧有的筮辞,小部分是编者创作,其年代当为西周初期。[②]

三、卦爻辞的创作方式

由以上各种说法,虽然对于卦爻辞的作者问题并没有最终得到共识,但却基本确认了卦爻辞的创作时代,即西周初期,通过这些讨论,我们可以进一步了解卦爻辞形成的方式。

卦爻辞是周文王和周公创作的传统说法,与传统文化中托古圣贤以为说的传统有关,不必坐实来看。李镜池认为大部分的卦爻辞来源于旧有的筮辞,即选录以前的占筮之辞作为《周易》的卦爻辞的材料。高亨的观点与之相近而阐述更为清晰,他在《周易古经今注》中主张,《周易》卦爻辞非作于一人

---

① 郭沫若:《青铜时代》,科学出版社1960年版,第73页。

② 李镜池:《周易探源》,中华书局1978年版,第50页。

一时，其中有摘取的占筮记录。古人遇到疑难问题，必须用占筮来判断吉凶，决定取舍与趋避。每次占卜之后，都要把占筮的结果记录下来留存验证，作为后事之师，汲取经验或教训。这就是《易传》所谓的“退藏于密”“知以藏往”。占筮之人选择那些应验神奇或屡次应验的筮辞，写入六十四卦的卦爻辞中，作为未来之借鉴，日积月累，这些已经应验的筮辞就成为《周易》卦爻辞的一部分了。此外，高亨还认为《周易》卦爻辞中也有编撰者自己的创作，也就是在原有筮辞基础上加以补订，将自己对事件的观察、处世的经验和哲理的领悟融入其中。卦爻辞的表述方式，要么是直叙其事，要么是比方譬喻，要么就是引用历史典故。卦爻辞的目的是指明吉凶发展的轨迹，指出是非的标准，让占卜的人知道何去何从。[①]

高亨的主要观点，乃是认为《周易》卦爻辞一部分来源于以前已经应验的筮辞，一部分源于编者的创作，创作的方式类似于诗歌创作中的赋、比、兴，直叙其事类似赋，打比方就是比，用典故类似兴，而卦爻辞的目的则类似于诗文的中心思想。不管是已经应验的筮辞，还是《周易》编者自己创作的卦爻辞，似乎都是凭借某种灵性才气来完成的。这种观点将《周易》之辞的创作与其他经典的创作等同起来，忽视了《周易》一书的特殊性。

《周易》这部经典不同于别的经典之处，正是在于《周易》的符号部分，即卦象。所以，学者们无论在研读《周易》卦爻

① 高亨：《周易古经今注》，中华书局1984年版，第10—13页。

辞时还是在研究卦爻辞来源时，都必须联系到象、辞之间的关系。如《系辞下》认为伏羲氏在创作《周易》八卦的时候，是通过观察天地万物之象以及人类自身的象来获取素材的，作出的八卦就是为了让凡人与神明沟通德性，并对万事万物做出分类性的认识。由于书面的文字不能淋漓尽致地表达想要说的话，口头的语言也不能淋漓尽致地表达内心的意思，但圣人的微言大义却仍然可以通过卦、爻的不同组合来曲尽其义，观察这些卦爻组合之象，给它们配上卦爻辞来完成语言的表达。

《系辞下》说："八卦成列，象在其中矣；因而重之，爻在其中矣；刚柔相推，变在其中矣；系辞焉而命之，动在其中矣。"意思是说，八卦组成一个系统，卦象就包含在其中了；八卦相互组合成为六十四卦，爻象就在其中了；卦爻阴阳相互推移，变化就包含其中了；卦爻辞正是根据爻的阴阳变化之象来设定的。近人潘雨廷认为：

> 卦仅六十四，每卦有六爻，爻仅三百八十四。合诸阴阳，卦体六十四，爻用九六各一百九十二，故另增用九、用六二辞，总计为四百五十节卦爻辞。有此结构，方能观象而系以辞。……因其象数之义理而系以卦爻辞，此于卜筮为一大进步。贵在能合象数义理为一，方为卦爻辞的原始意义。[①]

---

① 潘雨廷：《易学史丛论》，上海古籍出版社2007年版，第75—76页。

潘雨廷所说的“观象而系以辞”，是指通过观察卦象和爻象来附以相应的卦爻辞。当然，这些卦爻辞所指示的形象或含义除了与卦爻象相合之外，还必须符合天地万物之象的道理。

尚秉和通过研究汉代人焦赣所著《焦氏易林》，更是得出这样一个结论：《周易》卦、爻辞无一字不从卦象、爻象而出。他说：

> 诚以易辞皆观象而系，《上系》云“圣人观象系辞焉而明吉凶”是也。故读《易》者，须先知卦爻辞之从何象而生，然后象与辞方相属。……易辞与他经不同。他经上下文多相属，《易》则不然，因易辞皆由象生。观某爻而得甲象，又观某爻而得乙象，故易辞各有所指，上下句义不必相联。……易辞皆观象而生。象之所有，每为事之所无，故不能执其解。[①]

意思是，《周易》中的卦爻辞都是从卦爻之象而来，读《周易》必须先弄懂某一句卦爻辞从什么象而来，做到辞、象相合。因为易辞都是从象而来，所以《周易》一书的文辞和别的经典的文辞不同，别的经典语句都上下连贯，《周易》则不然，只要卦爻辞符合卦爻之象，不必语义连贯。易辞所根据的易象只要成立即可，不必执着、拘泥于其是否符合现实事物。

---

① 尚秉和：《周易尚氏学·说例》，中华书局1980年版，第1—5页。

尚秉和"易辞无一字不从易象来"的观点,抓住了《周易》一书不同于其他经典的本质,可谓独具只眼。但是,由于他将"观象系辞"这种原则推广到一种绝对的地步,所以招致一些学者的质疑。其实,《周易》中的卦爻辞来源非常广泛,既有已经验证的筮辞,也有远古的民歌民谣,甚至还有农谚,当然还有编者独具匠心的创作。但其与卦、爻匹配的原则,基本上遵循了"观象系辞",即卦爻辞的含义与卦象、爻象之间,具有一定的对应性。

先圣创作《周易》的目的就是为了预测变化的结果,此之谓"神以知来"。在占到一卦之后,根据卦爻辞进行吉凶的判断,然后将应验的结果与判断之辞比对后留存作为借鉴,此之谓"知以藏往"。所以,《周易》卦爻辞蕴含了我们祖先丰富的经验智慧和心理体验。后人对卦爻辞的解读,一直是代有更新,犹如开采一座富矿,永远都会有不同的发现。

第二节　易辞的构成

《周易》之辞从构成部分来看,可以分为卦辞和爻辞两大部分。如果将卦爻辞当作一个整体来看待,则根据其内容的性质,分为占断之辞和象辞两大部分。

一、卦辞

正如前面我们所说,卦辞就是卦名后面的一段文字,它是对一卦当中六爻含义总的说明。如《乾》卦的卦名后面有“元，亨，利，贞”四个字，是《乾》卦的卦辞，《咸》卦卦名后面有“亨，利贞，取女吉”的文辞，是《咸》卦的卦辞。与《连山》《归藏》残存的易辞相比，《周易》的易辞一般比较简洁，言简意赅，而《连山》和《归藏》则往往用神话传说、历史故事说明吉凶和道理，篇幅较长。

《周易》卦辞中，有的包含卦名，如《履》卦“履虎尾，不咥人，亨”；有的却不包含，如《乾》卦“元，亨，利，贞”。但研读《周易》的易辞，却不能忽略卦名的含义。《周易》的卦名，有的是一个字，有的是两个字，而且有的字还很生僻。对于卦名的由来与命名依据，在易学研究史上，大致存在四种说法：

一是取象说。这种说法认为八卦源于对万物之象的观测，因此，卦名也是由卦象而来的。比如《乾》卦，它的卦象是天，而“乾”字在古文字中的本义就是天，也就是“天”字的本字。

二是取义说。即认为卦名是由卦象所代表的意义所规定的，如《坤》卦全部由阴爻构成，意为柔顺，故其卦名为“坤”，而坤就是顺的意思。

三是占事说。这种说法认为卦名和所占问的事情有关，即和卦爻辞有关。据闻一多考证，《乾》卦的卦名实际上原来写作“斡”，是北斗七星的别名，爻辞中如“飞龙在天”“亢龙有悔”等“龙”字均指东方苍龙之星，这一卦是占问节气变化的，因为龙星的出没情况标志着节气的不同变化。[①]

---

① 参见闻一多：《周易义证类纂》“乙占候”释“乾”，见《周易与庄子研究》，巴蜀书社2003年版，第48—51页。

四是筮辞说。高亨认为卦名都是从爻辞中选取某一个或两个字来命名的，如《乾》卦就是从九三爻辞“君子终日乾乾”中选出来的。这种说法得到很多学者的认同。

以上四种说法，都有一定的道理。但古人在为六十四卦命名的时候，卦爻辞一定是重要的参考依据，上古时候的人著书，多不题篇名，如《诗经》和《论语》中的篇名，也都是后人采择篇中文字所加。所以，高亨的说法符合古书的习惯体例，是值得重视的。

二、爻辞

《周易》中阐释爻象的文辞就叫作爻辞，卦有六爻，所以每卦有六条爻辞。爻辞由爻题和表示爻吉凶含义的文辞构成。爻题均为两个字，分别表示爻的阴阳属性和爻位的高低。在《周易》占卜演算过程中要用到四个数字，即六、七、八、九。其中，偶数的六和八代表阴，分别叫作老阴和少阴；奇数的七和九代表阳，分别叫作少阳和老阳。因为《周易》是研究变化的经典，而极则生变，只有代表老阳的“九”和代表老阴的“六”才会产生变爻，所以爻的阴阳属性用九和六表示，阳爻称“九”，阴爻称“六”。每一卦当中有六爻，它们自下而上来数，分别用初、二、三、四、五和上来表示它们的位置，简称爻位。一卦之中，最为特殊的是起始一爻和最后一爻，它们分别叫作“初”和“上”，之所以不能称之为一和六，是因为一之前还有零和负数，六之后还有七八九，如此就不能代表初始和终点的意义。为了强调初爻和上爻的特殊意义，每一卦的爻题都将表示爻位的“初”和“上”放在前面，而中间四爻则是表示阴阳的“九”“六”放在前面。如《屯》卦中的六爻：

䷂《屯》：元亨，利贞；勿用有攸往，利建侯。

初九：磐桓，利居贞，利建侯。

六二：屯如邅如，乘马班如。匪寇婚媾，女子贞不字，十年乃字。

六三：即鹿无虞，惟入于林中；君子几不如舍，往吝。

六四：乘马班如，求婚媾；往吉无不利。

九五：屯其膏。小贞吉。大贞凶。

上六：乘马班如，泣血涟如。

《屯》卦第一爻是阳爻，所以称“初九”，这是爻题。爻题后面的“磐桓，利居贞，利建侯”为爻辞。其第二爻是阴爻，所以爻题为“六二”，六表示阴爻，二表示第二爻，“屯如邅如，乘马班如。匪寇婚媾，女子贞不字，十年乃字”是爻辞。其他各爻均是如此，爻题在前，爻辞在后。

三、占断之辞

《周易》的卦爻辞，一般可以分为两个部分：一部分取象以说明事理，称之为象辞；另一部分则是断语，用来判断吉凶，可以称之为占断之辞。所谓象辞的取象，就是叙述一件事，或描述某一自然现象，以此说明道理。所谓占断之辞，就是用吉、凶、悔、吝等文字下结论。

《周易》六十四卦的卦爻辞之所以要由这两部分组成，是因为《周易》起初是一部占筮之书，为了占卜吉凶才采用这样的结构组合。象辞类似于征兆，占断之辞类似于对结果的吉凶判断。在占卜具体事情时，算到某一卦或卦中的某一爻，先看象辞部分，这些象辞象征或表示占问者的处境，然后再看占断之辞，表示对某一件事情的判断结果。

一般情况下，如果象辞和占断之辞齐全，那就象辞在前，占断之辞在后，二者构成不太严谨的因果关系。但也有的卦爻辞只有占断之辞而没有象辞，即只有吉凶的判断结果。如《大壮》卦的"六五"爻辞为"丧羊于易，无悔"，前半部分记录了古代发生的一件事：殷商的先祖王亥在易水旁边为狄人放牧牛羊被杀，牛羊全部丧失于有易。这是一件不好的事情，《周易》的作者用这件事说明占得此爻要丧失钱财，但却又告诉人们不要后悔。"无悔"是占断之辞，前面的"丧羊于易"是象辞。

又如《大过》卦的"九二"爻辞："枯杨生稊，老夫得其女妻，无不利。"这一爻前半部分描述自然现象：一棵枯萎的杨树发了芽。然后又以这种自然现象比喻人事，即老翁娶少妻，后面断语是"无不利"，意思是没有什么不利的。《周易》选用了一个反常的自然现象和社会现象作为比喻，说明占问的人如果算得这一爻，虽会出现反常的现象，但一切都很顺利，不会遇到麻烦。

《周易》中还有少数一些卦爻辞，只有象辞或之后占断之辞。如《明夷》卦“六四”爻辞为：“入于左腹，获明夷之心，于出门庭。”这里只有象辞：钻入明夷的左腹，获得了它的心，然后迂回从门庭而出。对于这一现象的吉凶结果，《周易》并没有做出判断。另如《大畜》卦的“九二”爻辞“舆说輹”，意为车子与车轴脱节，也是只有象辞。而《解》卦“初六”爻则只有“无咎”这一判断之辞，没有象辞。《恒》卦的“九二”爻辞“悔亡”也是如此。此外，还有的卦爻辞断语很长，如《坤》卦的卦辞“利牝马之贞”。

从以上的分析可以看出，象辞和占断之辞之间有一定的因果关系，往往前面说一种现象，后面结合这种现象进行分析，前面是因，后面是果。但是，这种因果关系不具有客观性、普遍性和必然性，从前面的因不一定能推出其后果，而且有许多事是偶然发生的，不能以偏概全。然而，有一些爻辞还是很有哲理意义的，能够给后人以启发。《周易》作者将这些不具有真实性，不带有普遍性的东西加以整理，作为《周易》的卦爻辞，他们相信，这些看似不相干的事物之间具有某种神秘的联系。

明白了《周易》卦爻辞中的象辞与占断之辞，我们就可以将其分开来进行探讨了。

《周易》卦爻辞中常见的占断之辞大概有这些：元、亨、利、贞、吉、凶、悔、吝、厉、咎、誉、有言、有它等。

考察甲骨文和金文中的“元”字,其字形像一个站立的人,突出人的头部位置。由此可见,元的基本含义是首,即头部。至今现代汉语中还有“元首”一词。首有第一的意思,所以“元”字可以引申为开始,如《说文解字》解释“元”字为“始也”。人的出生,先出来头部,且先生者为长,所以“元”字又引申为大的意思。由这些含义,又引申出重要、首要之义。考察《周易》卦爻辞,“元”字出现二十五次,一般作为状语修饰别的词,较少单独使用,如元亨、元吉、元永贞等。元亨就是开始时顺利;元吉是始吉,指开始是好的,也有人解释为大吉;元永贞就是最长久的占卜。所以,在严格意义上,“元”不是占断之辞。但古人一般都把它作为占断之辞看待。

亨,在甲骨文和金文中,象宗庙之形,为祭祀之地,与“享”是同一个字。所以,《周易》卦爻辞中的“亨”字,有三种含义:一是亨通。古人祭祀,献上祭品,向神灵祈愿,神灵接到祈愿,享用祭品,满足祭祀者的心愿,完成人神沟通的过程。所以亨通的通,不是一般的通,而是人与神之间带有宗教和超越意义上的通。后来,人们把一切顺利的事情都称之为亨通,这是引申义。因为祭祀的时候,神灵享用祭品,食取了祭品的气,这种现象叫歆享。所以“亨”的第二种含义是祭祀、祭礼,读作“享”。古人祭祀,需要烹饪食物用作祭品,所以“亨”又作“烹”,作烹饪解。亨表达人神沟通的意思时,属于占断之辞,如“元亨”“小亨”等。作为祭祀的意思时,如《升》卦“六四”爻辞“王用亨于岐山”,即是说王在岐山进行祭祀。作烹饪解时,如《鼎》卦的《彖辞》“以木巽火,亨饪也”,是说把木头放入鼎下面的火中以烹饪。“亨”作为祭祀和烹饪理解时,只是一般性的叙述,不作为占断之辞理解。

利的字形就像一把刀在收割禾苗,当是“镰”之本字。镰刀锋刃很薄,十分锋利,所以有锋利之义。锋利的镰刀收割庄稼就比较迅速顺利,多有收获,有利益可取,因此引申为利益或“对……有利”。作为占断之辞,是用其引申义。如“利贞”,即利于占卜;“无攸利”即没什么好处、利益;“利见大人”即有利于拜见有身份的人。

贞,在甲骨文中,象贝壳之形,也有学者认为是鼎的形状,是“鼎”的假借字。在金文中,“贞”字又被加上了“卜”字。由字形看,贞的本义应该就是用贝类占卜,所以《说文解字》解释“贞”字时说:“贞,卜问也。”甲骨文中记载有贞人,即会占卜的人。《周易》中“贞”字一般和别的占断之辞连用,如“利贞”“贞凶”等。“贞吉”,是占卜吉利的意思;“贞凶”,意为占卜不吉。占卜的目的是为了解决疑惑,求神灵给出一个正确的答案,所以贞的含义又引申为正,即守正。正确的意见需要坚守,而且神灵的旨意是唯一需要坚守的,所以又引申为坚持和专一。古人解释《周易》卦爻辞中的“贞”字,大多取引申义,即守正、坚持之义。

吉,在《周易》卦爻辞中使用最多,大概有二百二十多次,其含义与现代汉语意思相同,即吉利、吉祥、运气好的意思。

常见用法如“元吉”“中吉”“大人吉”等。凶的含义与吉相反,指运气不好,可以理解为祸殃、大的灾难,如“征凶”“终凶”“贞凶”等。

悔,在《周易》中出现二十次左右,其含义很明显,意为后悔、悔恨。也有人把它解释为“晦”的假借字,犹如今天说的晦气。作为占断之辞,悔不是一个好词,但程度比“凶”轻。《周易》卦爻辞中常见的,如“有悔”指有后悔遗憾之事;“小有悔”,是说略有悔憾。

吝,是“遴”的假借字,意思是行动有困难、有阻力。这个词在《周易》中出现的次数很少,仅有十五次左右,并且没有否定的用法,常见如“往吝”,即前往有困难;“小吝”,指有小困难。

厉,可以理解为危险,与“疠”字相通。也可以理解为磨砺的“砺”,即不顺利、有挫折或受折磨。如“有厉”,可以理解为有危险,也可以理解为不顺利,有挫折。

咎指受批评。一般情况下,犯了错误才会受批评,所以咎有过错的意思,又可以引申为灾患、灾殃。如《坤》卦“六四”爻辞中的“无咎无誉”,无咎就是没有过失,没有灾殃,不受批评。誉则与“咎”相反,是受表扬的意思,引申为有好处、有福气。如《丰》卦“六五”爻辞“有庆誉”,指有喜庆、荣誉之事。

有言即有谴责、批评的言论,指遭受议论,意思与“咎”接近,但比咎程度为轻。如《震》卦“上六”爻辞中的“无咎,婚媾有言”,即是说没有什么灾殃,只是婚姻遭人议论指责。

有它,“它”本义为蛇,引申为危险、意外。所以“有它”,

即是有意外危险，如《比》卦“初六”爻辞中的“有孚盈缶，终来有它，吉”，意思就是诚信如美酒盈樽，即便是有意外也终究是吉兆。

对于这些占断之辞，《易传》中也有一些解释，如“吉凶者，言乎其失得也；悔吝者，言乎其小疵也；无咎者，善补过者也”。说的是吉是得到；凶是失去；悔和吝是有小毛病，尚不完美；无咎是善于弥补过错。可以发现，《易传》的解释简明扼要，且使人向完美的方向发展。

四、象辞

“象辞”一名，源于《周易》的“观象系辞”，[①]属于《周易》象的范畴。它们使用具体的人、物、事件等作为象征，运用类比思维而不是逻辑的概念推演来推断事情的结果。之所以用这样的方式来编撰卦爻辞，是因为占卜事务的神秘性，所谓天机不可泄露，而且，也只有象征性的语言才有更大的解释空间。这种方式被普遍应用于占卜之中来预测未来，后世的一切占卜方术的语言都有这种特性，这是和它们的占卜用途分不开的。

《周易》的象辞包含以下几个方面的内容：自然现象的变化；历史人物事件；人事行为得失。如果详细地进行划分，还可以分为这样几类：狩猎、旅行、经商、婚姻、争讼、战争、缉

---

① 《周易·系辞上》：“圣人设卦观象，系辞焉而明吉凶。”《周易正义》卷7，《十三经注疏》本，中华书局1980年版，第76页。

私、生育、疾病、农牧、天文、心理、地理、神话等。高亨将这些象辞分为“记事之辞”“取象之辞”和“说事之辞”三类。[①]

记事之辞，主要以古代的事件作为象征。如《既济》卦的“九三”爻辞：“高宗伐鬼方，三年克之。”记录的是殷高宗讨伐鬼方之国的事情。又如《归妹》卦和《泰》卦都提到“帝乙归妹”，说的是殷商国君帝乙将妹妹嫁给周文王。类似记录古事的卦爻辞还有很多，不再一一列举。此外，记事之辞还有一种是记录当时所占问的事情，如《噬嗑》卦的卦辞说“亨，利用狱”，其中的“用狱”就是当时占卜的事情。

取象之辞，可以用物来取象，如《乾》卦的爻辞用龙来作比喻。也可以用人来取象，如《需》卦用不同地点等待的人来象征，目的在于用一种事物作为人事行为吉凶的象征。又如《大过》卦的“九五”爻辞“枯杨生华，老妇得其士夫，无咎无誉”，用枯萎的杨树开花这一事物来象征老妻嫁给了少夫，以说明“无咎无誉”的结果。另外像《中孚》卦“九二”爻“鸣鹤在阴，其子和之。我有好爵，吾与尔靡之”，也是用鹤之间的鸣叫应和来象征人事。

说事之辞，是通过叙述人事的行为方式、做事态度来指出吉凶休咎。《周易》中的说事之辞有三种形式，或通过叙事指出是非成败，如《师》卦“六五”爻辞“长子帅师，弟子舆尸，贞凶”，长子作为军队的主帅，弟子用车子拉回来尸体，这是不好的事

① 高亨：《周易古经今注》，中华书局1984年版，第46页。

情,所以“贞凶”;或仅通过叙事省略是非成败判断,如《讼》卦“上九”爻辞“或锡之鞶带,终朝三褫之”,国君赏赐的鞶带,一天之内被夺走三次,虽然没有说明吉凶,但事件本身是不好的,所以省略了吉凶成败的判断;或直接判断是非成败,如《蹇》卦“九三”爻辞“往蹇来反”,直接说去的时候艰难,回来时就顺利多了。

第三节 易辞之义与易辞特色

易辞中无论是占断之辞还是象辞,由于其脱胎于占卜的神秘性,以及取象于物的模式,使得人们难以直接从字面上读出其深义。这就需要我们能够透过占卜和物象的表象,理解易辞之义,并在解读的过程中,注意到易辞独具的特色。

一、易辞之义

其实,明白了易辞的构成以及表达方式,要弄懂其含义就容易多了。首先必须牢记,易辞除了占断之辞的具体含义较为固定之外,其余的象辞都是一种类似于象征或比喻的修辞。在理解这些象辞时,一定要根据其表述的人、物或事件由象征抽象出义理来,做到通变圆融,举一反三,而后得意忘象,千万不要死于象下,拘泥执着于象辞中的具体描写。因为这些象辞很多都只是为了说明一个道理,而并不代表具体意义。如《鼎》卦的“九四”爻辞“鼎折足，覆公餗，其形渥，凶”，它描述了一个事象：鼎的足折断了，里面的汤羹溢出而弄脏了鼎的外面，但它通过这个比喻或象征真正要说明的却是：德薄位尊，智小谋大，必然导致失败的道理。如果执着于象，则必然失其意旨，不知所云了。

另外，很多人读《周易》觉得难懂，会寻找一些对《周易》注解的书来阅读。需要注意的是，《周易》自成书以后，注解它的著作汗牛充栋，不可胜数，很多注解能自圆其说，读起来都会觉得有道理。所以，仅仅读某一家注解还不行，一定要多选择几本来融会贯通，再加上自己的体会和思考，这样才能读出自己的《周易》。

但仅仅明白了易辞的字面意思还远远不够。爻辞的含义，一定要结合爻位来理解。《周易》六十四卦的文字系统和符号系统有一定的联系，这种联系和卦爻符号的含义有关。因此，一定要了解爻的排列与含义。

三爻卦含天、地、人三才之道，六爻卦由三爻卦相互重叠而成，所以也含有三才之道。只不过在六爻卦中，每相邻的两爻为一组，初爻、二爻为地，三爻、四爻为人，五爻、上爻为天。除了这样的规定之外，古人还把爻所处位置与事物的不同发展阶段对应：

初爻：代表事物开始；

二爻：代表事物崭露头角；

三爻：代表事物大成；

四爻：代表事物进入更高层次；

五爻：代表事物成功；

上爻：代表事物终极。

比如说《乾》卦：

初九：潜龙（潜藏的龙，以示事物刚开始）；

九二：见龙在田（龙出现在田野，比喻事物崭露头角）；

九三：君子终日乾乾（事物小成，防止骄傲，要小心谨慎）；

九四：或跃在渊（进入更高的层次，新旧更替，所以又暂时在渊中）；

九五：飞龙在天（龙飞在天空，大有作为，以示事物成功）；

上九：亢龙（龙飞过高，代表事物终极）。

人们还把一卦和人的身体对应起来，这样，爻所处的位置就代表人身体的不同部位了：

初爻：代表脚趾（因脚趾在最下）；

二爻：代表小腿；

三爻：代表腰（三爻居中，腰也居中）；

四爻：代表上身；

五爻：代表脸；

上爻：头。

比如《艮》卦的爻辞就很典型：

初六：艮其趾（脚）；

六二：艮其腓（小腿肚子）；

九三：艮其限（腰）；

六四：艮其身（胸部）；

六五：艮其辅（面颊）；

上九：敦艮（头）。

另外，人们还用不同位置的爻来代表社会上的不同阶层：

初爻在下，代表民；

二爻居中，代表君子、卿大夫；

三爻在二爻之上，代表诸侯；

四爻邻近五爻，为近臣；

五爻在上居中，为天子；

上爻在最上，为宗庙（或太上皇）。

明白了不同爻位的含义,再结合卦爻辞的文字含义,易辞之义就容易理解了。

二、易辞的特色

《周易》卦爻辞的语言非常特殊,与其他经典相比,个性十足。易辞句子简短,语义丰富,很多地方一词多义,使用通假字,形成了简约朦胧、简练如歌的特点,给人无限的想象空间。具体说来,《周易》卦爻辞有如下特点:

一是言简意赅,如歌如谣。《周易》的卦爻辞多简短精练,意味隽永。像《坤》卦"初六"爻辞"履霜坚冰至",《噬嗑》卦"初九"爻辞"屦校灭趾,无咎"等,均用字简洁,表意完整,且有的不乏哲理。同时,《周易》形成的时代与《诗经》大致相同,二者在表达方式上有相似的地方,再加上《周易》的作者引用当时流行的歌谣(以及少量原始史料),导致一些卦爻辞非常生动形象,就像歌谣一般,富有诗味,耐人咀嚼。

如《涣》卦的卦爻辞:

䷺《涣》:亨。王假有庙。利涉大川。利贞。

初六:用拯马壮吉。

九二:涣奔其机。悔亡。

六三:涣其躬。无悔。

六四:涣其群。元吉。涣有丘。匪夷所思。

九五：涣汗其大号。涣王居无咎。

上九：涣其血。去逖出。无咎。

如果剔除其中的占词，剩下的除去一句原始史料“王假有庙”（王至于庙）以外，就是一首原始的民间歌谣：

涣奔其机，
涣其躬，
涣其群，
涣有丘，
匪夷所思。
涣汗，
其大号，
涣王居，
涣其血，
去逖出。

翻译为白话就是：

水散奔到了台阶，
水冲及到了自身，
水冲击了众人，
水到了一片高地，

这实在匪夷所思呀。
水如汗出而不返，
我们大声发布号令，
水冲到了王居住的地方，
水的冲击已经散去，
忧虑恐惧像水一样消失。

《周易》中还有像《诗经》一样的卦爻辞，如《渐》卦：

䷴《渐》：女归吉。利贞。
初六：鸿渐于干，小子厉有言，无咎。
六二：鸿渐于磐，饮食衎衎，吉。
九三：鸿渐于陆，夫征不复，妇孕不育，凶，利御寇。
六四：鸿渐于木，或得其桷，无咎。
九五：鸿渐于陵，妇三岁不孕，终莫之胜，吉。
上九：鸿渐于陆，其羽可用为仪，吉。

钱锺书的小说《围城》，里面有个男主人公叫方鸿渐，他的名字就来源于这一卦。鸿是大雁，渐就是前进、登上的意思。除去表示吉凶的占断之辞，剩下的就是一首非常优美的诗歌：

鸿渐于干，鸿渐于磐，饮食衎衎。
鸿渐于陆，夫征不复，妇孕不育。

鸿渐于木，或得其桷。

鸿渐于陵，妇三岁不孕，终莫之胜。

鸿渐于陆，其羽可用为仪。

像这样的句子我们把它放在《诗经》当中，有谁可以分辨得出来呢？《周易》的文字有一部分就是这样由歌谣和占断之辞编纂起来的。

二是词存古义，易致误读。《周易》卦爻辞形成的时间非常久远，其所运用的词汇含有当时的古义。但是随着社会的发展，词汇的意义也会发生变化，有古义与今义之别，本义与引申义之分。后来的人们在阅读《周易》时，往往会受到词汇今义的影响发生误读。这类情况在《周易》中不乏其例。

如《坤》卦"上六"："龙战于野，其血玄黄。"很多人把这一句理解为阴气渐盛，逼迫阳气，阳气不能堪，阴阳二气犹如龙一样在原野战斗，流血玄黄。这种理解是把"战"字解释为战斗。但《说文解字》在解释"壬"字时说："位北方也。阴极阳生，故《易》曰：'龙战于野。'战者，接也。象人裹妊之形。"认为"战者，接也"，"接"即"交"，所以，"龙战于野"其实就是龙交合于野。这正是"生生之谓易"[①]"天地絪缊，万物化醇；男女构精，万物化生"。[②]类似的如《说卦》中的"战乎乾"的战，也是交合之义。

---

① 《周易正义》卷7，《十三经注疏》本，中华书局1980年版，第78页。

② 《周易正义》卷8，《十三经注疏》本，中华书局1980年版，第88页。

又如《晋》卦："康侯用锡马蕃庶，昼日三接。"这句话一般理解为，康侯功劳很大，国君赏赐给他很多马匹，一天之内接见他数次。但"用锡马蕃庶"的意思是用国君赏赐的马培育小马，这与国君一天中数次接见联系起来，就显得有点莫名其妙。其实，如前所说，接是交接、交合的意思，不是接见。所以，《晋》卦卦辞的正确理解应该是：康侯用国君赏赐给他的马培育小马，一天之内为马接种三次。马的交接就是配种、接种。

再如《履》卦："履虎尾，不咥人，亨。"意思是踩住了老虎的尾巴，但是老虎没有咬人，很顺利。这里的"咥"为古字，音dié，有吃、啮咬之意。今陕西关中方言尚保留此一古义，把吃面称之为"咥面"。卦辞中有很多如"咥"这样的古字，或者虽是今字但用的是古义，在阅读时不识古字、不明古义，就容易望文生义，歪曲卦爻辞的意旨。

三是字多省形，常用通假。《周易》卦爻辞中有很多通假字，通假的原则一般是同音假借，也就是读音相同的字都可以相互借用。但是有的通假字在借用过程中，会省去形声字的形旁，只保留声旁，结果导致一些人按照被假借字的意思来理解，错误在所难免。如《需》卦"六四"爻辞："需于血，出自穴。"很多人将这句话理解为在血泊中等待，从洞穴走出来。其实，这里的"血"字是"洫"字的省形字，省去了左边的形旁"氵"。尚秉和解释说："血，'洫'之省字，古文如此者，不可胜数，且沟洫亦坎象也。诸家以坎有血象，便作'需于血'，不辞甚矣。”[①]在《需》卦中,因为有《坎》卦的卦象,《坎》卦可以代表血,但也代表沟渎,也就是洫,因此很多人就望文生义把“血”理解为血泊,还引卦象作依据,殊不知“血”是“洫”的省形字,代表沟渎、水边。所以这一卦辞正确的理解应该为:在沟洫边等待,从洞穴中出来。

四是形象诡异,耐人寻味。《周易》卦爻辞因为是从卦象爻象而来,所以很多形象光怪陆离,诡谲异常,在现实生活中几乎不可能出现,但是却符合易象的原理。如《大壮》卦“上六”爻辞:“羝羊触藩,不能退,不能遂,无攸利。”是说公羊性情刚烈好斗,向前冲撞篱笆,结果羊角被卡在里面,不能后退,但也无法前进,没有什么好处。这种现象我们在现实生活中估计很难看到。但是这种诡异的现象却能够说明人们进退维艰的处境。

再如《睽》卦“上九”爻辞:“睽孤,见豕负涂,载鬼一车,先张之弧,后说之弧,匪寇婚媾。”意思是看到一个人手持弓箭要射自己,一头猪躺在泥泞中,又见一辆装满鬼的车子,先前看到的那个手持弓箭的人,后来送给了自己一壶酒,原来对方不是强盗,而是来求婚的。这一爻的形象犹如电影中的蒙太奇手法,各种形象交错叠加,光怪陆离,令人费解。实际上这一爻不过是用反常谲怪的形象,表现人在狐疑烦躁时产生的幻觉。此爻其后云:“往遇雨则吉。”意为遇到下雨便会吉利。

---

① 尚秉和:《周易尚氏学》,中华书局1988年版,第52页。

《象》解释说："群疑亡也。""遇雨"象征阴阳相合，人只要心平气和，遵循常理，狐疑与幻觉自然消解，逢凶化吉。

又如《旅》卦"上九"爻辞："鸟焚其巢，旅人先笑后号咷，丧牛于易，凶。"这是说，鸟焚烧了自己的巢穴，旅行的人先大笑然后大哭，在有易之地丢失了自己的牛。鸟焚烧巢穴，这种现象不可能发生，先大笑后大哭，也是匪夷所思，非常诡谲。不过细细涵泳其辞，可知此爻当是告诫人们行旅之人却身居高位，必然会导致灾祸。[①]

① 以上易辞的几个特点，系根据辛介夫的传授总结阐述而成。

第十章　易流

在《周易》的传播过程中，出现了很多研究《周易》的大家，他们的研究成果，汇聚成浩浩荡荡的易学之流，滋养沾溉着中华传统文化。我们研读《周易》，不能不从这些易家中汲取营养，获得启示。

第一节　易家

根据《四库全书总目》的说法，后世易学可分为两派六宗。[①]所谓两派，即象数派和义理派。这两派各有三宗，共为六宗。象数派的三宗分别为：《左传》等书中记载的先秦时期太卜、太史用《周易》进行占卜的“占卜宗”，汉代焦延寿和京房用《周易》推算吉凶灾异的“机祥宗”，以及宋代陈抟和邵雍用《周易》推究宇宙自然变化的“造化宗”。义理派的三宗为：魏晋时期以王弼为代表的主张废除象数的“老庄宗”，宋代胡瑗、程颐阐明儒家思想的“儒理宗”，南宋李光和杨万里用历史事件解释《周易》的“史事宗”。这两派六宗，相互辩难争鸣，名家辈出。

一、先秦易家

先秦时期的易学家，基本都没有留下易学著作，但是散见于先秦典籍的一些易占例子以及精辟言论，无一不显示出他们的易学造诣。《左传》和《国语》中记载了一些周太卜和太史以及其他诸侯国用《周易》占卜的例子，更多地显示出《周易》的应用智慧。在先秦时期对易学卓然成一家之言者，当首推孔子。

前面已经讲过，孔子对于《周易》用功颇深，有“五十学易”和“韦编三绝”的说法。孔子以知天命之年，“居则在席，行则在囊”地学习《周易》，在学问中包含着复杂的人生况味，

① （清）永瑢等撰：《四库全书总目·经部·易类》，中华书局1997年版，第3页。

对于《周易》有着深刻而丰富的理解。据《史记·孔子世家》记载,孔子晚年曾对《周易》的卦爻辞做出了解读,写出了十篇《易传》,也就是我们讲过的“十翼”。果真如此的话,孔子就是第一个详细研究《周易》的人了。

汉人对孔子作《易传》的说法信奉不疑,但在宋代却遭到了欧阳修的质疑,自此之后,大家开始考辨孔子和《易传》的关系,不再把《易传》中的“子曰”简单地看作孔子所说。尽管如此,我们仍不能抹杀孔子研究《周易》的功劳,虽然无法完全确定《易传》是否为孔子所作,但在文献中却可以看到孔子的易学思想。

孔子的易学思想,最大的特点便在于不看重占卜,即孔子所说的“不占而已矣”。[①]这一点和后来荀子的“善为易者不占”是一致的,他们学习《周易》的目的是为了少犯错误,反对执着于占卜。马王堆帛书《周易》中的《要》篇有一段记载,可以充分理解孔子的易学观:

> 子赣曰:“夫子亦信其筮乎?”子曰:“吾百占而七十当。唯周梁山之占也,亦必从其多者而已矣。”子曰:“《易》我后其祝卜矣,我观其德义耳也……赞而不达于数,则其为之巫。数而不达于德,则其为之史。史巫之筮,乡之而未也,好之而非也。后世之士疑丘者,或以《易》乎?吾求其德而已,吾与史巫同途而殊归者也。君

① 《论语注疏》卷13,《十三经注疏》本,中华书局1980年版,第2508页。

子德行焉求福，故祭祀而寡也；仁义焉求吉，故卜筮而希也。祝巫卜筮其后乎？

在孔子看来，对于《易》，不应看重其中的占卜和巫术祷告，而要看重的是它的德义。仅仅进行祈祷而不能得出易数来卜决结果的是巫；祈祷之后得到易数但未能依靠德义来卜决结果的是史。学习《周易》，多寻求其中的德义。如果君子能够通过修德来谋取幸福，祭祀这种祈福的活动就少了；君子能够履行仁义而寻求吉祥，用占卜来寻求吉利的事情就少了。

由此可见，孔子易学，重在修德行，履仁义，认为只要德高行修，福吉便自然降临，如此占卜祭祀也就显得无关紧要了。这种易学取向，将占筮易学引向了哲学伦理层面的易学，是易学理性化的重要标志，这与传世本《易传》的思想倾向是一致的。

从帛书《易传》孔子的自述看，孔子并没有完全否定占卜，只是认为它不是《易经》的核心罢了。后世文献记载了很多孔子占卜的事例，如《易纬·乾凿度》记载：

仲尼，鲁人，生不知易本。偶筮其命，得旅，请益于商瞿氏，曰："子有圣知而无位。"孔子泣而曰："天也，命也。凤鸟不来，河无图至。呜呼天命之也。"叹讫而后息志，停读《礼》，止史削。五十究《易》，作《十翼》，明也，明《易》几教。[①]

① （清）孙星衍等辑：《孔子集语校补》，齐鲁书社1998年版，第43页。

这里说，孔子以前并不懂得《易经》的根本，曾用《易》推算命运，卜得《旅》卦，向商瞿请教。商瞿说孔子有圣人的智慧，但却没有相应的位。孔子听后很受伤，感慨道：真是命运啊。凤凰没有降临，黄河未现龙图，这是天意啊。从此，孔子不再阅读《礼》，停止编撰史书，在五十岁的时候刻苦研读《易经》，编写《十翼》，阐明《周易》的“知机达变”思想。

在《孔子家语》中，也记载有孔子占卜的事情：

> 孔子常自筮，其卦得《贲》焉，愀然有不平之状。子张进曰：“师闻卜者得《贲》卦，吉也，而夫子之色有不平，何也？”孔子对曰：“以其《离》邪！在《周易》，山下有火谓之《贲》，非正色之卦也。夫质也，黑白宜正焉，今得《贲》，非吾兆也。吾闻丹漆不文，白玉不雕，何也？质有余，不受饰故也。”[①]

孔子为自己卜卦，占得《贲》卦，面露不平之色。孔子的学生子张就问老师：“我听说卜卦的人占得《贲》卦是吉兆，可是老师为什么不高兴呢？”孔子解释其中的原因：《贲》卦的卦义是修饰，卦象上面是《艮》山，下面是《离》火，所以说“山下有火谓之《贲》”。《贲》卦中的《离》代表火，火的颜色不正，各种颜色闪烁变化。同时，《离》代表丽，就是附丽的意思，与修饰

① 陈士珂：《孔子家语疏证》卷2《好生》，上海书店1987年版，第61页。

之义相关。修饰之后,自然就引申为美丽、华丽。而在孔子看来,美在自然,好的东西是不需要修饰来画蛇添足的,所以孔子卜卦得到《贲》卦而不悦。由此可见,孔子易学不仅在义理方面有很深刻的见解,对易象也有很深的研究。

孔子易学被视为正宗,对两汉经学易有很大影响。《史记·儒林列传》中介绍孔子以后的易学传承,都可以归到孔子这一源头。

二、两汉易家

因《周易》是占卜之书,得免于秦火之劫,传于后世,汉代易学因此非常兴盛,名家辈出。在汉代,《周易》被列入“六经”,并居群经之首,人们对《周易》的研究,真正成为了一门学问。两汉时期的易学,被后人称为“汉易”,其主要特点除注重章句训诂之外,就是注重象数,与当时的天文历法关系密切。

一般认为,汉代的易学皆出自齐国后裔田何。相传孔子授《易》,五传而至田何,田何口授《易经》,传于周王孙、丁宽、服生等人。后来,丁宽传田王孙,田王孙将所学传给了施雠、孟喜、梁丘贺,三人之学兴盛,并称为“施、孟、梁丘之学”。其后,孟喜又传焦赣,焦赣传于京房,京房之学显达,被称为“京房易”。施、孟、梁丘、京房四家易学,均被立为博士,成为了西汉的官方易学。四家易学都出自田何口授,用通行的隶书写定,属于今文经学系统。

四家易学中，又以孟、京两家最胜，其特点在于以数字和物象解说《周易》，形成了卦气说，并利用《周易》宣扬阴阳灾变，创建了汉易中的“象数之学”。后来谶纬神学流行，吸收了孟京易学的卦气说和象数之学，并将其不断神秘化，形成了《易纬》，在两汉长期占统治地位。

除上述四家外，尚有费直传古文《易》，在民间流传，被称为“费氏易”，属于古文经学。东汉后古文经学大兴，以马融、郑玄等为代表的费氏易后学，汇通今古，吸收了京房易与《易纬》，成为了足以与四家易抗衡的大流派，并逐渐取而代之。另外，在儒家易学系统之外，还有以黄老学说解释《周易》的流派，西汉以《淮南子》、严君平、扬雄为代表，关注阴阳变易之学；东汉以魏伯阳《周易参同契》为代表，将卦气说与炼丹术结合起来，提出了“纳甲法”。黄老易学对魏晋以后的易学产生了深远的影响。

（一）孟京今文易学

孟京今文易学以孟喜、焦赣、京房三人为代表。

孟喜是西汉时期东海兰陵（今山东苍山兰陵镇）人，字长卿，自幼受家庭影响，研习儒家经学，与施雠、梁丘贺一起在田王孙那里学习《易经》。孟喜“得《易》家候阴阳灾变书”，以阴阳灾异解说《周易》，擅长阐释《周易》中的卦气理论。孟喜善于美化自己，自称得到田王孙的真传，说是老师死前枕着自己的腿将《易经》秘诀传给了他。但是他的同门梁丘贺马上揭露这个谎言，证明自己老师是在施雠那里病逝的，当时孟喜回了老家,不可能侍奉老师。孟喜的谎话说明他未能得田王孙全部真传,因而学问中有不同于老师传授的异家学说,这在重视学术传承师法的汉代,绝对是离经叛道的事情。正因如此,孟喜在儒生群体中失去了信誉,以至于在汉宣帝时期博士空缺,有人荐举孟喜做易学博士,但是皇帝听说他擅改师法,就没同意。孟喜后来收了白光和翟牧为弟子,将自己的易学传授给他们。这两个人后来在朝廷都做了《易经》博士,孟氏易方得以立为官学。

孟喜易学属于今文经学,其特点在于以阴阳时令配合各卦,以解说《周易》,推断灾异气候和吉凶祸福,开创了卦气学说。他以六十四卦与四时、十二月、二十四节气、七十二候相配,以《坎》《震》《离》《兑》四正卦各主管二十四节气中的六个节气,卦中每一爻分掌一个节气。其余六十卦则分于十二月中,每月五卦,与七十二候相合,以十一月冬至初候开始,属《中孚》卦,以次年十一月大雪为终,为《颐》卦主管,循环往复。另外还有将六十卦分为五等爵位,最高等辟爵的《复》《坤》等十二卦,代表十二月和一年里处于月中的节气,十二卦中阴阳消息增长往复,因此被称为“十二辟卦”“十二消息卦”,是孟氏易中的代表学说,由于较为复杂,这里不作详述。

孟喜曾经参加汉宣帝召集的石渠阁经学讨论会,与儒生们讨论五经的异同。但其易学著作均已失传,清人马国翰《玉函山房辑佚书》中辑有《孟氏章句》二卷,另有唐代一行和尚《卦议》,均为了解孟喜易学的重要文献。

孟喜之后，孟氏易的代表人物是焦赣。焦赣字延寿，西汉元、成时期梁（今河南商丘一带）人。焦赣出身贫贱，但非常勤奋好学，当时的梁王因此很看重他，就资助他读书。焦赣学成之后，被地方官府推举做了小黄（今河南开封市兰考县一带）县令。相传焦赣在小黄为官期间，能够通过自己的易学预知一些偷盗暴力事件，使得当地曾经为非作歹的人都不敢肆意妄为。同时焦赣还能够体恤百姓，呵护下属，数年间，小黄县得以大治，县内百姓安居乐业，风俗醇厚，路不拾遗，监狱空无一人。由于政绩卓著，焦赣被朝廷提拔升迁。就在焦赣要离开小黄时，老百姓夹道挽留，哭求朝廷让焦赣继续在小黄留任。朝廷没有办法，只得让焦赣留下，但增加了他的俸禄。后来，焦赣在小黄做县令一直到去世。由此可见，焦赣为官，应用了易学的占卜技术，同时履行了“天地之大德曰生”的仁爱思想，能够技术行之于外，仁爱发之于内，内外相辅相成，造福百姓。

关于焦赣易学的渊源，按照他自己告诉学生京房的话说，其学源自易学大师孟喜。当时孟喜已经不在人间，京房就认为自己老师的易学出自孟喜。但是孟喜的两个学生翟牧和白光都不认同这种说法。汉成帝的时候，刘向负责校录国家所藏的图书，发现京房的易学与他人都不同，认为京房的易学出自焦赣，而焦赣易学来源于民间隐士的传授，只不过假冒孟喜的学生罢了。焦赣的易学擅长推算灾异时变，将六十四卦彼此变化，推演出四千零九十六卦（64×64=4096），并将其与每一天相对应，以风雨寒温为标志，非常应验。焦赣最为出色的学生是京房，焦赣早就预言京房会因为易学而丧命，后来京房果然被奸臣陷害而死。

《焦氏易林》据说是焦赣的易学著作，但经考证该书并非焦赣所作，书中显然含有东汉人的话语，当是东汉早期的作品。该书部头庞大，有四千零九十六卦，均有卦辞，且卦辞皆为韵语，犹如诗歌，颇有文采。其卦辞以取象为特征，所用之象除少部分与《周易》相同外，大多为推广的新象，多达数千条。《焦氏易林》是汉易象术派的代表著作，很有研究价值，但其中为了解说卦象，编造了很多粗糙荒谬的内容，影响了这部书的整体价值。

继承焦赣易学的是京房。京房（前77—前37），字君明，西汉时东郡顿丘（今河南省清丰县西南）人。其本来姓李，但因他精通音律，根据音律推算自己应该姓京，遂改姓。其易学师承民间经师焦赣，与焦赣开创了汉代易学中的"京焦之学"，是汉代易学的典型代表人物。京房的易学和焦赣非常相似，因为他喜欢并精通音乐律吕知识，将十二律扩展到六十律，就形成了著名的"六十纳音"。京房将这些律吕知识与易学结合起来，分六十四卦为乾、震、坎、艮、坤、巽、离、兑八宫，又称"八纯"，每一宫八卦，分属不同的五行，然后再将天干地支与卦爻相匹配，根据五行生克用父母、官鬼、子孙、妻财和兄弟来模拟社会关系，形成了独具特色的纳甲易学。

汉元帝初元四年（前45），京房因孝廉被举为郎官，并被立为《易经》博士，得到朝廷的认可。京房学"究天人之际"，善于运用自己的易学知识解释当时的自然灾异与社会政治之间的关系，曾多次上疏汉元帝言灾异之事，屡屡应验，得到元帝的信任。元帝听从京房的建议，让京房按照易学的原理考核官员政绩，以除去贪官奸臣。但是文武公卿都认为京房的方法过于繁琐，不易于施行。大臣石显非常嫉恨京房，就在汉元帝面前进谗言，使京房出任魏郡太守，让京房在那里先用自己的办法考核自己，行之有效后再推行全国。京房被阻断了与皇帝直接联系的通道，自知凶多吉小，出任之后频频上疏皇帝，用"卦气说"的理论批评灾变与朝政。石显等人趁机诬陷京房，说京房与叛党合谋，诽谤朝廷。于是京房被下狱处死，年仅四十一岁。

京房将自己的易学传给了东海人殷嘉、河东人姚平与河南人乘弘，三人将京房易发扬光大，都被朝廷立为《易经》博士，成就了"京氏之学"。京房的著作很多，但基本都在后世流传过程中散佚掉了。我们现在还能看到的京房易学著作有后人辑佚的《京氏章句》和《京氏易传》。另外，至今在民间广为流传的六爻卦纳甲筮法，据说就出自京房易学。

(二)费氏古文易学

费直，字长翁，西汉东莱（今山东省掖县一带）人。费直当时以研究古文《易经》著称，遂被征召为郎，后来任单父（今山东省菏泽市单县）县令。汉成帝时，刘向校录古书，发现费直的易学与古文秘本一致。费直研究易学，不另外撰写章句训诂，而是以《易传》十篇来解释卦爻辞，他的这种易学被称为

“费氏学”。费直的易学没有被朝廷列于学官，只是在民间传授。东汉时期的马融、郑玄和荀爽等人均传授费氏易学。我们今天看到的魏晋时期王弼注解的《周易》，根据的也是费直所传之易学。费直的著作散佚严重，清代马国翰的《玉函山房辑佚书》中有《费氏易》一卷、《费氏易林》一卷和《费氏分野》一卷，可以窥见费直易学思想之一斑。

东汉古文易学渐兴，陈元、郑众均传费直易学，后马融为费氏易作传，成为东汉古文易学的名家。马融（79—166），字季长，是东汉右扶风茂陵（今陕西省咸阳市兴平东北）人。马融长相英俊，善于言辞，博学多才。他受业于著名的儒学大师挚恂，很受老师的器重，老师将自己的女儿嫁给了他。马融为官治学都很有成绩，历任校书郎、议郎和南郡太守等职；为学则博洽圆融，不拘今古，世称“通儒”，又曾为《孝经》《论语》《诗经》《周易》《尚书》《老子》《离骚》等很多经典作过注解，且留下了诸多文学作品，可谓全才。

在易学方面，马融传授费直易学，经学大师郑玄和卢植都出其门下。马融的易学，和费直一样用《易传》解释卦爻辞，但也很重视象数之学。可惜马融注解《周易》的著作散佚，清人黄奭《汉学堂丛书》中辑录的《马融易传》可资参考。

据说马融讲课的时候，常常坐于高堂之上，前面授课，后面设下纱帐，布置女乐，可见他是个不拘礼节之人。由于马融名气太大，学生常有一千多人，但由于这些学生是根据入门的先后递相传授，所以真正登堂入室的弟子不多，郑玄是其最为得意的学生之一。《世说新语》记载马融担心郑玄学成以后名气超过自己，就追杀郑玄，却被郑玄以易学提前预知，巧妙躲过，不过是小说家言，略充谈资，未足为信。

郑玄（127—200），字康成，东汉时期北海高密（今山东省潍坊高密市）人。郑玄小时候家里贫穷，但不喜欢做官，为此常受到父亲的批评。一开始郑玄入太学拜第五元先为师学习京氏易学等，后又师事东郡张恭祖学习《礼记》《春秋左传》等。就这样转益多师，博览群书，学问大进，渐渐觉得函谷关以东已经无人可以教自己，于是便来到关中地区，师事大儒马融。马融当时弟子很多，所以郑玄在门下三年也未能见到马融，只是从师兄那里获得老师的指教。有一次马融召集学生们一起考察讨论图像谶纬之书，因为郑玄擅长天文历算，就被召见到楼上。郑玄趁这个机会将自己所有的疑问都说了出来，向马融请教，请教完之后就回山东去了。马融在众弟子面前感慨地说："我的学问从此向东而去了！"

郑玄回归乡里后，聚徒讲学，弟子甚多。在易学方面，他先学京房今文易学，后学费直古文易学，兼容并蓄，创立了易学中著名的爻辰学说。所谓爻辰，是指按照《周易》六十四卦的次序，分别将对立的两卦结合，把它们的六爻配以十二地支，代表十二月；两两相对的三十二对卦代表三十二年，由《乾》到《未济》，往复无穷，如此则可以推算年月的吉凶。另外，郑玄还将五行学说与《周易》筮法联系起来，以五行解释《周易》，进一步发挥了大衍筮法，成为象数易学的重要内容之一。现在郑玄易学,主要保存在丁杰和张惠言整理的《周易郑注》中。

清代江藩《汉学师承记·惠周惕》总结汉代象术易学时说:"汉儒言《易》,如孟喜以卦气,京房以通变,荀爽以升降,郑康成以爻辰,虞翻以纳甲,其说不同,而指归则一,皆不可废。"他所说的荀爽便是与郑玄同时的又一费氏易名家。

荀爽(128—190),字慈明,东汉时期颍川郡颍阴(今河南省许昌市)人。他幼年时期就非常喜欢学习,十二岁就能读懂《论语》和《春秋》,以至于当时的太尉杜乔见到他赞叹不已,说他将来可以做人师。荀爽于是便潜心读书,心无旁骛,终有所成。后来,荀爽做了郎中,上疏指陈时弊,希望用儒家的礼义来匡扶时弊。但由于东汉末年天下大乱,荀爽壮志难酬,只得隐居著述。董卓专权,征召荀爽为平原相,后又被拜为司空。从平民百姓到位居三公,仅仅用了九十五天时间。后来,荀爽见董卓日益残暴,就和王允谋划除掉董卓,但是计划还没实施就病故了。

荀爽易学主要秉承费直古文易学传统,用《易传》解释卦爻辞,但是首创"乾坤升降"之说,认为某卦通过爻的阴阳爻位变换,即可成为另一卦,以《乾》《坤》二卦为基本,《乾》卦九二居于《坤》卦六五,《坤》卦六五居于《乾》卦九二,为"乾升坤降",而成《坎》《离》两卦。《坎》《离》按照同样的方式,九二、六五调换,便生出《既济》和《未济》。如此推广,其他各卦的九二、六五乃至其他各爻均可"阳升阴降"生出新卦。这种变卦方式没有统一的法式,缺乏规律性,在今天看来并没有什么意义,但却是象数之学的重要内容。

马国翰《玉函山房辑佚书》中辑录有《周易荀氏注》三卷,可以约略了解荀爽易学。

(三)黄老易学

两汉以黄老学说阐发易理的,当以东汉魏伯阳为集大成者。魏伯阳(100—170),名翱,号伯阳,又号云牙子,会稽郡上虞(今浙江省绍兴市上虞区)人。他出身于世家大族,博学善文,却生性好道,闲居在家修养心性,不愿出来做官。相传,魏伯阳带着三个徒弟进山炼丹,金丹炼成之后,魏伯阳想测试弟子们是否诚心,便先服下金丹,入口毙命。一个心诚的弟子服下金丹,也是转眼身亡。两个心不诚的弟子见状,怕死而不服金丹,出山而去。二人走后,魏伯阳与服金丹的弟子转眼复活成仙。后来魏伯阳见到樵夫,便给未服金丹的两个弟子写了一封信让樵夫转送,两个弟子见到师父的书信,无限懊恼悔恨。

魏伯阳著有《周易参同契》一书,主要是借助易学的卦爻符号申明炼丹养生之旨。他沿用了孟喜等人的卦气理论,依照先天八卦图的方位将《坎》《离》《震》《兑》四正卦换为《乾》《坤》《坎》《离》四正卦,形成所谓的"坎离匡廓""牝牡四卦",作为阴阳水火的象征,用另外的六十卦三百六十爻象征一年三百六十天,同时结合京房的纳甲理论,将天干与八卦对应起来,只不过他在讲纳甲理论依据时,将月亮的圆缺形状及出现的方位，与卦象符号和天干方位对应起来，以之说明炼丹运火的程序，形成了独特的“月相纳甲”学说。

《周易参同契》虽属于道教著作，但从易学史的角度看，却对后来易学的发展产生了很大的影响。尤其在宋朝初年经陈抟发挥，又由邵雍等道学家吸收容纳到儒家易学之内，逐渐发展成为宋明易学的象数学派。

三、魏晋易家

魏晋时期的易学，基本沿着汉代象数易学的轨迹发展，孟喜、京房易学流布甚广，如虞翻和郭璞两人，均为汉代易学的继承与发展者。但是，由于这一时期玄学的兴起，加上象数易学过于繁琐，出现了对象数易学的批判与反动。这就是以王弼为代表的玄学易，专主《周易》哲理的阐发。

（一）虞翻与郭璞

虞翻（164—233），字仲翔，是三国时期吴国会稽郡余姚（今浙江省余姚市）人，《三国志》中有其传记。虞翻小时候聪明好学，胸怀大志，曾为会稽太守王朗的功曹，后来孙策吞并会稽，仍命虞翻为功曹。此后，汉天子征召他做侍御史，曹操任命他为司空辟，虞翻都没有赴任。孙权任命虞翻为骑都尉，得以常常随侍孙权左右。但是由于虞翻性格耿直，清高孤傲，多次冒犯孙权，再加上不从流俗，屡次遭人诋毁，就被发配到丹阳泾县（今安徽省泾县）。吕蒙当时想击败关羽，知道虞翻精通易术，就请求让虞翻随从，并借此机会释放虞翻。关羽兵败之后，孙权令虞翻占卜关羽的命运。虞翻推卦，得到《节》卦变《临》卦，于是推断不出两天，关羽必然断头，结果正是如此。孙权夸赞虞翻说："卿不及伏羲，可与东方朔为比矣。"[①]不过，后来虞翻又多次惹怒孙权，最终被流放到交州（今两广一带）。虞翻在交州讲学不辍，门生常有几百人，十多年后死于交州，享年七十岁。

虞翻易学，出自家传。他曾为《周易》作注，自称家传五代"孟氏《易》"，研究孟喜易学。同时，他还推崇荀爽之学，其易学发挥了荀爽的升降学说，并将纳甲、旁通、之正诸说融会贯通，形成了卦变说，可谓汉代易学之集大成者。孔融看到虞翻的《周易》注解后，都赞誉其为"东南之美者，非徒会稽之竹箭也"[②]。唐代李鼎祚的《周易集解》中收录了很多虞翻的注解，民国时期徐昂撰《周易虞氏学》六卷，可以考见虞翻易学之大概。

郭璞（276—324）是东晋象数易学的代表人物，字景纯，河东闻喜（今山西省闻喜县）人，在《晋书》中有传记。根据记载，郭璞喜欢经术，博学多才，喜欢古文奇字，妙于阴阳历算，但不善言辞，却擅长写作，辞赋为东晋之冠。

相传，郭璞的易学源于一位客居于河东的"郭公"。郭公授予郭璞《青囊中书》九卷，于是郭璞才精于阴阳五行、天文卜筮。根据《晋书》和《世说新语·术解》的记载，郭璞占卜奇

① 《三国志》卷57《吴书·虞翻传》，中华书局1971年版，第1320页。
② 《三国志》卷57《吴书·虞翻传》，中华书局1971年版，第1320页。

验无比，且在西晋灭亡逃难之际，常常用卜卦来选择逃难的路径。郭璞还擅长风水堪舆之术，母亲去世时，他卜选了一块河边的墓地，别人都劝他该离河远些，他却预言河水即将变为桑田，最后果然应验。西晋东渡后，元帝非常器重郭璞，任命他为尚书郎。后来权臣王敦让郭璞做自己的记室参军，王敦谋反时，郭璞反对，因而被王敦杀死。

郭璞主要研习京房易学，他将自己占卜的例子汇集起来编为《周易洞林》，又将京房、费直等人的易学理论汇编为《新林》。因郭璞占卜水平极高，后人便将他和管辂并称"管郭"。另外，被后世誉为风水术第一书的《葬书》，传说也出自郭璞之手。

（二）王弼的玄学易

王弼（226—249），字辅嗣，三国魏山阳（今河南省焦作东）人。王弼小时候聪慧过人，十几岁时就喜欢《老子》，辩才无碍。当时的吏部尚书何晏是有名的学者，他非常震惊于王弼的才华，赞叹王弼后生可畏。正始年间，黄门侍郎一职空缺，何晏就推荐王弼补缺。但因丁谧反对，王弼最后补了台郎一职。

其实，王弼虽然聪明绝顶，但并不适合做官。他喜欢谈论玄学，尤其擅长《周易》。王弼喜欢游玩娱乐，精通音乐，擅长投壶游戏。在阐述道理方面，虽不如何晏引经据典，但见识却远远超过何晏。可惜天妒英才，王弼二十四岁时便染病逝世。尽管天不假年，但王弼著述甚丰，有《周易注》《周易略例》《老子注》《周易大衍论》《老子指略》和《论语释疑》等著作。其中,前三种至今流传于世,后两种有后人辑录本,只有《周易大衍论》无只言片语留下。今《王弼集校注》收录了所能见到的王弼所有著作。

王弼易学继承了费氏等古文易学简明扼要的学风和以《易传》解释经文的方法,扫除了汉代繁琐的象数之学,创立了义理学派。同时,王弼还是玄学易的创始人,他或以老子和庄子的思想注解《周易》,或以《周易》支撑自己的玄学理论,强调《周易》中体现的自然无为,以无形之德性解释乾坤二元,提出了"得意忘象""得象亡言""有生于无""动息则静"等哲学观点,开一代风气。其易学思想,加深了易学研究的抽象性与逻辑性,使得人们对《周易》的理解,进一步走向了深入与理性,因而对后世产生了极大的影响。

王弼之后,韩康伯等人继承了他的学说,认为卦爻具备天下之理,且《周易》本身便是明理之书,人们应该在象的背后探寻义理,主张理是象的根本,从而进一步排斥象数之学,加快了易学的玄学化与义理化。韩康伯对《易传》的注解,在唐代被收入《周易正义》,成为正统易学,迄今为止仍是流传最广、影响最大的注解之一。

四、唐代易家

唐代社会稳定,经济和文化高度发达。唐太宗命孔颖达等人编撰《五经正义》,对汉魏六朝时期各派经师的传注,进行了一次大规模的汇编与校订，力图消弭各家学说的矛盾纷争，统一经义，为国家意识形态的建构和科举制度的推行服务。在经学进入总结期的大环境下，易学方面，易家主要的工作也是总结前人和时人的易学成果，其代表人物是孔颖达和李鼎祚。此外，在民间较有影响的李淳风也是一位易学大家。

(一)孔颖达

孔颖达(574—648)，唐代冀州衡水(今河北省衡水市)人，字冲远。孔颖达八岁的时候，一天就可以背诵一千多字，年龄稍大之后，便通晓《左传》《郑氏尚书》《王氏易》《毛诗》《礼记》等儒家经典，同时还擅长算术历法，且娴于著作。据说，孔颖达曾到当时著名学者刘焯那里请教问题，刘焯一开始很慢待他，但听了孔颖达所问的问题，刘焯大觉出乎意料，遂对孔颖达礼敬有加。孔颖达要离开的时候，刘焯挽留他，但孔颖达还是坚持回家教书授徒去了。

隋朝大业初年，孔颖达被授予河内郡博士。隋炀帝曾召集天下儒官来到洛阳，命国子秘书学士与他们辩论，结果孔颖达拔得头筹，年龄却最小，使那些年长的儒者恼羞成怒，便派人刺杀他，孔颖达藏到别人家里才得以幸免。

入唐以后，孔颖达历任国子博士、国子司业和国子祭酒等职，期间奉命主持修撰《五经正义》，其中《周易正义》十卷，采用王弼和韩康伯的注，并引用多家观点为之疏解。此书为唐代科举考试教材，对后世易学影响至大。

孔颖达的易学成就，主要是在《周易正义》中，将义理和象数两派调和起来，提出以象为体，以理为用，以物象为义理的基础，在一定程度上纠正了魏晋易学重理轻象、离象言理的偏颇，重新肯定汉易中的元气说、阴阳二气说，并与王弼易学相结合，扬起了玄学易的理论体系，成为了从汉易到宋明易学过渡的桥梁与纽带。

（二）李鼎祚

李鼎祚，唐代资州（今四川省资阳）人，曾任秘书省著作郎，也有人说任秘阁学士。《唐书》及地方志中无李鼎祚传记资料，故其生平事迹不详。李鼎祚本人在易学上创见不多，但著有《周易集解》一书，采辑两汉至唐朝初年三十五家《周易》学说，保留了大量象数易学的知识，且有些易学家的学说已经失传，全靠这本书得以流传。清代象数易学兴起，李鼎祚此书备受重视，声誉极高。

（三）李淳风

李淳风（602—670），唐代岐州雍（今陕西省宝鸡市凤翔县南）人。李淳风少年时代就聪颖好学，博览群书，精通天文、历算、阴阳之学。后来李淳风在太史局任职，制造了浑天仪，并参与撰写《晋书》《五代史》中的《天文志》《律历志》和《五行志》。李淳风在天文历法方面成绩卓著，所改撰的《麟德历》，精确度很高。据说李淳风每次进行占卜预言，均能应验如神，以至于别人都认为他能役使鬼神，是鬼神提前向他通知了事情的未来结果。

唐太宗时期，曾有《秘记》说“唐三世之后，则女主武王代有天下”[1]。李世民问李淳风是否这样，该怎么办。李淳风说：“天象已成，此人就在后宫之内，不出三十年她将执掌天下，将李氏子孙几乎屠杀干净。”李世民问是否可以把疑似者全部处死。李淳风说：“天命如此，不可更改。如果没有把真正的取代者杀死，反而误杀很多无辜之人。况且根据天象，此人就在陛下身边。三十年后，此人年迈，内心会变得仁慈，即使她将天下换了姓氏，但对陛下子孙还不至于斩尽杀绝。如果现在杀了她，还会有别的人重来取代大唐天下，重来者年轻心狠，一定会将陛下子孙杀绝。”李世民同意了李淳风的建议。后来武则天代唐称帝，果如李淳风所言。唐高宗的时候，李淳风与算学博士梁述等人又受命校注《五曹》《孙子》等十部算经。

李淳风的易学著作《周易玄义》已经失传，但其占星学著作《乙巳占》中还保留有一些易学观点。至于民间传说他与袁天罡合著的《推背图》，史书中没有明确记载。

五、宋元易家

宋代易学基本是象数与义理同时发展。象数易学方面，主要是陈抟传出的先天易学，讲究对《河图》《洛书》的领悟和运用，其代表人物有陈抟、邵雍等人，也有人将他们称之为“图书派”，称其学为“图书象数学”。这一派与道家、隐士系统关

---

① 《旧唐书》卷79《李淳风传》，中华书局1975年版，第2718页。

系密切。在义理易学方面，由于受宋代理学的影响，出现了以儒家之理阐释《周易》的学派，主要由胡瑗开创，二程兄弟、张载和朱熹等继之。此外，还有以历史解释《周易》的做法，如李光和杨万里等人。元代易学基本沿着宋代易学的路子发展，吴澄继承朱熹的学说，阐释《周易》中的儒家理论，俞琰虽本于儒家朱熹之说，但却更多地参考道家及炼丹理论，同时极力推广邵雍易学，可谓全面继承宋代易学理论。

（一）陈抟与邵雍的象数易学

陈抟（？—989），字图南，号扶摇子，是五代末北宋初期亳州真源（今河南省鹿邑县）人。《宋史·陈抟传》记载，陈抟四五岁的时候，在家乡的涡水河边戏水，遇到一位青衣妇人，妇人喂给他奶水。从此以后，陈抟变得异常聪明，读书过目不忘，诗文也非常著名。后唐长兴年间，陈抟参加科举考试，但却未能中榜，从此之后便隐居武当山，"因服气辟谷历二十余年，但日饮酒数杯。移居华山云台观，又止少华石室。每寝处，多百余日不起"[①]。后周世宗喜欢外丹术，曾召见陈抟请教炼丹之旨，赐号"白云先生"。北宋太平兴国年间，陈抟来到京师汴梁。宋太宗派宰相宋琪向他请教养生之术，陈抟却建议皇帝招纳贤士，祛除小人，减轻赋税，重赏三军，认为这些比养生意义更大。宋太宗因此更加器重陈抟，赐号"希夷先生"。

陈抟精于易学，相传其术得自麻衣道人，能够未卜先知，预知死期，同时还精通睡功等养生之学，活了一百多岁。陈抟

① 《宋史》卷457《陈抟传》，中华书局1977年版，第13420页。

读《周易》手不释卷，但他的易学不注重文字方面的解释，而是用“先天图”表示阴阳变化消长之数，对后来的邵雍、周敦颐等人均有很大的影响。其易学著作《易龙图》，以为龙图三变而为龙马负图之形，此形又可变出五行生成图和九宫图，但都统称为“龙图”。后刘牧将二图区别开来，称前者为《洛书》，后者为《河图》，因而创立了河洛之学。《易龙图》现在已经失传，流传于世的《麻衣道人正易心法注》据说出自陈抟之手，然并不可信。陈抟虽然留下的文字不多，但其却是宋元象数学派的先驱与倡导者，他的易学后来传给种放，种放传给穆修，穆修传给李之才，李之才传给了邵雍。

邵雍（1011—1077），北宋五子之一，字尧夫，谥号康节，北宋时期共城（今河南省新乡市辉县）人。邵雍曾隐居家乡附近的苏门山百源之上，后人称之为百源先生。邵雍自幼胸怀大志，要兼济天下，于书无所不读，刻苦异常，曾“寒不炉，暑不扇，夜不就席者数年”。[①]学成之后，邵雍却感慨说，“昔人尚友于古，而吾独未及四方”，于是周游天下，历览名山大川、胜境古迹，返乡之后说：“道在是矣。”于是隐居不出。

当时的共城县令李之才也是易学大师，听说邵雍刻苦学习的事情后，就到邵雍家里一看究竟。李之才问邵雍可否知道“物理性命”之学，邵雍不知，于是跟随李之才学习。李之才传授给邵雍《河图》《洛书》、伏羲八卦六十四卦图象等学问。

① 《宋史》卷427《邵雍传》，中华书局1977年版，第12726页。

邵雍聪慧过人，很快领悟玄机，又推衍伏羲先天易学，著书十万余言，但天下能明白邵雍学说的人少之又少。朝廷曾多次任命邵雍做官，邵雍均推辞不做，只是耕读不辍，吟诗游玩，并把自己居住的房子命名为“行窝”，意思是安乐窝。

司马光、张载和程颢、程颐等人都钦佩邵雍的学识道德，与之相交甚笃，甚至邵雍晚年病重时，也是司马光、张载和程颢、程颐兄弟朝夕相伴，料理安葬事宜。

邵雍易学主要保存在《皇极经世》中，他运用易学的原理解释历史的变化，根据六十四卦制定历史年表，演示人类历史发展的过程，认为宇宙存在许多周期，而我们所处的世界只是宇宙大周期中很短的一个阶段，一个世界毁灭，就会有新的世界诞生，整个宇宙就是世界生灭轮回的无限过程，其独特的历史哲学，具有极大的超前性与合理性。

邵雍的易学被称为“先天之学”，推崇以《乾》《坤》《坎》《离》为四正卦的先天图式，以“一分为二法”推演八卦的起源和六十四卦的形成过程，并发展了汉易的卦气说，运用八卦次序与方位说明世界形成的过程，解释自然现象的产生，使其易学上升到宇宙论的高度，成为宋代象数易学的重要代表，对朱熹等人影响很大。另外，邵雍在宋朝就被神化为“知虑绝人，遇事能前知”的神仙式人物，像二程兄弟和朱熹等人，都相信他能推算事物的过去与未来。但是，邵雍推算物理之书却没有流传下来，民间流传的《梅花易数》，据说源头出自邵雍，但可信度不高。

（二）程颐、张载的义理易学

程颐（1033—1101），字正叔，北宋洛阳（今河南省洛阳市）人。程颐与其兄程颢合称“二程”，兄弟二人共同在周敦颐那里学习，同是宋代理学的奠基人。程颐十八岁的时候游太学，写出《颜子好学论》，使得当时在太学教书的胡瑗大为震惊，于是就让程颐到太学任职。宋哲宗时期，程颐被召入崇政殿为皇帝讲书。程颐每次进殿讲课，神态都很严肃庄重，然后才开始讲书，把自己的建议穿插在其中。后来因为反对王安石变法，程颐被贬到四川涪州（今重庆涪陵一带）。程颐在涪州讲学著书三十多年，门生众多，且多为名士。涪州人在北岩祭祀程颐，尊称他为“伊川先生”。程颐死后，谥号“正公”，淳祐时期又被封为伊阳伯，从祀于孔庙。

程颐易学保存在《周易程氏传》中，侧重于义理方面的阐述。他提出了“随时取义”和“随时变易以从道”的观点，[①]认为《周易》为变易之书，对卦的解释要不拘一格，因时制宜；但易之周流并非绝对随心所欲，而是要遵从一定的原则。于是程颐兄弟便提出了理的概念，以理解释《周易》中的变化之道，认为是否合乎天理，决定了卦爻的吉凶。程颐易学继承了王弼易学的传统，并有所创新，在理与象的关系问题上，程颐主张义理是通过象显示出来的，理无形至微，象有形至著，理为体，

① （北宋）程颐撰：《周易程氏传》卷1《比》，《二程集》，中华书局1981年版，第741页。

象为用，二者不容分离，而是“体用一源，显微无间”。[①]同时，程颐还改变了过去以阴阳等同于道的看法，而转为将阴阳归属于气，属于器的层面，道为阴阳之理，不能离阴阳而存在，所谓“离了阴阳更无道”，[②]将魏晋以来的道器有无之争转为理气之争。程颐对理、气以及儒家伦理精辟的论述，使得义理学派进入了一个新的阶段，为宋明理学奠定了基础，对朱熹以及明清易学都影响深远。

与程颐基本同时的另一义理派代表易家是张载。张载（1020—1077），字子厚，北宋时期凤翔眉县（今陕西省宝鸡市眉县）横渠镇人，被世人尊称为横渠先生。张载年轻的时候喜欢读兵法，希望用兵法强国，加固边防的实力。二十一岁的时候，张载联络一些人准备攻取被西夏占领的一些地方，就给当时的陕西经略安抚招讨副使范仲淹写信。范仲淹觉得张载是可造之材，就写信给张载说“儒者自有名教可乐，何事于兵”，劝其读《中庸》。张载就研读儒家经典，并且涉猎佛家、道家之学，刻苦学习思考多年，“累年究极其说，知无所得”，[③]最后又返回到儒家“六经”。熙宁年间，张载为崇政院校书。后来，张载就隐居在终南山下，终日危坐一室，授徒讲学，告诉弟子们要读书变化气质，知礼成性。

张载曾经在京师汴梁坐于虎皮之上宣讲《易经》，程颐兄

① （北宋）程颐撰：《周易程氏传》卷1《易传序》，《二程集》，中华书局1981年版，第689页。

② 《二程遗书》卷15《伊川先生语》，《二程集》，中华书局1981年版，第162页。

③ 《宋史》卷427《张载传》，中华书局1977年版，第12723页。

弟与他讨论易学问题，使张载大为叹服程氏兄弟的学问。第二天，张载告诉众弟子说："二程深明易学，我不如他们，你们可以向他俩学习。"于是就撤座不讲。

张载的学问以易学为宗，著有《横渠易说》一书，他的《正蒙》和《西铭》也有深厚的易学色彩。其易学实在、致用，提出"易即天道而归于人事"，成为"关学"的重要组成部分。张载易学比较有特色的地方，还在于对气的阐释，主张"凡象皆气也"，"气之生即是道是易"，[①]将阴阳二气的推移转化，看作是卦爻象和天地万物变易的根源。张载这种以气为本的学说，对后世的朱熹、罗钦顺、王廷相、王夫之等人产生了深远的影响，在中国古代易学哲学史有着极为重要的地位。

（三）兼顾义理、象数的朱熹易学

北宋义理和象数两派的成果，在南宋朱熹那里得到了总结和融汇。朱熹（1130—1200），字元晦，号晦庵，别号考亭、紫阳，徽州婺源（今江西省婺源）人。朱熹构建了庞大完备的理学体系，是理学之集大成者，在哲学史上与二程合称为"程朱"。

朱熹少年颖悟，刚刚能说话的时候，父亲指着天告诉他"这是天"，他却问父亲："那天的上面是什么？"父亲惊于他的早慧，于是便让其读《孝经》，读完之后朱熹在书上写下"不若是，非人也"，可见他对儒家思想有着天然的感情和禀赋。后来朱熹拜理学家李侗为师，成为二程的四传弟子。朱熹读书极为广博，经史子集、佛家道家乃至道教之书、天文地理无

① （北宋）张载撰：《正蒙·乾称》，《张载集》，中华书局1978年版，第63页。

不涉猎，最终成为一代宗师。

朱熹少年时便对《周易》充满了兴趣，据说他小的时候，常常独自一人坐在地上用手指在沙地上划，大家一看原来划的是八卦符号。朱熹著有《周易本义》和《易学启蒙》，其易学义理和象数兼顾，推崇邵雍的图书象数之学，又吸收继承二程的义理之学，认为《周易》本为卜筮之书，要从卜筮的角度理解卦爻辞，并提出“易只是个空底物事”，《周易》卦爻辞只是借事象言理，并非实有其事，可以套入一切事物，将《周易》的内容抽象化了。其注解《周易》，简洁明了，含义深刻，是宋《易》的重要代表人物。

（四）元代易家

元代将程朱理学立为官方学术，朱熹的《周易本义》也成为官方认定的权威教材，因此元代的易学基本上是延续程朱一脉的路径，其代表易家主要有吴澄和俞琰。

吴澄（1249—1333），字幼清，元代抚州崇仁（今江西省抚州市崇仁县）人。因吴澄住的房子是草屋，被好友程钜夫题为“草庐”，[①]学者称草庐先生。吴澄小时候学古诗，只要大人教一遍，他马上就可以背下来。五岁的时候，吴澄就能一天背诵一千多字，常常通宵读书。他母亲担心孩子用功过度，就控制给他灯油。吴澄总是等母亲入睡后，又偷偷点灯读书。九岁的时候，吴澄在当地学校考试，每次都名列前茅。稍大之后，

① 程钜夫（1249—1318），名文海，以字行，号雪楼，又号远斋。建昌（今江西南城）人。元朝名臣、文学家，与吴澄同学。

吴澄就知道以圣贤为榜样，博览经典。至大初年，吴澄为国子监司业，之后升迁为翰林学士。泰定初年，吴澄任讲官讲授儒家经学。

吴澄一生以斯文自任，投奔其门下者不下千数百人。吴澄易学主要是继承胡瑗、程颐和朱熹之学，但受到象数派影响颇深，主取象说，反对朱熹的“理先气后”理论，著有《易纂言》和《易纂言外翼》。

俞琰（1253？—1314？），字玉吾，号全阳子、林屋山人，宋末元初吴郡（今江苏省苏州市）人。因为俞琰居住的地方临近石涧，所以又被人称为石涧先生。俞琰小时候非常喜欢读书，一旦听说别人有好书，就借回家抄写，以至于废寝忘食累出了毛病。后来俞琰专心科举之学，宋亡后，觉得平生所学无处可用，感慨生不逢时，因而隐居不仕，专心著书立说。

俞琰精于易学，潜心研究三十多年，著有《周易经传考证》《读易须知》《六十四卦图》《古占法》《卦爻象占分类》《易图合璧连珠》等，但都失传了。今天我们能看到的俞琰易学著作是《周易集说》和《读易举要》。其易学一开始遵循程、朱之说，后来又独出新义，发前人所未发，受邵雍影响很大。

六、明清易家

明代由于科举制度的推行，尽管思想界暗流涌动，但程朱理学一直保持着官方哲学的地位。在易学方面，程颐和朱熹的理学宋易仍为学界主流。这一时期以阐述儒家义理之学为主的易学家,其学大多不出《周易本义》之窠臼,粗疏空洞,可观者甚寡。而象数派宋易也多穿凿附会,罕有发明,较为突出的是来知德和黄道周,在延续程朱易学的基础上,于象数之学颇有创建。清代以后,学者们反思明亡教训,认为学术的空疏是重要原因,于是朴学盛行。由于学者们重新审视汉、宋之学,导致了易学方面以辞章训诂为特色的汉易和象数易学复兴,成就突出的易学家是黄宗羲、王夫之、李光地、胡煦和焦循等人。

来知德(1525—1604),是明代著名的象数派易家,其字矣鲜,号瞿塘,四川梁山(今重庆梁平县)人。来知德小时候,因为孝行卓著而被举为孝童。嘉靖三十一年(1552),也就是来知德二十七岁的时候,他参加乡试,考中第五名。不久,因父母相继去世,来知德守墓六年,素食不饮酒。六年之后,来知德仍然哀伤不止,终生麻衣蔬食,断绝了科举仕宦之念。

在易学方面,来知德曾经隐居釜山,钻研《易经》六年,结果一无所获。后又隐居万县求溪山中,沉思数年,悟得易象之妙;又沉思数年,明了《序卦》和《杂卦》之义;又沉思数年,始悟前人所讲卦变之非。就这样前前后后苦思冥想二十九年,来知德才撰成《周易集注》一书。来知德易学的范畴、概念和命题,基本不出朱熹《周易本义》的范围,但却又不完全蹈袭程朱的观点,其学强调阴阳消长之理,提出了六十四卦的"错""综"、半象、大象等理论,在体例上颇有创新,对明朝以后的易学有一定的影响,如明李开先,清唐守诚、陈本淦等人之学均本自来知德。

黄道周（1585—1646），字幼平，号石斋，明朝漳浦（今福建省漳州市漳浦县）人。天启年间，黄道周考中进士，崇祯时期曾官任翰林院侍读学士。后来明朝灭亡，黄道周做了唐王的武英殿大学士，率军在婺源与清军相遇，兵败被俘，不屈而死。黄道周擅长书画，气节高洁，方正不阿，不从流俗，公卿多畏惧嫉恨他。

黄道周是明代图书象数学的主将，其易学著作有《易象正》和《三易洞玑》两部，将象数、义理和天文推步之学结合在一起，体系宏达深邃，《三易洞玑》"意欲网罗古今，囊括三才，尽入其中"，用《周易》推导出兴亡的规律与社会伦理的依据，但却"时时流于机祥，入于驳杂"，[①]受人诟病。

明清易代之际，黄宗羲、王夫之等易学家，反思王朝与学术兴衰之变，认识到明代易学空洞粗疏的不足，并对宋代以来的图书象数易学展开了总结与批判，易学出现了由宋易向汉易过渡的趋势。

黄宗羲（1610—1695），字太冲，号南雷，明末清初余姚（今浙江省余姚市）人，学者称之为梨洲先生。黄宗羲对学问孜孜以求，将家中藏书读完，又借阅抄录别人藏书。后来黄宗羲领导"复社"反对魏忠贤余党，忠心耿耿。清兵南下后，黄宗羲招募军队，成立"世忠营"抗击清军。明朝灭亡后，黄宗羲侍奉

① （清）永瑢等撰：《四库全书总目·子部·数术一》，中华书局1997年版，第1428页。

母亲返回乡里，专心著书立说。其学问渊博浩瀚，旁涉经史百家、天文历算、乐律以及释道之学，与孙奇逢和李二曲并称“三大儒”。

黄宗羲的易学著作有《易学象数论》六卷，该书对象数易学进行了深入系统的研究。但是黄作为义理派易家，对象数易学尤其是图书派是持批判态度的，称象数学“于《易》了无干系”，说象数派“芜秽康庄，使观象玩占之理，尽入淫瞽方技之流”，且批评朱熹《周易本义》糅合义理象数、并将《河图》《洛书》置于卷首，举为“将夫子之韦编三绝者，须求之卖酱箍桶之徒，而易学之榛芜，仍如焦京之时”，唯独推崇王弼的“得意忘象”和程颐的“理到语精”。[①]总体来看，其批评不无道理，但对象数派的成就一笔抹杀，就显得有失偏颇了。

王夫之（1619—1682）也是明末清初宋易义理派大家，其字而农，号姜斋，湖南衡阳（今湖南省衡阳市）人。因其晚年居住在衡阳石船山，故世称船山先生。王夫之在崇祯年间中举人，后来张献忠攻破衡州，要聘任王夫之为官，王夫之藏进衡山以躲避。张献忠劫持王夫之的父亲为人质，王夫之就自伤前去换下父亲。张献忠见王夫之受重伤，就放了父子二人。

王夫之隐居深山治学将近四十年，对天文、历法、数学、地理等无不深究，创新甚多。其易学著作有《周易内传》《周易外传》《周易内传发例》《周易大象解》和《周易稗疏》等，对

① （明）黄宗羲撰：《易学象数论·自序》，《黄宗羲全集》（第九册），浙江古籍出版社1985年版，第1—2页。

《周易》的义理、象数和训诂均有精拔之见。王夫之是对宋明以来易学的总结者和批判者，他既批评了汉易、玄学易和象数派的易学，也批评了理学的观点，同时兼收并蓄，以气学文本，建立了庞大的哲学体系。

清代由于历史环境和学术风气的变化，易家治学多笃实精深，能够折中以往诸派观点，一方面以汉魏易学文献的考证为特征的朴学易逐渐成为主流，一方面以往出现的各派易学都有复兴之势。这一时期，以《周易折中》为代表的，兼采诸家、容纳各派观点的易学著作大量问世，传统易学逐渐进入了总结期。

王夫之、顾炎武、黄宗羲等易家虽多已入清，但其学多具过渡性，不应完全算入清代易学。清朝真正意义上的第一批易学家，是在奉旨编纂《周易折中》等著作过程中成长起来的，代表人物为李光地与胡煦。

李光地（1642—1718），字晋卿，号榕村，又号厚庵，清代安溪（今福建省泉州市安溪县）人。李光地少年聪颖，思慕古人，学习刻苦。康熙年间，李光地考中进士。李光地曾任直隶巡抚、吏部尚书和文渊阁大学士等职，在学术方面精于儒家经学、乐律、历算和音韵。

李光地的易学著作为奉敕修撰的《周易折中》以及自撰的《周易通论》《周易观象》《周易观象大指》和《易义前选》等书。其易学主要以程颐和朱熹之学为主，兼采集秦汉以来诸家学说，阐释义理多公允不虚。

胡煦（1655—1736），字沧晓，号紫弦，清代河南光山（今河南省信阳市光山县）人。胡煦在康熙五十一年（1712）中进士，时年五十七岁。康熙皇帝听说胡煦精通《易》理，就将胡煦召进乾清宫，问他《河图》《洛书》的理数及卦爻辞中的疑难之处。胡煦画了图为康熙皇帝讲解，康熙皇帝称赞他为“真苦心读书人”。两年后，胡煦奉命协调李光地修撰《周易折中》。后来胡煦又参与修撰《卜筮精蕴》和《卜筮汇义》等书。

胡煦的易学著作为《周易函书约存》《周易函书约注》和《周易函书别集》等，其学折中象数与义理，且于占筮有精到的看法，表现出精湛高深的学术水平。

自乾隆嘉庆后，读书人大多精心朴学，一时蔚成风气，易学亦不能免俗，朴学易开始迅速崛起。其中，焦循是朴学易最具代表性的人物之一。

焦循（1763—1820），字里堂，清代扬州甘泉（今江苏省扬州市江都区）人。焦循家世代研究《易经》。父母去世后，焦循伤心过度，十几年时间不再进入都市。他自己修建了一栋楼，取名为“雕菰楼”，旁边湖光山色，风景秀美。焦循在其中读书治学，非常自足。焦循对于经史、历算、声韵、训诂等无不精通，蜚声天下。当时著名的学者钱大昕、王鸣盛等人对他非常推崇。

焦循的易学著作有《易章句》《易通释》和《易图略》，被称为“易学三书”。此外尚有《周易补疏》《易话》和《易广记》等。其易学不拘泥于前人所论，用数之比例求《易》之比例，提出了“旁通”“相错”和“时义”等理论，在易学史上影响很大。

焦循力图将全经文字贯通，其比例说不可不谓一大创举。但用“例”将一部《周易》完全笼括，使《周易》的内容完全形式化与抽象化，否定了《易传》中概念与命题的哲学意义。这标志着传统易学哲学的终结，也意味着易学必将进入一个全新的发展时期。

七、近代易家

近代以来，西学东渐。易学家们除了恪守传统的经学理路以外，还受到西方学术尤其是自然科学的影响，治学观念和方法都有了很大的变化。这一时期成就较为突出者，为杭辛斋与尚秉和。杭辛斋易学力图与西方自然科学贯通，偏重于数理；而尚秉和则遵循汉代象数易学传统，对易象以及象、辞之间的对应关系多有发明。

杭辛斋（1869—1923），名慎修，别字一苇，浙江海宁人。杭辛斋幼年就读于杭州正蒙义塾，获童子试第一名。后来又入同文馆学习天算理化等自然科学知识。光绪二十二年（1896）杭辛斋来到天津，第二年与严复等人创办《国闻报》，宣传维新变法思想。光绪三十一年（1905）加入同盟会后，到北京创办《京话报》，扮演一个革命的媒体人形象。后来杭辛斋因为言论触犯清廷权贵而被关押于刑部狱中，王国维等人为之申诉才被释放。辛亥革命后，杭辛斋被选为议员。1915年冬天，杭辛斋因为反对袁世凯称帝而被捕入狱。

根据杭辛斋的自述，他正是在1915年被捕入狱才接触到了《易经》。据杭辛斋说,他在入狱时遇到一位狱中的老人,老人已经在墙壁上写下了杭辛斋入狱和出狱的日子。杭辛斋大惊,就拜老人为师学习《易经》,后来才知道这位老人原来是农民起义领袖白朗的军师。老人在监狱中画地为卦,口授《河图》《洛书》要义及性命之旨,使杭辛斋领悟了《易经》的精要。杭辛斋出狱后,大量收购易学书籍,并和王用宾、陈燮枢等人在广州成立研几学社,主讲易学。

杭辛斋的易学,融汇古今中西,以阐明象数为主,没有门户派别之见,将儒释道以及自然科学、西方社会科学乃至基督教等熔为一炉,自成一家之言,开创了科学易的先河。其主要易学著作有《易楔》《学易笔谈》《易数偶得》《读易杂识》《愚一录易说订》和《沈氏改正揲蓍法》等。

尚秉和(1870—1950),字节之,晚年号滋溪老人,河北行唐人。因尚秉和先生在北京寓所有两棵槐树,学者因此称之为槐轩先生。尚秉和早年就读于本地的龙泉书院,后又就读于保定的莲池书院,跟随国学大师吴汝纶先生研读经史、辞章之学,于光绪十七年(1891)考中进士,被分到工部任职。光绪三十年(1904)入进士馆,学习法政,后任巡警部主事、员外郎。宣统元年(1909),尚秉和入京师大学堂为教习,第二年因父亲去世,又到民政部任员外郎。辛亥革命后,尚秉和任内务部第三科科长、署理营缮司司长,前后在政府任职十几年。离开政府部门后,尚秉和任教于国立清华大学。1929年又接受沈阳萃升书院的聘请,在那里任教三年。日本攻陷东北后,尚秉和又回到北平任中国大学教授。1936年,先生又执教于母校莲池书院。七七事变爆发后,尚秉和闭门不出。抗战胜利后,国民政府的国史馆聘尚秉和为纂修。1950年尚秉和因病去世,享年八十一岁。

尚秉和治学涉猎甚广,精通方术医药,又擅长绘画,对金石古玩的鉴定造诣颇高。尚秉和的著作涉及经史子集多个领域,其易学著作主要有《焦氏易诂》《焦氏易林注》《周易尚氏学》《周易古筮考》和《易林评议》等。尚秉和的易学,主要偏重于象数之学中的"象",其对《周易》卜筮亦用功颇深。他认为"象为学《易》之本",主张卦爻辞与卦象一一对应,辞从象出,对于汉代易学用象规律发明颇多,被誉为"将二千年易家之盲词呓说,一一驳倒,使西汉易学复明于世"。[①]

第二节 易籍

易学书籍最重要的莫过于《周易》经、传本身。一般人阅读《周易》,用的都是通行的传世本,但除了传世本《周易》,还有出土的简帛本《周易》。这些出土的简帛本《周易》时间较早,有些文辞甚至卦名、卦序与传世本不同,可以拿它们与传世本作对照。

目前所能见到的最早的《周易》本子,是上海博物馆藏战

① (清)仵墉撰:《焦氏易林注叙》,尚秉和:《焦氏易林注》,中国大百科全书出版社2005年版,第1页。

国时期楚简《周易》,简称“楚简《周易》”。楚简《周易》1994年初流落于香港文物市场,后由上海博物馆收藏,出土地点不明。楚简《周易》共五十八枚竹简,一千八百余字,涉及传世本《周易》中的三十四卦,没有《易传》部分。其文字内容与传世本《周易》有不少差别,且有一些奇怪的符号。目前学术界对于这批竹简的真伪尚有不同看法。

阜阳汉简《周易》是另外一个较早的出土本《周易》,为1977年安徽文物工作队在阜阳双古堆1号墓发掘出土,墓主人可能是第二代汝阴侯。阜阳汉简《周易》有将近六百枚竹简,保存有传世本《周易》中的四十多卦,涉及卦辞、爻辞的约二百枚,与传世本《周易》不同的卜事之辞约四百枚。其卜事之辞有晴雨、田渔、征战、事君、术官、居家、行旅、嫁娶、疾病、出亡、举事、君王、大臣之卜等,卦辞与传世本《周易》有若干异文,有些显然优于今本。

最为完整的出土《周易》本子是马王堆帛书《周易》。帛书《周易》于1973年12月出土于湖南长沙马王堆3号汉墓,六十四卦完整无缺,个别字残损,有些文辞的不同属于通假字现象,但是卦序与传世本不同。帛书《周易》还有《易传》部分,包括《二三子问》上下篇以及《系辞》《易之义》《要》《缪和》《昭力》。

《周易》经传成书之后,由于其地位尊高,对其研究者代不乏人,研究成果汗牛充栋,浩如烟海。这些易学研究著作,汇聚成源远流长、浩浩荡荡的易学演变长河,在中国文化发展史上形成了一道亮丽的风景。由于易学典籍繁多，今选其中影响较大、较为典型者列举如下。

一、《京氏易传》

西汉京房撰，三国吴陆绩注，《四库全书》收录于子部术数类。这本书虽然以《易传》为名，但不解释《周易》卦爻辞，也不阐释《周易》的义理。该书上卷、中卷以八卦分八宫，每宫一纯卦统七变卦，均注其世应、飞伏、游魂、归魂诸例。下卷首论圣人作《易》揲蓍布卦，次论纳甲法，次论二十四气候配卦，以及天、地、人、鬼四《易》，父母、兄弟、妻子、官鬼等爻，龙德、虎刑、天官、地官与五行生死所寓之类。所以，这本书其实是京房将《周易》术数化的产物，后世江湖先生用铜钱卜卦，实出于此。

二、《太玄经》

《太玄经》十卷，西汉扬雄所著，晋代范望注解。其书乃模仿《周易》而作。全书分一玄、三方、九州、二十七部、八十一家、七百二十九赞，以模仿《周易》之两仪、四象、八卦、六十四重卦、三百八十四爻。其中的“家”相当于《周易》的卦，“首”相当于《周易》的彖，“赞”相当于《周易》的爻，“测”相当于《周易》的象，“文”相当于《周易》的《文言》，《玄摛》等五篇相当于《周易》的《系辞》，《玄冲》相当于《周易》的《序卦》，“数”相当于《周易》的《说卦》，“错”相当于《周易》的《杂卦》。

《太玄经》以“玄”为中心思想，是儒家、道家及阴阳家思想的混合体。扬雄运用阴阳五行思想及天文历法知识，以占卜之形式，描绘了一个世界图式。该书当时可以用于占卜，且晦涩难懂。东汉宋衷及三国吴人陆绩曾为《太玄经》作注，晋人范望又删定二家之注，并自注赞文。此外，北宋时期的司马光有《太玄经集注》、清人陈本礼有《太玄阐秘》，对于阅读该书有一定帮助。

三、《周易注》

《周易注》十卷，三国时期魏王弼注上、下经六卷，东晋韩康伯注《易传》三卷。据说王弼之前的《周易》本子是经、传分列，先是卦爻辞及上下经，后面是《易传》各篇。王弼将《易传》中的《彖》《象》以及《文言》置于各卦爻辞之下，如将《文言》分开为《乾文言》置于《乾》卦之下，《坤文言》置于《坤》卦之下。各卦先列卦辞，继之以《彖传》《大象》，然后是爻辞，又将解释每条爻辞的《小象》置于各爻之下。我们现在看到的很多《周易》的本子其实都是王弼的排法。

王弼易学源于费直，但又独树一帜，摒弃汉代象数之学，以义理为主注解卦爻辞，并掺杂老庄思想。韩康伯的注以王弼注为宗，也是大谈玄理。《四库全书总目提要》认为该书“阐明义理，使《易》不杂于术数者，弼、康伯深为有功；祖尚虚无，使《易》竟入于老、庄者，弼、康伯亦不能无过。瑕瑜不掩，是其定评。诸儒偏好偏恶，皆门户之见，不足据也”，评论很是客观。此书注解，简明扼要而义理弘深，唐代孔颖达作《周易正义》，采用其说。

四、《周易正义》

《周易正义》十卷，唐代孔颖达在贞观年间奉敕所撰。此书经传采用王弼和韩康伯的注，孔颖达又为之疏解，所以又叫《周易注疏》，简称《正义》。全书前六卷为上下经，第七卷以后为对《易传》注解。孔颖达推崇王弼、韩康伯的解释而摒弃其他学说，使王弼、韩康伯的学说在唐代定于一尊。《四库全书总目提要》认为孔颖达的疏解“多用空言”，大概说他只是空洞地谈理论。此书专言义理之学，是唐代科举考试的官方指定教材，后世科举考试也多沿用参考。由于《周易正义》的特殊地位，使得唐代易学受此书局限，发挥较少。

五、《周易集解》

《周易集解》十七卷，唐代李鼎祚撰，简称《集解》。该书辑录汉魏南北朝至唐代初期的三十五家《易》说，重点采集象数之学，以象数注解《周易》经传的意蕴。该书对《周易》经传的排列基本遵照王弼的做法，只是把《序卦传》中所说的各卦分置于各卦之首，大概是模仿《诗经》学派中的“毛诗派”将《诗小序》置于《诗经》各篇之首的做法。王弼易学盛行后，很多象数易学失传，故此书对于保存唐初以前的易家学说功劳甚大。《四库全书总目提要》评价此书：“盖王学既盛，汉《易》遂亡，千百年后学者，得考见卦画之本旨者，惟赖此书之存耳。是真可宝之古笈也。”

六、《皇极经世书》

《皇极经世书》十二卷，北宋邵雍著。该书卷一至卷六以《易经》六十四卦配元、会、世、运以及年、月、日、时，用《易经》证明从尧至后周显德六年的历史演变，卷七至卷十为律吕声音，与前六卷合为《内篇》；卷十一、十二运用易学取象比类的思维研究天地万物，格物穷理，是《四库全书总目提要》所谓的“物理之学”。《四库全书总目提要》将此书归入子部术数类，其实是邵雍先天易学的发挥，是将易学用于历史解读与参究天地万物的一种发展。《四库全书总目提要》评价此书：“夫以邵子之占验如神，则此书似乎可信。而此书之取象配数，又往往实不可解。据王湜《易学》所言，则此书实不尽出于邵子。流传既久，疑以传疑可矣。至所云‘学以人事为大’，又云‘治生于乱，乱生于治，圣人贵未然之防，是谓《易》之大纲。’则粹然儒者之言，非术数家所能及。”该评价认为邵雍卜卦应验如神，该书似乎可信，但书里面的象数实在费解，可能是因为本书在流传过程中有别人文辞窜入，不完全出自邵雍之手；邵雍所说的学问以人事为主，易学的纲领是防患于未然，是纯粹的儒家之言，非江湖术士可比。

该书有后人的一些注解，如南宋张行成为之索隐、发挥，但读之仍如天书一般。

七、《周易程氏传》

《周易程氏传》四卷，北宋程颐撰，又称《伊川易传》。此书采用王弼注本，只解释《周易》六十四卦卦爻辞以及《彖传》《象传》和《文言》，又模仿李鼎祚《周易集解》的体例，将《序卦》中涉及的卦置于各卦之首。全书以儒家之理解说《周易》，纯粹深厚，义理精专，是宋代义理派易学的重要代表作品。程颐和邵雍关系甚密，常相互往来论学。邵雍专于探讨万事万物的自然之理，偏重于数。程颐不相信或不屑于邵雍的理论，专注于儒家人伦之理，所以此书偏于人事。

八、《周易本义》

《周易本义》十二卷，南宋理学大师朱熹撰。此书为朱熹易学的代表作，以卜筮为《易经》的本质，所以处处从卜筮的角度解释卦爻辞，阐明象数和义理，既遵循程颐的儒家义理易学，又不废陈抟和邵雍的象数理论，并把邵雍的先天图等置于篇首，因此还受到清儒诟病。此书解释《周易》经传含义，言简意赅，说理精辟深入，后来成为科举教科书，明清以来的士人、童子广泛传习，影响深远。

该书原为十二卷本，明代被刻为四卷本。十二卷本经、传分开阐释，卷首列有九图，篇末有《周易五赞》和《筮仪》；四卷本则将经、传合起来，将《筮仪》移于篇首，又增加了《八卦取象歌》《分宫卦象次序歌》《上下经卦名次序歌》和《上下经卦变歌》等。

九、《周易集注》

《周易集注》十六卷，明代来知德撰，又称《来氏易注》。此书为来知德隐居深山二十九年的心血之作。该书立论专取《系辞》中"错综其数"之说，每一卦都列出错卦和综卦，运用易象来解释卦爻辞的含义。他所谓的"错卦"就是错阴阳爻相反的卦，如《乾》错《坤》，《坎》错《离》等；他所谓的"综卦"就是覆卦，一个卦与它翻转一百八十度形成的卦互为综卦，如《屯》《蒙》之类。该书所说的易象，有卦情之象、卦画之象、大象之象、中爻之象、错卦之象、综卦之象、爻变之象、占中之象等。在解释《周易》卦爻时，均是先释象义、字义及错综之义，然后解释本卦本爻的含义。由于此书自成一说，创新很多，在当时被推为绝学。来知德对此书也很自负，他在《自序》中说，"孔子没后而《易》亡，二千年有如长夜"，可见其自视甚高，把自己看作孔子死后第一个能读懂《易经》的人。

十、《周易内传》

《周易内传》六卷，明末清初王夫之撰。该书重在阐发六十四卦意蕴，结合自己的思考，论述自然、社会哲学。书末附有《周易内传发例》，综述王夫之的易学观点，对历代易学家有所评价，是王夫之易学思想的纲领性著作。《续修四库全书提要》收录有此书，并在《提要》中总结王夫之易学为“以乾坤并建为宗，错综合一为象，彖爻一致、四圣一揆为释，占学一理、得失吉凶一道为义”，摒弃象数、占卜之说，服膺北宋五子的学说。

十一、《易学象数论》

《易学象数论》六卷，明末清初黄宗羲撰。此书前三卷为《内篇》，专论“象”，后三卷为《外篇》，专论“数”。其大意为：古代圣贤以易象告诉人们道理，这些象有八卦之象、六爻之象、象形之象、爻位之象、反对之象、方位之象、互体之象，这七种象已经囊括了《易经》所有的象，至于所谓的纳甲、动爻、卦变和先天之象，都是错误，这四种象不合乎圣贤之学。在数理方面，黄宗羲取郑玄“太乙行九宫法”、《吴越春秋》所载占法和《国语》所载泠州鸠之对，以证明太乙、六壬等术数中的数理不对。黄宗羲之所以如此,是因为他看到一些学者把象数之学视为绝学,所以被象数所欺骗,其实这些和《易经》没什么关系,其实程颐的《易传》就足够了。可见黄宗羲反对陈抟、邵雍之学以及将术数夹杂入易学的做法。《四库全书总目提要》认为:"盖宗羲究心象数,故一一能洞晓其始末,因而尽得其瑕疵,非但据理空谈、不中窾要者比也。惟本宋薛季宣之说,以《河图》为即后世'图经',《洛书》为即后世'地志',《顾命》之《河图》即今之黄册,则未免主持太过,至于矫枉过直,转使传陈抟之学者得据经典而反唇,是其一失。然其宏纲巨目,辨论精详,与胡渭《易图明辨》,均可谓有功《易》道者矣。"

十二、《周易尚氏学》

《周易尚氏学》二十卷,民国时期尚秉和撰。该书依据《周易正义》的次序注释经传全文,卷一至十七为上下经,卷十八至二十为《易传》诸篇,卷首载《说例》和《总论》,卷末附录《〈左传〉〈国语〉易象释》和《滋溪老人自传》。尚秉和精于汉代象数易学,根据"观象系辞"的理论,认为《周易》的卦爻辞皆从象出,无一字没有易象的根据,所以该书重在以象释《易》。尚秉和所用易象,除了《说卦》中所载之外,还有从《国语》《左传》《逸周书》尤其是《焦氏易林》中寻找的"佚象",并提出"覆象""半象"等说法来解释卦爻辞。该书对空谈义理的做法,斥之为"空泛谬悠",对邵雍的先天八卦图表示认可。著名古文字学家于省吾在该书《序》中认为该书“解决了旧所不解的不可胜数的《易》象问题”，“对《易》象的贡献是空前的”。但也有学者指出，该书在取象方面过于随意，甚至有前后矛盾之处。

第三节　易例

历代研究《周易》的各家流派，提出了丰富深邃的易学思想，撰成了众多易学专著，无论是义理派，还是象数派，他们的研究，都使得人们对《周易》有了更加深入和理性的认识。但是《周易》毕竟源于占卜，在相当长的时期内仍然被大量用于占卜。在史书和其他文献中，记载了前人大量的占卜例子。这些易例尽管有的略显荒谬、离奇，但却可以使我们通过对古人易学应用实例的考察，更加直观地还原古人对象与辞的认识角度和阐发方式，其中若干精彩透辟的阐释，甚至还可以帮助我们理解一些卦爻辞的意义。今按时代先后顺序，选择一些经典有趣的易例，以见历代研易者卜筮推算的方式方法，及其精湛高妙的阐释功力。

一、周太史卜敬仲之生

《左传·庄公二十二年》记载了这样一件事情：

陈厉公……生敬仲。其少也,周史有以《周易》见陈侯者,陈侯使筮之,遇《观》之《否》,曰:"是谓'观国之光,利用宾于王',此其代陈有国乎?不在此,其在异国;非此其身,在其子孙。光,远而自他有耀者也。坤,土也;巽,风也;乾,天也。风为天于土上,山也。有山之材,而照之以天光,于是乎居土上,故曰'观国之光,利用宾于王'。庭实旅百,奉之以玉帛,天地之美具焉,故曰'利用宾于王'。犹有观焉,故曰'其在后乎'。风行而著于土,故曰'其在异国乎'。若在异国,必姜姓也。姜,大岳之后也,山岳则配天。物莫能两大,陈衰,此其昌乎!"及陈之初亡也,陈桓子始大于齐。其后亡也,成子得政。

陈厉公生了一个儿子叫敬仲。敬仲小的时候,有个周天子的太史用《周易》去拜会陈厉公。陈厉公就让周太史用《周易》占卜一下,结果得到了一个《观》卦变《否》卦。周太史于是判断说:《观》卦的第四爻变化就变成了《否》卦,这一爻的爻辞说"观国之光,利用宾于王",这个孩子将来是要代替陈国而享有国家啊。但不是在陈国这里,而是在别的国家,而且不是他自己,是他的子孙,因为光是从别的地方照过来的。

在这一卦当中,《坤》代表土,《巽》代表风,《乾》代表天,象征着风起于天下而吹在地上。《巽》卦和《坤》卦组合,其中的互卦是《艮》,《艮》代表山。在《否》卦当中,上面的《乾》卦代表天光照射,中间的互卦《艮》,又代表山和上面的材物,下面的

《坤》卦代表站立在大地上,所以说"观国之光,利用宾于王"。互卦《艮》也代表庭院,《乾》卦代表金玉,《坤》卦代表布帛,象征着庭院中陈列着各种各样的金玉布帛等礼物,所以说"利用宾于王"。"观"的意思是观望,需要等待的意思,所以说"其在后乎"。风在地上吹拂刮到了远方,所以说"其在异国乎"。如果在别的国家,那一定是姜姓之国,因为姜姓是太岳的后代,这和卦中的"艮"代表的山吻合。山岳的高大可以和天相配,但不可能两个大的事物一样大,也就是说,陈国和那个别的国家不能同时都强大,等陈国衰亡了,他这一支就该强大了。

后来历史的发展应验了周太史的话。陈国第一次灭亡后,敬仲的后人陈桓子才在齐国有强大的势力。后来楚国再次灭了陈国,敬仲的后人陈成子才取得了齐国的政权。而齐国正是姜姓所建,其始祖为姜太公。

在这个易例中,周太史综合运用的爻辞、卦象乃至互卦之象进行判断,运思如飞,好像在创作一篇穿越小说,语言组织的巧妙、表述的灵活均令人叹为观止。

二、穆姜卜出宫

古人占卦,也有不遵照卦爻辞进行判断的,比较著名的例子是"穆姜卜出宫"一事,《左传·襄公九年》记载:

穆姜薨于东宫。始往而筮之,遇《艮》之八。史曰:

"是谓《艮》之《随》。《随》其出也。君必速出。"姜曰:"亡。是于《周易》曰:'《随》,元亨利贞,无咎。'元,体之长也;亨,嘉之会也;利,义之和也;贞,事之干也。体仁足以长人,嘉德足以合礼,利物足以和义,贞固足以干事。然,故不可诬也,是以虽《随》无咎。今我妇人而与于乱,固在下位,而有不仁,不可谓元;不靖国家,不可谓亨。作而害身,不可谓利;弃位而姣,不可谓贞。有四德者,《随》而无咎。我皆无之,岂《随》也哉?我则取恶,能无咎乎?必死于此,弗得出矣。"[①]

穆姜是鲁宣公的夫人、鲁成公的母亲,但是却和大夫叔孙侨如通奸,且在鲁成公十六年(前575)与情夫叔孙侨如密谋推翻鲁成公,结果失败,穆姜因此被囚禁于东宫之中。穆姜刚被囚禁的时候,找太史算卦,想占卜一下自己以后能否被释放,结果得到了《艮》卦变《随》卦。艮有停止的意思,随有跟着前往、出来的意思,所以太史告诉她会很快被释放。

但是穆姜也懂一点《周易》,她说《随》卦的卦辞为"元亨利贞,无咎",元亨利贞是四种美德,只有具备这四种美德才可以出来而无危险,她自己一种美德也不具备,必然会死于东宫,不能出去。后来证明太史错了,当然他也可能是为了安慰穆姜故意算错的。倒是穆姜自己的判断是正确的。可见求卜者要注意道德修养,吉凶与德行密切相关,这也就是《说卦》所说

① 《春秋左传正义》卷30,《十三经注疏》本,中华书局1980年版,第1942页。

的断卦时要“和顺于道德而理于义”,根据社会伦理道德来判断吉凶。

三、崔武子娶棠姜

由上例可知,相同的占卜结果,因所占问的事情与所处的环境不同,吉凶判断也可能是完全相反的。又如《左传·襄公二十五年》所载“崔武子娶妻”一事更为经典:

> 齐棠公之妻,东郭偃之姊也。东郭偃臣崔武子。棠公死,偃御武子以吊焉。见棠姜而美之,使偃取之。偃曰:“男女辨姓,今君出自丁,臣出自桓,不可。”武子筮之,遇《困》之《大过》。史皆曰:“吉。”示陈文子,文子曰:“夫从风,风陨妻,不可娶也。且其《繇》曰:‘困于石,据于蒺藜,入于其宫,不见其妻,凶。’‘困于石’,往不济也。‘据于蒺藜’,所恃伤也。‘入于其宫,不见其妻,凶’,无所归也。”
>
> 崔子曰:“嫠也何害?先夫当之矣。”遂取之。[①]

棠姜是齐国棠公的夫人,东郭偃的姐姐,而东郭偃在崔武子那里做家臣。棠公逝世,东郭偃为崔武子驾车前去吊唁,崔武子发现棠姜很漂亮,就让东郭偃想办法把他姐姐娶过来。

① 《春秋左传正义》卷36,《十三经注疏》本,中华书局1980年版,第1983页。

东郭偃以两家姓氏不合为由拒绝了。崔武子就占卜想了解到底能否娶棠姜,得到《困》卦变《大过》卦。太史们都说很吉利。

崔武子又把卜得的卦拿给陈文子看,陈文子认为不能娶,娶了会倒霉。陈文子判断的依据是:《困》卦的下卦为坎,代表中男,象征丈夫;《困》卦第三爻变化,《坎》卦也就变成了《巽》卦,巽为风,代表长女,象征妻子,所以这个卦变的过程就代表“夫从风”;《大过》卦下卦为巽,代表风,同时代表妻子,上卦兑为泽,代表秋天,而《巽》卦还代表树木,两个卦象组合到一起就是“风陨妻”。

此外,陈文子还根据《困》卦变化的第三爻爻辞来判断这一卦的吉凶,认为回到家里找不到妻子,代表以后没有归宿。崔武子认为棠姜是个孀妇,这些不好的事情都让她的前夫承当了,自己不会有事,于是就娶了棠姜。

根据《左传》的记载可知,当时齐国的国君齐庄公一直和棠姜通奸。崔武子娶了棠姜后,齐庄公还是不断去崔武子家里与棠姜约会。后来崔武子设计杀死了齐庄公,立齐景公为国君。因为拥立国君有功,崔武子受到很大的封赏。结果第二年,崔武子家族内乱,两个儿子被杀,家产被夺取,棠姜上吊自杀。崔武子家破人亡,无家可归,最后也上吊自杀。这说明陈文子的判断是正确的,崔武子利欲熏心,没有听从建议,最终亡身。

四、郭璞占避难

东晋的郭璞是易学大师，有很多神奇的易例。据《洞林》记载：

> 余乡里曾遭危难，因之灾疠、寇戎并作，百姓遑遑，靡知所投。时姑涉《易》义，颇晓分蓍，遂寻思贞筮，钩求攸济。于是，普卜郡内县道可以逃死之处者，皆遇《明夷》之象。乃投策喟然叹曰：嗟乎！黔黎时漂异类，桑梓之帮，其为鱼乎？于是，潜命姻妮密交，得数十家，与共流遁。

郭璞老家遇到危险，灾荒瘟疫爆发，贼兵时有掠夺，百姓人心惶惶，不知逃往何处。当时郭璞研究易学，懂得占卜之法，于是就占卦卜问逃向哪里。郭璞把附近所有的道路都占卜了一遍，得到的都是《明夷》卦。于是郭璞叹息，不再算了，认为卦象不吉利，老百姓要被异族祸害，家乡陆沉，要变成鱼。于是郭璞私下里联络几十家亲戚好友，一起逃难，结果到处遇到贼兵，不能安居，和卦象非常符合。

《明夷》卦象征光明受伤，太阳落山。《序卦》曰："进必有所伤，故受之以《明夷》，夷者，伤也。"前进是不好的，要遭受伤害，所以郭璞叹息。《明夷》卦中上卦为《坤》，代表邦和鱼，这一卦中有互卦《震》，代表桑梓，所以郭璞才有"桑梓之邦，其为鱼乎"之叹。

五、吴遵世占雨

《周易》不仅可以用来推算人事,还可以推算天气。《北史·吴遵世传》记载:

> 齐文襄引为大将军府墨曹参军。从游东山,有云起,恐雨废射,戏使筮。遇《剥》,李业兴云:"艮上坤下,《剥》。艮为山,山出云,故知有雨。"遵世云:"坤为地,土制水,故知无雨。"文襄使崔暹书之云:"遵世若著,赏绢十匹;不著,罚杖十。业兴若著,无赏;不著,罚杖十。"业兴曰:"同是著,何独无赏?"文襄曰:"遵世著,会我意,故赏也。"须臾云散,二人各受赏罚。

吴遵世精通《易经》,北齐的文襄帝高澄提拔他做参军。有一次吴遵世跟随文襄帝游玩东山,忽然天空乌云密布。文襄帝担心下雨会影响游玩,就让算一下是否会下雨,算得一个《剥》卦。

李业兴说,《剥》卦上面是艮,为山;下面是坤,为地;山上出云,一定会下雨。吴遵世却说,《剥》卦中的坤为地,五行属于土,土克水,所以不会下雨。文襄帝高澄就让崔暹记录:"如果吴遵世算对了,赏十匹绸缎,算错了就打十棍;李业兴算对的话没赏赐，算错了也打十棍。”李业兴就问文襄帝，为何赏罚不同。文襄帝说：“吴遵世算对的话，正符合我的心意，我不想让下雨，所以我会赏赐他。”过了一会儿云就散了，吴遵世和李业兴各自受到了赏罚。

这一个易例说明，断卦不仅仅要懂易象，还要灵活运用五行生克原理。

六、尚秉和卜直奉战争

尚秉和为近现代易学大师，对于占卜也很精通。在他的《周易古筮考·筮验辑存》中，记录了一个占卜直奉战争的易例：

> 乙丑七月初七日夜，友人常朗斋过访，谈及时局，云直奉谣传将开战，然时起时灭，令余卦其如何。余即布卦，遇地泽《临》变水风《井》。断曰：“坤众震（临二至四互震）起，兑为毁折，风急浪涌（井象），凶起八月（《临》象八月有凶）。”朗斋云：“北方有战事否？”曰：“坤变为坎，坤西南方，坎北方，必始于西南而延及于北。且按卦象论之，北方战祸必甚于南方。《井》二至四互《兑》，三至五互《离》，而皆与《坎》连，有无处非甲兵非毁折之象。”朗斋云：“止于何时？”曰：“《坤》西南位申酉而变《坎》，《坎》北方位子丑，其起于酉月，终于丑月乎？”

及八月至中秋，战谣又息，谓卦不验矣。不意至阴历二十五日，江浙战事忽起，奉军退出苏皖，战事之由起于西南，吴佩孚之为联军总司令也。及至阴历十月中旬，奉军郭松龄忽然倒戈，又数日直督李景林忽然与冯宣战，于是津浦路、京津路、北方战事遂烈。及至十一月冯军入津，郭松龄入奉亦败。至十二月战事遂暂停止。卦象无一不与事实相应，虽曰人事，若有天定焉。①

这是1925年七夕夜尚秉和应朋友常朗斋的要求对直奉战争是否打起所做的预测。这一场战争由盘踞浙江的直系军阀以五省联军总司令的名义通电讨伐奉系军阀张作霖，史称“浙奉战争”。尚秉和根据本卦和变卦的卦象、本卦临卦的爻辞与各种互卦卦象，判断战争的起止时间和战事范围，基本与事实相符合。除了运用卦辞卦象之外，尚先生还运用了八卦方位以及地支时间与八卦的相配，可谓是十八般兵器全部用上，最后得出“虽曰人事，若有天命”的近乎宿命论的观点。

史书当中还有很多易例，有的运用了纳甲筮法，相对比较繁琐，不再一一介绍。有兴趣的读者，可以查阅尚秉和的《周易古筮考》，以了解古人用《易》的情况。

---

① 尚秉和著，刘光本解：《周易古筮考通解》，山西古籍出版社1994年版，第300页。

第十一章　易占

在易学研究史上，汉代的焦赣、京房等象数派易家把《周易》往占断方面发展，而后世的江湖术士也以《周易》为旗号包装他们的算命之术，于是使得《周易》成了一个大染缸，变得无所不包了。在这里需要指出的是，后世的一些算命之术在《周易》六十四卦经文当中都找不到理论的依据，它们并不是《周易》所固有的东西。

但是，我们也无法否定《周易》和占筮的关系。《周易》在本质的源头上是一部占筮之书，它的卦爻辞就是当时占筮纪录的积累。可见，一些学者否认《周易》是占筮之书的做法是一种无视历史的行为。因为在《易传》没有产生之前，《周易》并不是一部纯粹的学术著作。《易传》中的《系辞上》说，“以卜筮者尚其占”，说明在《易传》时期《周易》就有占筮的功能。早在《周礼·春官宗伯·大卜》中也说：“大卜掌《三兆》之法，一曰《玉兆》，二曰《瓦兆》，三曰《原兆》。其经兆之体，皆百有二十，其颂皆千有二百。掌《三易》之法，一曰《连山》，二曰《归藏》，三曰《周易》。其经卦皆八，其别皆六十有四。”由此可知，在殷周之际，卜筮活动非常受重视，也颇为盛行。《周易》正是诞生于这一时期浓厚宗教巫术氛围下的一部筮书。

班固曾言：“及秦禁学，《易》为筮卜之书，独不禁，故传受者不绝也。”[①]《周易》是占筮一类的书，在秦始皇焚书坑儒的时候得以免于大火的焚烧。南宋理学家朱熹在他的《周易本义》中也说：“《易》乃是卜筮之书，古者则藏于太史、太卜，以占吉凶，亦未有许多说话。”毋庸讳言，《周易》是作为卜筮之书，才能流传下来。

卜、筮，是两种不同的预测方法。卜通过用火烧灼龟甲查看它的裂纹来判断吉凶，是一种非人力所能控制的纯自然的方法；筮则是通过一定的法则来演算蓍草，最后由得出的数字转换成卦象，然后才结合卦爻辞来判断吉凶。相对于龟卜，筮

① 《汉书》卷88《儒林传》，中华书局1962年版，第3597页。

占加入了人的主观能动性和理性的因素,看重人自身的力量,比龟卜要客观而理性得多。所以,我们就从理性因素较多的筮占讲起。

第一节　大衍筮法

《周易》中的占筮方法,就是大衍筮法,在《易传》中有较为详细的记载:

> 大衍之数五十,其用四十有九。分而为二以象两,挂一以象三,揲之以四以象四时,归奇于扐以象闰,五岁再闰,故再扐而后挂。天数五,地数五,五位相得而各有合。天数二十有五,地数三十,凡天地之数五十有五。此所以成变化而行鬼神也。乾之策二百一十有六,坤之策百四十有四,凡三百有六十,当期之日。二篇之策,万有一千五百二十,当万物之数也。是故四营而成易,十有八变而成卦。八卦而小成,引而伸之,触类而长之,天下之能事毕矣。天一,地二;天三,地四;天五,地六;天七,地八;天九,地十。

这段话的意思是,在一到十这几个数字中,一、三、五、七、九等奇数为天数,二、四、六、八、十等偶数为地数。天数、地数各五位,天数和为二十五,地数和为三十,天地之数总和为五十五。天地之数是生成蓍数变化,而通行天地鬼神的原因。借用蓍草演算天地之数是五十,实际用四十九根,将这四十九根蓍草一分为二,以象两仪;从右手蓍策中任取一根置于左手小指间,以象天、地、人三才;左右手之策以四为一组数之,以象四时;归置左右手所余之数于手指之间以象余日而成闰月。五年中有两次闰月,所以再一次归余策于手指间,而后经三变而成卦一爻。《乾》卦策数为二百一十六,《坤》的策数为一百四十四,《乾》《坤》两卦策数共为三百六十,正好与一年三百六十天数相当。《周易》上下两篇策数为一万一千五百二十,正好与万物之数相当。所以经过四道程序的经营而成《易》卦一爻,十八次变化而成一卦,九次变化出八经卦为小成,再引申其义,触动类推而增长,天下所能事皆在其中而无所遗失了。[①]

这是《周易》中记载的最为详细的原始筮法。刘大均先生在《周易概论》中对这种大衍筮法进行了详细的解释,[②]今根据该书叙述如下:

用五十根蓍草,把其中的一根抽出来不用放在一边,象征着太极。

然后把四十九根蓍草在手中任意分为两份,左手中的一份象征天,右手中的一份象征地,再从右手蓍草中任意取出一

① 关于这段话的解释很多,本书以刘大钧、林忠军的解释为主,见《易传全译》,巴蜀书社2001年版,第98—100页。

② 参见刘大钧:《周易概论》,齐鲁书社1988年版,第97—100页。

根放在左手的小指和无名指之间，象征人。这样，天、地、人三才就都具备了。

完成了这一套程序之后，以四根蓍草为一份，先用右手一组一组地来分左手的蓍草，然后以同样的方式用左手来分右手的蓍草，之所以四根为一组，是用来象征四时的。分数完两个手中的蓍草之后，每只手中一定还会有余数，因为是用四根一组来分的，所以余数或者是一根，或者是两根，或者是三根，或者是四根（余数不能为零）。

而且，两个手中的余数有一定的规律：左手余一根，右手必余三根；左手余两根，右手必余两根；左手余三根，右手必余一根；左手余四根，右手也必余四根。所以，把两个手中的余数再加上小指与无名指之间的那一根蓍草，不是五根就是九根。这样一个程序就叫作一变。在一变进行完之后，再进行第二变：也就是用第一变之后剩下的四十根或四十四根蓍草在手中再任意分成两份，其方法完全和第一次的变化分法一样，分完之后，再看两个手中蓍草的余数，两个手还有一定的规律：左手余一根，右手必余两根；左手余两根，右手必余一根；左手余三根，右手必余四根；左手余四根，右手必余三根。那么，两个手中的蓍草余数再加上小指和无名指之间的那一根蓍草，不是四根就是八根。这就是第二变。

然后是第三变，就是把剩下的蓍草再按上面的方式进行分减，在用四分到最后，两个手中余下的蓍草加上小指和无名指之间的一根，不是四根就是八根。在把这些余数去掉之后，两个手中的蓍草会出现下列四种情况中的一种：余下三十六根；或者余下三十二根；或者余下二十八根；或者余下二十四根。然后再把这些余下的蓍草用四来除：

36 ÷ 4=9　代表老阳，用阳爻表示；

32 ÷ 4=8　代表少阴，用阴爻表示；

28 ÷ 4=7　代表少阳，用阳爻表示；

24 ÷ 4=6　代表老阴，用阴爻表示。

在画卦的过程中，要遵循“老变少不变”的原则。也就是说，凡是老阳和老阴的，在依据上面的规定划出阴、阳爻后，还要进行变化，因为《周易》的精髓就是变化。变化的方法是各自向自己属性相反的方向发展，也就是老阴本来是阴爻，要变化成阳爻；老阳本来是阳爻，要变化成阴爻。

以上的三次变化得出《周易》的一爻。因为《周易》的每一卦都有六爻，所以要得出一个完整卦象，就要按照上面的程序进行十八次变化，这就是“十八变而成卦”。

下面我们来举一个例子，以便于大家掌握大衍筮法。

比如经过了十八次的变化，得出了六个数字，这六个数字分别是6，8，7，9，8，7，那么，按照以上的数字与卦爻对应的关系，就很容易知道这一卦的初爻是阴爻，第二爻是阴爻，第三爻是阳爻，第四爻是阳爻，第五爻是阴爻，上爻是阳爻，这一卦就是六十四卦中的《旅》卦。然后再按照“老变少不变”的原则，分别把《旅》卦中的初爻和第四爻进行变化，因为与初爻对应的数字是6，所以要变为阳爻。同样的道理,因为第四爻为9,所以要变为阴爻。这样,《旅》卦就变为《贲》卦。

我们习惯上把前面的《旅》卦称为“本卦”或“遇卦”,把后面变化得来的《贲》卦称为“变卦”或“之卦”。像我们所举的这个例子,在《左传》中一般这样表述：遇《旅》之《贲》。

得出卦象以后,需要对卦进行判断。先秦时期,占筮判断的依据主要是卦爻辞和卦象。至于如何使用卦爻辞进行吉凶祸福的判断,宋朝理学大师朱熹《易学启蒙》中据文献的记载进行了总结,虽然未必完全符合当时的实际情况,但仍可供我们参考以窥得大概。

朱熹认为,根据大衍筮法占卜过后,如果只有一爻发生变化,就以本卦发生变化的那一爻的爻辞进行判断；如果有两爻发生变化,就以本卦发生变化的两爻爻辞进行判断,并且以上面的一爻为主要依据；如果有三爻发生变化,就以本卦的卦辞和变卦的卦辞为依据进行判断,并且依据不同的情况各有侧重；如果有四爻发生变化,就以变卦的不变的两爻爻辞为判断依据,并且以下面一爻的爻辞为主；如果有五爻发生变化,就以变卦不变的那一爻的爻辞作为判断的依据；如果六爻都发生了变化,对于《乾》《坤》两卦来说就以“用九”和“用六”的爻辞来判断,其他的卦就以变卦的卦辞来判断。[①]

大衍筮法作为古代传统的占卜方法,盛行于先秦时期。为了增强占筮过程的神秘性和筮算结果的可信性,并不是简

① (南宋)朱熹撰,廖名春点校:《周易本义》,中华书局2009年版,第234页。

单地用蓍草随意测算就行，它的执行过程极其漫长，并有固定的仪式，隆重而神圣。朱熹的《周易本义》中有《筮仪》一篇，专门介绍了大衍筮法在占筮前的仪式：

择地洁处为蓍室，南户，置床室中央。（床大约长五尺，广三尺，勿太近壁。）蓍五十茎，韬以纁帛，贮以皂囊，纳之椟中，置于床北。椟以竹筒，或坚木，或布漆为之，圆径三寸，如蓍之之长，半为底，半为盖，下别为台函之，使不偃仆。设木格于椟南，居床二分之北。（格以横木板为之，高一尺，长竟床，当中为两大刻，相距一尺，大刻之西为三小刻，相距各五寸许，下施横足，侧立案上。）置香炉一于格南，香合一于炉南，日炷香致敬。

将筮，则洒扫拂拭，涤砚一，注水，及笔一墨一黄漆板一，于炉东，东上。筮者斋洁衣冠北向，盥手焚香致敬。（筮者北向，见《仪礼》。若使人筮，则主人焚香毕，少退，北向立。筮者进立于床前少西，南向受命，主人直述所占之事，筮者许诺。主人右还西向立，筮者右还北向立。）两手奉椟盖，置于格南炉北，出蓍于椟，去囊解韬，置于椟东。合五十策，两手执之，薰于炉上。（此后所用蓍策之数，其说并见《启蒙》。）

命之曰："假尔泰筮有常，假尔泰筮有常，某官姓名，今以某事云云，未知可否。爰质所疑于神于灵，吉凶得失，悔吝忧虞，惟尔有神，尚明告之。"①

如此这般之后，才能将蓍草一分为二进行占筮。

大衍筮法之所以叫大衍，在于古人认为，四十九根蓍草的变化，可以囊括宇宙万物的变化，并以随机一分为二的四十九根蓍草的偶然性变化，来对应一切变化。由于规定了蓍草的演算，要根据天地生成的数理顺序和历法，所以一分为二之后的演算结果，就具有了必然性。即一旦把蓍草分为两份，最后剩下的蓍草数就确定了。这种偶然性与必然性融为一体的大衍筮法，在哲学与数学方面都具有一定的合理性。

第二节　京房筮法

《易传》中的大衍筮法要得到一个完整的卦，需要演算十八次，费时劳神，效率不高。到了汉代，就有人对筮法进行了改造。这种改造之后的筮法，就是京房的纳甲筮法，保存在《京氏易传》中。

《京氏易传》把六十四卦分为八宫，每宫八卦，均由《乾》《震》《坎》《艮》《坤》《巽》《离》《兑》八纯卦统领，阳四卦在前，阴四卦在后，按照父母、长男长女、中男中女和少男少女的顺序，对称排列。如下图：

① （南宋）朱熹撰，廖名春点校：《周易本义》，中华书局2009年版，第3—4页。

世魂＼八宫	乾	震	坎	艮	坤	巽	离	兑
一世	姤	豫	节	贲	复	小畜	旅	困
二世	遁	解	屯	大畜	临	家人	鼎	萃
三世	否	恒	既济	损	泰	益	未济	咸
四世	观	升	革	睽	大壮	无妄	蒙	蹇
五世	剥	井	丰	履	夬	噬嗑	涣	谦
游魂	晋	大过	明夷	中孚	需	颐	讼	小过
归魂	大有	随	师	渐	比	蛊	同人	归妹

图11.1 六十四卦分宫图

在每一宫内部，八个卦也有规律。第一卦均为八纯卦之一的六爻卦，其上下卦相同。然后，由每一宫的八纯卦的初爻开始向上依次变化，阳爻变阴爻，阴爻则变阳爻，每次变一爻，一直变到第五爻，每变一次都生成一个新卦。

如乾宫第一卦为《乾》卦，初爻变为《姤》卦，二爻变为《遁》卦，三爻变为《否》卦，四爻变为《观》卦，五爻变为《剥》卦。本宫第一卦叫作六世卦，从初爻一直变到五爻的五个卦，分别叫一世卦、二世卦、三世卦、四世卦和五世卦。五世卦之后就不能再向上变了，因为上爻象征宗庙不能变，再变就变成另一宫的卦了。五爻变完之后再向下变，也就是第四爻再变，《剥》卦就变成《晋》卦，这样产生的卦，叫游魂卦。游魂卦之后，还要继续变，要把下面三爻同时改变，如乾宫游魂卦为《晋》，下面三爻同时变，就变成了《大有》卦，因下面三爻又恢复到以前的《乾》卦，所以叫归魂卦，代表一种回归。

根据以上的说明，我们可以总结出每一宫八卦的变化规律：第一卦为八纯卦，静止不变，为六世卦；然后一爻变、二爻变、三爻变、四爻变、五爻变、四爻变、下面三爻同时变。

这样把六十四卦分为八宫排列之后，还要给每个卦配上天干地支，纳甲筮法之所以叫纳甲，就是因为天干的第一个为甲。卦与天干都有阴阳之分，即《乾》《震》《坎》《艮》为阳卦，《坤》《巽》《离》《兑》为阴卦；甲、丙、戊、庚、壬为阳干，乙、丁、已、辛、癸为阴干。八卦配十天干遵循阳卦配阳干，阴卦配阴干的规律。二者对应关系如下：

乾	坤	艮	兑	坎	离	震	巽	乾	坤
甲	乙	丙	丁	戊	已	庚	辛	壬	癸

图11.2　八卦天下相配图

可以看出，按照八卦对应的父母、少男少女、中男中女、长男长女、父母的顺序，分别对应甲、乙、丙、丁、戊、已、庚、辛、壬、癸十个天干，卦的顺序是一阳一阴，先父母后子女，子女的顺序从小到大。因为《乾》《坤》两卦为父母，所以和六子女卦不同，每卦配两卦天干，各分上下。《乾》卦上卦纳壬，下卦纳甲，《坤》卦上卦纳癸，下卦纳乙。

八卦除了要纳天干，还要配地支。卦与地支相配的原则也是阳卦配阳支，阴卦配阴支。十二地支为子、丑、寅、卯、辰、巳、午、未、申、酉、戌、亥，单数位置的为阳，双数位置的为阴。每卦六爻，正好配上或阴或阳的六个地支。阳卦顺行，所以从

《乾》到《震》《坎》《艮》初爻对应的地支分别是子、寅、辰，《乾》卦代表父，《震》卦为长子，长子如父，所以《震》卦纳的地支和《乾》卦一样。这是一种宗法制度的反映。阴卦逆行，所以从《坤》卦到《兑》《离》《巽》，初爻对应的地支分别是未、巳、卯、丑。每一卦只要确定了初爻的地支，就可以根据顺逆之序排出上面五个地支。八卦纳甲图式如下：

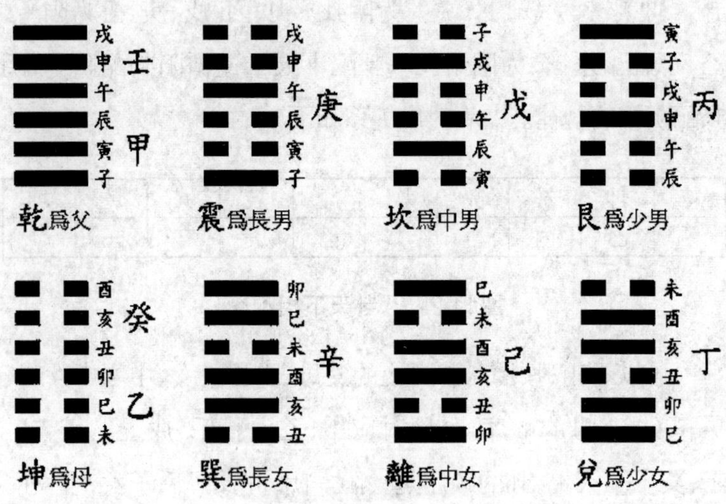

图11.3 八卦纳甲图式

在后世民间运用中，纳甲筮法一般只用地支，不用天干。

纳甲筮法中求卦的方法比较简捷。即用三枚铜钱，规定没有文字或面值的一面作为阳面，另一面作为阴面，将三个钱放在手中摇一阵后丢下来，根据铜钱的反正做记录。如果说其中两个钱是阴面，一个钱是阳面，便以阳面为主，记录一个“、”的记号，代表这是阳爻，为少阳；如果钱是两个阳面一个阴面，就是阴爻，记录一个“、、”的记号，代表少阴；如果三个钱全是阳面，做的记号是一个“○”，代表老阳，阳极则阴生，这就是动爻，要变为阴爻；如果三个钱全是阴面，作的记号是“×”，这是要由阴变阳的动爻，也就是老阴。这样连续摇六次，得出六爻。装卦的顺序是由下向上依次排列，第一次所摇得的为初爻，第二次为第二爻，依次上去最后到上爻。

这样得出卦之后，就要给卦配上天干地支，然后根据地支五行，再给得出的卦配上六亲，称作“装六亲”。所谓六亲，就是“我”再加上以“我”为坐标原点分化出来的五种社会伦理关系：父母、子孙、妻财、兄弟、官鬼。

要装六亲，必须先明白五行生克。八卦对应的五行为：乾、兑两宫为金，震、巽两宫为木，坤、艮两宫为土，离宫为火，坎宫为水。地支对应的五行为：亥子为水，寅卯为木，巳午为火，申酉为金，辰戌丑未为土。五行相生为：木生火，火生土，土生金，金生水，水生木。五行相克是：金克木，木克土，土克水，水克火，火克金。五行生克制化，维持平衡运转。明白了五行生克之后，就可以确定六亲关系了。生我者为父母，如我是木，水生木，水就是木的父母。我生者为子孙，如我是木，木生火，火就是木的子孙。克我者为官鬼，就是能管住我的人，如我是木，金克木，金就是木的官鬼。我克者为妻财，就是能被我支配的，如我是木，木克土，土就是木的妻财。同我者为兄弟，五行和我一样的都是兄弟，如我是木，木就是木的兄弟。

按照这个原则，我们可以为乾宫的《乾》卦配上天干地支和六亲：

图11.4 《乾》卦干支六亲相配图

《乾》卦五行为金，初爻子五行为水，金生水，子水是《乾》卦金生出来的，所以为子孙；二爻寅五行为木，金克木，我克者为妻财，所以二爻为妻财。其他各爻以此类推。

六亲装好之后就是定世爻和应爻。世爻代表自己，应爻代表对方。世爻和应爻永远相隔两爻，其实就是前面我们讲到的爻与爻之间的相应关系。在八宫卦图中，每宫的八纯卦世爻都在最上面一爻，为六世卦；接下来的五卦，世爻分别为初爻、二爻、三爻、四爻和五爻，也就是哪一爻变，哪一爻就是世爻。每一宫的第七卦为游魂卦，世爻在第四爻，最后一卦归魂卦，世爻在第三爻。世爻找到之后，相隔两爻就是应爻，如世爻在初爻，四爻就是应爻。记住每一卦所在宫内的次序很重要，便于定世爻和应爻。

定世爻还有一个口诀：

天同二世天变五，地同四世地变初。

本宫六世三世异，人同游魂人变归。

就是把一个六爻卦看作上下两个三爻卦，每个三爻卦的初爻为地、中爻为人、上爻为天。比较上下两卦的天地人三爻异同，就可以根据这个口诀确定世爻。“天同二世”是指上下两卦的上爻相同，下面两爻相反，这样的卦第二爻是世爻，如乾宫的《遁》卦，上卦为《乾》，下卦为《艮》，两卦最上面一爻相同，都是阳爻，其余两爻相反。口诀中的其他部分可以类推。其中游魂卦世爻都在第四爻，归魂卦世爻都在第三爻。

京房把一世、二世卦叫“地易”，三世、四世卦叫“人易”，五世、六世卦叫“天易”，游魂、归魂卦叫“鬼易”。六十四卦，囊括天地人鬼，无所不包，洞察一切。

确定世爻便于我们确定得到的卦属于八宫的哪一宫，同样也有一个口诀：

一二三六外卦宫，四五游魂内变更，归魂内卦是本宫。

凡是世爻在一、二、三、六爻的，这一卦的上卦就是它所属的宫，如天风《姤》卦世爻在第一爻，它属于它的上卦乾宫；世爻在四爻、五爻的，把它下卦变成相反的卦，即为它所在宫，如《剥》卦世爻在第五爻，下卦为《坤》，其相反的卦是《乾》，故为乾宫卦；归魂卦的世爻在第三爻，它的下卦就是它所属的宫，如《大有》卦是归魂卦，其下卦(内卦)为《乾》，它就属于乾宫。

知道了卦的干支五行，确定了世爻、应爻，又知道了所在宫的五行，然后就可根据六亲情况的生克制化来判断吉凶了。

有时候还需要给卦"装六神"。六神的顺序是青龙、朱雀、勾陈、螣蛇、白虎、玄武。装六神要根据占卦当天的天干，其规律为：

> 甲乙日初爻为青龙，丙丁日初爻为朱雀，
> 戊日初爻为勾陈，己日初爻为螣蛇，
> 庚辛日初爻为白虎，壬癸日初爻为玄武。

这样，每一个卦都和天干地支、五行、六亲、六神匹配起来，而且在卦中定位了彼我双方，世爻为我，应爻为彼。判断的时候，根据各个六亲之间的五行生克关系，再参考卜卦时间的五行旺衰，同时还需要掌握一个核心的概念是"用神"，即要预测的事物的象征符号。如预测父母情况，父母爻位用神；预测子女情况，子孙爻为用神，女的预测对象或配偶情况，官鬼爻为用神……总之，用神就是找到一个切入点，将要推算的事物与六亲相对应代入这个卦的符号系统，然后才能进行生克的运算。从这个意义上讲，京房纳甲筮法类似于代数学。

综合而言,京房筮法虽然也在使用六十四卦,但已经脱离了《周易》的卦爻辞,只是在象数方面借用《周易》符号,将干支、五行类化为人类社会的五种伦理关系,以模拟社会的运转。在判断吉凶方面,它有自己独特的理论体系。这种体系的建立,有汉代天文学的背景,将之用于人事推算,体现了《周易》"推天道以明人事"的原则。尽管其推论有玄虚的一面,但这种体系背后的理论思想还是值得重视的。

纳甲筮法方面的书籍有很多,《火珠林》《卜筮正宗》《易隐》和《增删卜易》等,都是这方面的代表性著作。

第三节　梅花易数

京房纳甲筮法虽然体系完备,考虑的要素也十分周全,但却过于繁琐,在实践操作中有诸多不便。于是,后人根据大道至简的原则,发明了"梅花易数"占卜法。

据说,发明这种占卜方法的是宋代大易学家邵雍。传说邵雍有一天赏梅花,看到梅花树上两只麻雀争夺树枝而坠落地上。邵雍根据"不动不占""吉凶悔吝生乎动"的原理,觉得必有征兆,就按照当时的时间取卦,得到《革》变《咸》卦。邵雍根据卦象生克,推断明天晚上必有一个女子上树折梅花,园丁不知情而驱赶她,女子受惊摔到地上使腿受伤。后来果然如此。于是,人们就把这种根据年月日时起卦的方法称之为"梅花易数"。

坊间流传《梅花易数》一书，题为邵雍所著，但书中竟然出现刘伯温的名字，想必是明代中后期好事者所为。根据《梅花易数》一书的介绍，这种方法主要以数字起卦。数字与卦的对应关系，用邵雍的先天八卦图序数，即乾、兑、离、震、巽、坎、艮、坤，对应1，2，3，4，5，6，7，8。

乾	兑	离	震	巽	坎	艮	坤
1	2	3	4	5	6	7	8

图11.5 先天八卦序数图

在具体运用时，一般将起卦的时间转化为数字，其方法是：（年＋月＋日）÷8的余数为上卦，（年＋月＋日＋时）÷8的余数为下卦，（年＋月＋日＋时）÷6的余数为变爻。如邵雍观梅占的时间为辰年十二月十七日申时，辰地支序数为5，（年＋月＋日）÷8，即（5+12+17）÷8，余数是2，所以上卦为《兑》；申时对应的地支序数是9，所以（年＋月＋日＋时）÷8即（5+12+17+9）÷8，余数是3，所以下卦为《离》，这样就得到一个《革》卦。然后求变爻，（年＋月＋日＋时）÷6，即（5+12+17+9）÷6，余数是1，即初爻变，《革》变为《咸》卦。

梅花易数利用随机数的原理，具有极大的灵活性，什么东西都可以起卦，只要能转化为数字即可。比如，我们随便报一组数字就可以卜卦，像"1，2，3"，1为《乾》卦，2为《兑》卦，《兑》卦是泽在下，《乾》卦是天在上，组成重卦为《履》卦，第三个数字是3，则是《履》卦的第三爻为动爻；如果用"1，2，4"，则是《履》卦的第四爻动。卜卦主要看动爻，一件事是静态的，自然不需要问，因为本身无事；但一动便有吉、凶、悔、吝的变化，所以要在动爻上看吉凶。

同样，我们也可以让人写字，然后根据笔画数起卦。如果写的字数为偶数，则平分字数，前面的总笔画用来取上卦，后面的总笔画取下卦，所有字的笔画数取变爻。方法与时间起卦一样。如果写的字数为奇数，则少一字为上卦，余下为下卦，取"天清地浊"之义。如果写的字数实在太多，则可以以字数取卦。

另外，还可以根据颜色和声音以及方位等来起卦。如见到一个人穿黑色上衣，白色裤子，黑色五行为水，对应《坎》卦，白色五行为金，对应《兑》卦，所以组合成一个《节》卦，然后再把当时的时间换算为地支所对应的时辰除以6，余数为变爻，如当时是中午十二点，为午时，午序数为7，7÷6余数是1，就是初爻变，《节》初爻变则为《兑》。具体物象、声音的次数和八卦所代表的方位等，也可以起卦。如卯时听到东边传来两声猫叫，两声为2，对应《兑》，东边为《震》，构成《随》卦，然后再根据卯时求变爻。或巳时见到南方来了一位少女，少女为《兑》，南方为《离》，组成《革》卦，然后根据时辰求变爻。

由此可见，梅花易数的占卜方法非常灵活，只要心有所动，凡是感知到的事物都可以起卦。这就是所谓的"先天心法"，因此有人把梅花易数叫作"心易"。需要注意的是，上面所讲都是数字不能被8或6整除的情况，若小于8或6的，直接对应卦或爻起用。但如果选择的数字能被8或6整除时，则默认余数为8或者6。

得出卦之后,就要进行判断,判断的基础是分清体和用。有变爻的卦为用,无变爻的卦为体。体代表我方,用代表他人;体代表主,用代表客;体代表静,用代表动。这样定位之后,再根据体、用两卦的五行生克判断吉凶。当然,有时候还要看互卦五行对体、用两卦的作用,还要参考体、用两卦所处的时间是旺还是衰。

举个例子,《梅花易数》中记录了一个"少年有喜色占"的例子:

> 壬申日午时,有少年从离方来,喜形于色。问其有何喜?曰:"无。"遂占之。以少年属艮,为上卦;离为下卦,得山火贲。以艮七离三加午时七,总十七数除十二,零五为动爻,是"贲"之六五爻,曰:"贲于丘园,束帛戋戋,吉。"《易》辞已吉矣,卦则贲之家人,互见震坎,离为体,互变俱生之。
>
> 断曰:"子于十七日内,必有币聘之喜。"至期,果然定亲。[①]

这个例子中,少年为《艮》卦,从离(南方)来,为《离》卦,二者组合成《贲》卦。接下来求变爻。艮数7,离数3,午地支序数为7,三者相加等于17,17÷6(书中说是12,其实是6乘以2

① (北宋)邵雍撰:《梅花易数》,海南出版社2011年版,第26页。

得来,与除以6的余数一样),余数5,所以《贲》卦的第五爻变,《贲》就变成《家人》卦。《贲》卦第五爻在上卦,上卦为《艮》,所以《艮》为用,下面的《离》卦为体。《贲》卦五爻动,参看其爻辞,“贲于丘园,束帛戋戋,吉”,爻辞说的是迎亲的事情,吉利。《离》卦为体,代表小伙子,与用卦《艮》相生,且变卦《家人》中的离和巽在五行方面都生助体卦,互卦中的《震》也生体卦,所以吉利。

梅花易数占法,易学难精,因为它过于简洁灵活,学易不精的人,容易陷入数字游戏,而失掉《周易》中的大旨。有兴趣的读者,可以阅读《梅花易数》一书,了解其占断技法与心法。

第四节　其他占法

在《周易》占法之中,大衍筮法为正宗,但因为操作繁琐,被后来的纳甲筮法所取代。纳甲筮法在民间术数文化中为大宗之法,流传很广。梅花易数的占法则空灵便捷,随时可用,被很多文人学士所喜欢,但却易学难精,需要很高的修养功夫做支撑。除了这三种占法之外,还有一些利用《周易》八卦的占法在民间被人运用。

一、翻书法

这种方法不需要繁琐的起卦方式,如有疑惑,只需要诚心地翻《周易》一书,翻到哪一页就看哪一卦,双日子看双数页，单日子看单数页，根据卦爻辞的吉凶直接判断。比如某人要谈一件生意，不知道是否能谈成，于是就诚心静气地翻《周易》这本书。结果此人翻到25—26页，假如当天是农历六月初三，属于单日子，就看第25页写的是什么内容。假设第25页为《师》卦，则看《师》卦的卦辞吉凶。《师》卦辞曰："贞，丈人，吉，无咎。"卦辞的意思是占卜一个指挥官，吉利，没什么过错。所以根据卦辞引申，生意可成。如果翻到的两页属于同一卦，就用这一卦的卦辞做判断。如果翻到的两页分别属于两卦，单日子就看单数页这一卦，双日子就看双数页这一卦。

还有一种特殊情况，即一页书上有两卦，到底该看哪一卦的卦辞？这就要熟悉六十四卦的序数，单数日子用单数卦，双数日子用双数卦。如某人在腊八节这一天想用《周易》判断自己谈的女朋友是否成功，翻书翻到第166—167页，因为当天是腊月初八，属于双日子，所以看第166页上是哪一卦。结果第166页上有两卦的爻辞，假设一卦是《坎》卦，一卦是《离》卦。在《周易》六十四卦卦序中，《坎》卦是第二十九卦，《离》卦是第三十卦。因为初八是个双日子，所以用双数卦，即根据《离》卦的卦辞来判断。《离》卦卦辞曰："利贞，亨，畜牝牛，吉。"意思是说，利于坚持正道，亨通，养母牛是吉利的。所以，根据占问的事情，可以推导出谈女朋友能够成功。

翻书法简单易行，但是只能用卦辞判断事情的成败吉凶，详细的过程及细节无法判断。这对普通人其实已经够用了。还有一点需要说明的是，卦辞说的事情与所占问的事情可能风马牛不相及，但是卦辞中的判断之辞却是吉凶成败的主要依据，其中的象辞则需要引申、类比、举一反三地灵活运用。比如上面所说的《离》卦卦辞，其中说到“利”“亨”“吉”等，据此即可判断可以成功；“畜牝牛”则可以与占问的事件结合起来，养母牛与谈女朋友可以类比。这样的话，事情的结果就不难判断了。

二、扑克牌法

这种占法就是用抽扑克牌代替蓍草或铜钱，直接用上面的数字取卦，然后结合卦象以及卦爻辞进行判断。

在具体操作时，需要把扑克牌中的大王和小王取出来放在一边不用。然后，把手中的扑克牌反复洗牌，同时要平心静气地想着自己要占问的事情，当非常专注地想着要问的事情时，就可以从一副扑克牌中随意抽出三张，第一张作为上卦，第二张作为下卦，第三张作为变爻。比如，一个人想占问自己明天出行是否顺利，就把扑克牌整理好，心里想着“我明天出行是否顺利”，同时，连续三次各抽出一张扑克牌。如第一张是K，第二张是7，第三张是A，把这三张换算成数字即是13，7和1。这三个数字均要按照先天八卦数来进行转换。转换的方法是，数字大于8的，用8来除，余数用先天八卦数取卦；数字小于等于8的，直接用先天八卦数取卦。先天八卦数为邵雍提出，为先天易学的核心，前面提到的梅花易数法就是使用这一套数字体系。

图11.6　先天八卦配先天数图

取数原则：1为《乾》卦2为《兑》，3数《离》4为《震》。5《巽》6《坎》7为《艮》，8数原来数到《坤》。根据这个取数原则，第一张扑克牌是K，即13，13除以8，余数为5，对应《巽》卦，即用《巽》卦为上卦；第二张扑克牌为7，直接取《艮》卦，即《艮》卦作下卦。这样上下两卦就构成了一个六爻卦，即风山《渐》卦。然后，再根据第三张扑克牌取变爻，取数的原则是，数字小于等于6时，这个数字对应的爻就是变爻，如数字是2就是第二爻变,数字是6就是第六爻也就是上爻变。如果第三张扑克牌的数字大于6,就用6来除,余数为变爻。比如这个例子,第三张是A,也就是1,就取初爻即第一爻为变爻。所以这次占卜得到的本卦是《渐》卦,《渐》卦第一爻变,就变成了风火《家人》卦。

得出卦之后,最简单的方法就是按照爻辞的解释做出吉凶判断,本卦哪一爻变,就看哪一爻的爻辞。如上面的例子,《渐》卦初爻变,其爻辞为:“鸿渐于干,小子厉,有言,无咎。”其含义为:鸿雁落在河岸上,小伙子行动艰难,会受到别人的指责,但没有什么大的过失。因此,根据这一爻的含义,就可以大致推导出这次出行不是很顺利,会有些小插曲、小摩擦,但最终还是较为顺利。

当然,也可以按照梅花易数的断卦方法,根据变爻分出体卦和用卦以及互卦,根据体卦用卦的生克关系断成败吉凶,然后再根据卦象的含义判断具体的细节和过程。如上面的例子,本卦是风山《渐》,变卦是风火《家人》,那么在《渐》卦中,发生变化的是《艮》卦,不变的是《巽》卦,《巽》卦为体,代表求测者本人,发生变化的是为用,即《艮》卦。体卦《巽》五行为木,用卦《艮》五行为土。体卦克用卦,大致是吉利的。在变卦《家人》中,下面的《离》卦是用卦变出,《离》为火,反过来生用卦《艮》,体卦《巽》木生变卦的《离》火,说明泄了体卦的气,体卦多消耗。这个结果和爻辞大同小异。如果再结合一下卦象,《艮》卦变为《离》卦,艮代表房子、宾馆,也代表停止,《离》代表轿车,所以有可能会在住宿、交通方面有些小不顺利。关于这种断法，有兴趣的读者可以多参考梅花易数的思维，多体会把玩一下《易传》中的《说卦传》对卦象的一些规定。

三、八卦图卜宅法

所谓“八卦图卜宅法”，一般是将住宅不同方位与后天八卦图比附起来，以之推算具体空间的宜忌。这种方法简便易行，在民间广为流传，并且被一些有文化的读书人所使用。要使用这种方法，必须把后天八卦图熟烂于胸，并对其基本卦象有所了解。后天八卦图本书已有介绍，其图如下：

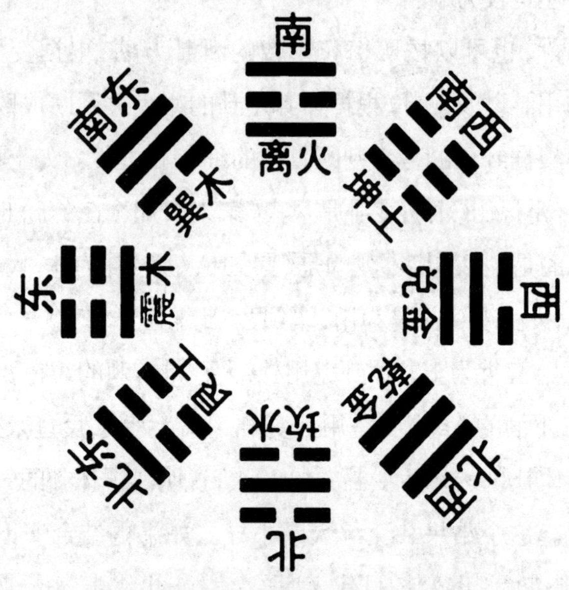

图11.7　后天八卦方位五行所属图

在这个图中，八卦分别代表空间中的八个方位。《乾》卦代表西北，《坎》卦代表北方，《艮》卦代表东北方，《震》卦代表东方，《巽》卦代表东南方，《离》卦代表南方，《坤》卦代表西南方，《兑》卦代表西方。在使用的时候，将这个八卦方位套用在需要测算的房子中，也就是在房子的正中心确定房子的八个方位。由于现在很多房子的形状不规则，导致房子的中心点难以找到。一般情况下，我们利用房子户型的几何中心点寻找房子的中心，如大致为正方形或长方形的房子，取对角线的交叉点为中心点。如果房子有缺角现象，可以像做几何题一样添加辅助线将缺角补齐，然后再求出其对角线交叉点。如果是不规则的户型，可以用类似物理学中的重心作为房子的中心点。当然，这种方法需要较为专业的知识以及较为敏锐的直觉观察力，因为我们不可能像物理学中那样把房子悬挂起来求出它的重心。最为直接的方法是，如果有房子的户型图，就可以直接在户型图上划出九宫格，然后把这个八卦的方位填写进去。这样，房子的西北角就是《乾》卦，正北边就是《坎》卦，东北角就是《艮》卦，以此类推。这就做好了第一步，即房屋的八卦定位。

接下来，还要懂得八卦所代表的基本含义。《乾》卦为父，代表家里已婚的年长男子；《坤》卦为母，代表家里已婚的年长女子。《乾》《坤》两卦，一般代表一个家庭的父母。如果已婚子女和父母一起生活，《乾》《坤》两卦就代表老头、老太太。《艮》卦代表少男，即年轻的未婚男子，或者排行最小的儿子。《兑》卦代表少女，即年轻的未婚女子，或者排行最小的女儿。《震》卦代表长男，可以代表已婚的中年男子，或者排行老大的儿子。《巽》卦代表长女，可以代表已婚的中年妇女，或者代表排行老大的女儿。《坎》卦代表中男，可以代表适婚年龄的男性，或者排行老二的儿子。《离》卦代表中女，可以代表适婚年龄的女性，或者排行老二的女儿。明白了八卦所代表的人物，也就做到了居住人员的定位。这样有利于判断哪些人适合居住在什么方位，以及哪些方位好或者不好，会对应哪些人出现问题。

方位和人定位之后，还要对事件类型做出大致定位。这就需要懂得八卦的五行属性和对应的人体部位和器官等知识。八卦和五行的对应很简单，木、金、土都是两卦，水、火各是一卦。《震》卦、《巽》卦属木，《坤》卦、《艮》卦属土，《乾》卦、《兑》卦属金，《坎》卦属水，《离》卦属火。八卦对应人体器官和部位，其根据为中医藏象理论和《周易》中的《说卦传》，八卦与人体器官的对应关系如下：

《乾》卦代表头部，也代表大肠、骨骼、颈椎、爱动，还可以代表右腿右脚；

《坤》卦代表脾脏，也代表腹部、肌肉、子宫、内分泌、安静、抑郁、自闭，还可以代表右肩；

《震》卦代表脚，也代表肝胆、筋骨、经络、神经系统、狂躁，还可以代表左肋；

《巽》卦代表腿，也代表肝胆、神经、内分泌、气管、乳房、胸部、淋巴系统，还可以代表左肩；

《坎》卦代表耳朵，也可以代表肾脏、泌尿、生殖系统、免疫力，还可以代表下腹部、会阴、前列腺等部位；

《离》卦代表眼睛，也代表心脏、血液循环系统、咽喉、卵巢、女性生殖器官、输卵管等，也可以代表头部；

《艮》卦代表手，也代表胃、消化系统、鼻子、脊椎、关节、结石、肿块，还可以代表左脚左腿；

《兑》卦代表嘴巴、舌头，也代表肺部、呼吸系统、皮肤、牙齿，还可以代表右肋。

掌握了这些，也就可以对房子中的八个方位所对应的人和事以及吉凶做出基本的定性。

八卦图卜宅法的原则是，每个人所居住的方位要与八卦相合，二者的五行属性相同或相生，如果是相克，也应该是人代表的五行克方位代表的五行。如果是方位所代表的五行克人所代表的五行，一般认为不吉。如大龄剩女可以用《巽》卦来表示，五行属木，如果居住在房子的西南方位，西南属于《坤》卦，《坤》卦五行属土，就构成了木克土的关系，虽然是人克方位，但不是很好。又因为《巽》卦属于阴性，《坤》卦也属于阴性，二者组合就增加了阴性的能量，所以有可能导致其消化不好、不爱交往，更有甚者会影响异性缘而一直独身。

除了人与方位要般配，房屋中的家具摆设也要与方位相配。这就需要给家具做出五行划分。如电视机五行属火，电冰箱五行属水，卫生间五行属水，厨房五行属火，花草五行属木等。这是按照家具的功能和主要的材质来划分的。功能和材质不容易划分五行的，也可以按照颜色来划分五行：红色属于火，白色属于金，黄色属于土，黑色属于水，青色绿色属于木。

比如，在房间的东南角摆放冰箱或空调，东南属于《巽》卦，冰箱和空调五行属于水，看起来是五行相生，但是如果空调或冰箱是白色的，就有金的属性，金克木，这些家具就会克制东南的方位。又因为《巽》卦代表腿、肝胆、神经、内分泌、气管、乳房、胸部、淋巴系统、左肩等，这些方面就容易出问题，尤其是腰腿、肩膀等风湿性的疾病。这是因为冰箱和空调都是寒湿性的东西。又因为《巽》卦代表长女，所以家里的女性最容易出现这些症状。

再比如，有人喜欢在房子的正南方摆放大型的鱼缸或者空调柜机，因为南方属于《离》卦，五行为火，鱼缸和空调五行为水，水克火。这样的格局很容易出现家人视力不好、头晕甚至心脏功能不好的情况。还有一些房屋的结构不是很合理，如把厨房放在西北角，西北属于《乾》卦，五行属金，厨房五行为火，火克金。西北又叫天门，所以这种格局也叫“火烧天门”。《乾》卦代表已婚男子，代表头部，也代表大肠、骨骼、颈椎、右腿右脚等，所以西北为厨房的房子，家中的男家长发展可能受到影响，而且也容易出现头部、消化系统的问题。

八卦图卜宅法还有一种用法，就是将某个方位所居住的人作为上卦，居住的方位作为下卦，二者组成一个六爻卦，根据六十四卦的属性来判断好坏。如房子的西南方位为《坤》卦，已婚的男子为《乾》卦，如果已婚男子住在房子西南方位，就组合成了天地《否》卦。《否》就是不通，所以已婚男子的事业不太亨通。又如，房子的西北方位属于《乾》卦，未婚的女子属于《巽》卦或《离》卦，这名女子如果住在房子西北方位，有可能受《乾》卦性质的影响，成为女强人，但不利婚姻。这是因为此女子属于《巽》卦或《离》卦，与《乾》卦一起构成火天《大有》卦或风天《小畜》卦，《乾》卦五行属金，《巽》卦五行属木，《离》卦五行属火，《巽》和《离》与《乾》都是相克的关系。并且，《大有》卦代表物质的富有，卦象为如日中天，阳气十足，所以会导致男人畏惧远离；《小畜》卦则本身就是不利于婚姻的卦。

总之，八卦图卜宅大多如此之类，民间流传较广，但一不留神就可能失却了《周易》变易的活泼性，难免不牵强附会。

四、八宅法

与八卦图卜宅法一样，八宅法也是将后天八卦的方位作为房屋布局的依据。所不同的是，八宅法根据房屋的坐向或大门确定房屋卦象归属，然后根据这一卦，运用“大游年”法确定房屋或院子每个方位的吉凶。这种方法比上面的八卦图卜宅法要稍微灵活细腻一些。

八宅法在唐代甚至唐以前就出现了，敦煌文献中就有关于八宅法的记载。后世较为流行的说法，认为此法出自唐代高僧一行和尚，说他奉唐王之命伪造《灭蛮经》，故意用这种方法来对付胡人，让胡人用这种错误的方法自己灭了自己。其实，根据有关材料，八宅法中的一些说法，在僧一行之前就有了。

八宅法就是把所有的房屋分为八类，每一类用一卦表示，所以称之为八宅。在这八类住宅之中，又分为两组，即东四宅和西四宅。属于东四宅的是震宅、巽宅、坎宅和离宅；属于西四宅的是乾宅、坤宅、艮宅和兑宅。因为《乾》卦属于老父，《坤》卦属于老母，《艮》卦属于少男，《兑》卦属于少女，《震》卦属于长男，《巽》卦属于长女，《坎》卦属于中男，《离》卦属于中女，所以又可以总结为老、少属于西四宅，长、中属于东四宅。

从五行属性看，东四宅属于水生木、木生火的四卦，西四宅属于土生金的四卦。前人对于这样一种划分方式有很多种解释，但是均不免有附会的嫌疑，且不能在义理方面使人信服。其实这种划分源于先天八卦图：

东南 兑 4	南 乾 9	西南 巽 2
东 离 3	5 中央	7 坎 西
8 震 东北	1 坤 北	6 艮 西北

图11.8　先天八卦配《洛书》九宫图

上面这个图是先天八卦方位配《洛书》数字。东四宅就是《巽》《坎》《离》《震》四卦，按照这个顺序把这四卦用线连起来，其轨迹就构成了一个S形；同样，我们把《兑》《乾》《坤》《艮》这四卦用线条连起来，也构成一个S形，它们属于西四宅。这样，东四宅和西四宅就构成了一个交叉循环的卍字。

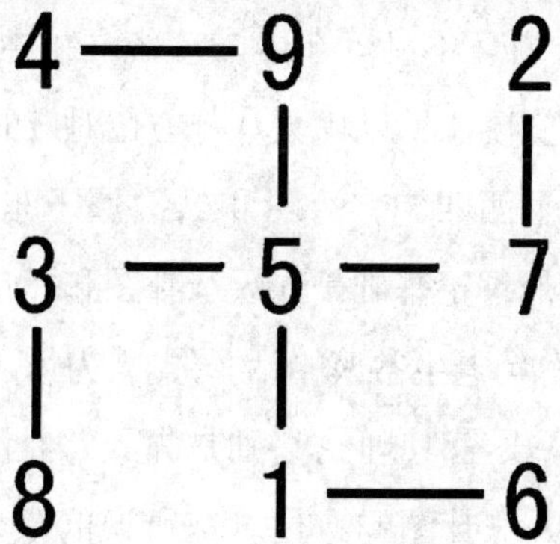

图11.9　东四西四通气图

因此，东、西四宅的划分，遵循太极图的螺旋结构，只有沿着这种轨迹运行的气才是对人有益的生气。如果再结合《洛书》数字看八宅的划分，就会更有规律：4，9和1，6西四宅，3，8和2，7构成东四宅。而这种数字组合正是《河图》数字。

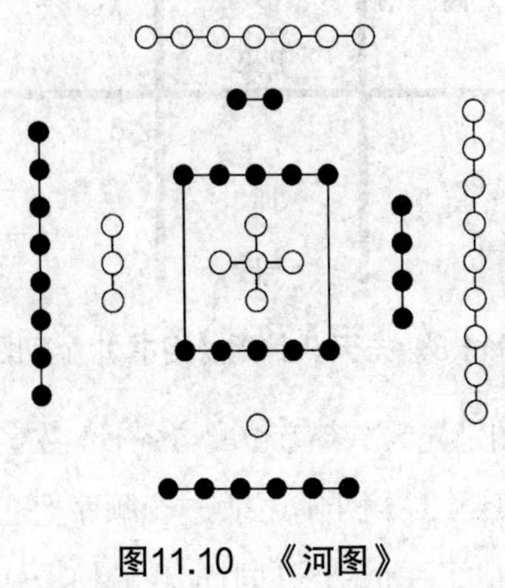

图11.10 《河图》

《河图》五行则是1，6属于水，4，9属于金，3，8属于木，2，7属于火。木为少阳，火为太阳，金为少阴，水为太阴，四者构成升降沉浮，循环不息。在中国传统文化中，东方为阳，西方为阴，即左阳右阴。所以先天八卦方位对应的《洛书》数中，4，9和1，6属于西四宅，3，8和2，7属于东四宅。由此可以看出，八宅法的理论基础是先天八卦图和《河图》《洛书》。

易学之中有句老生常谈的话："先天为体，后天为用。"八宅法正是这样。尽管其理论基础是先天八卦图，但在具体运用之中却是后天八卦图的方位。其所说的八个方位的吉凶，都是用后天八卦图来表示的。

八宅法最重要的是定房屋的伏位，也就是八宅运算的太极点。只有找到了伏位，才能以此为基础进行“大游年”法的运算。民间定伏位的方法有两种，一种是根据房屋坐向定伏位，以房子坐山为伏位。如坐北朝南的房子，北方属于《坎》卦，坎就是这个房屋的伏位。如果是坐西南朝东北的房子，西南属于《坤》卦，房子的伏位就是坤。总之，房子坐哪个方位，那个方位所属的卦就是这个房子的伏位。

第二种定伏位的方法是以房子的大门或入户门为伏位，即大门或入户门在哪个方位（注意，是方位而不是方向），就以那个方位所属的卦为伏位。如一户人家的院子大门在院子的正南方，因为南方为《离》卦，所以就以离为伏位。再比如，一个房子的入户门在房子的东北方，因为东北方为《艮》卦，所以这个房子的伏位就是艮。需要注意的是，不管是以坐向定伏位，还是以门定伏位，测量的位置都是院子或房子的中心点。

定好伏位之后，房子就算定性了。如伏位为坤的房子就叫坤宅，属于西四宅；伏位为坎的房子就叫坎宅，属于东四宅，其他以此类推。这样，一座房子的吉凶方位就可以运算了。传统的运算方法叫“大游年”翻卦法，其口诀如下：

乾六天五祸绝延生，
坎五天生延绝祸六。
艮六绝祸生延天五，
震延生祸绝五天六，

巽天五六祸生绝延。

离六五绝延祸天生，

坤天延绝生祸五六，

兑生祸延绝六五天。

口诀中每一句的第一个字是房子的伏位，其中的六代表六煞，天代表天医，五代表五鬼，祸代表祸害，绝代表绝命，延代表延年，生代表生气。在这些名称中，伏位、生气、延年、天医为吉，绝命、祸害、五鬼、六煞为凶，吉凶各占50%。每一句口诀，都是按照后天八卦的方位，从伏位开始顺时针旋转排出。如坐西北或大门在西北的房子属于乾宅，乾就是伏位，从《乾》卦开始顺时针旋转，依次为坎六煞、艮天医、震五鬼、巽祸害、离绝命、坤延年、兑生气。由此可知乾宅吉利的方位是乾、兑、艮、坤四个方位，即西北、正西、东北和西南方位。而这四个方位所代表的卦都属于西四宅。其他口诀也是如此旋转排列。可见，同属于西四宅或同属于东四宅的四个方位，彼此都是吉利的。古人把这个原则叫作“东四不混西四，西四不混东四”，如果东四宅和西四宅混杂了，就不吉利，叫作“出卦”。

为了直观及方便查阅，把八种伏位的各种吉凶排列情况列图表如下：

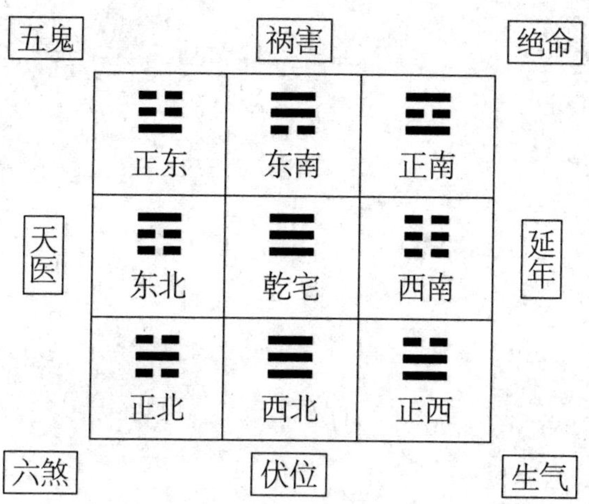

图11.11 乾宅翻卦图

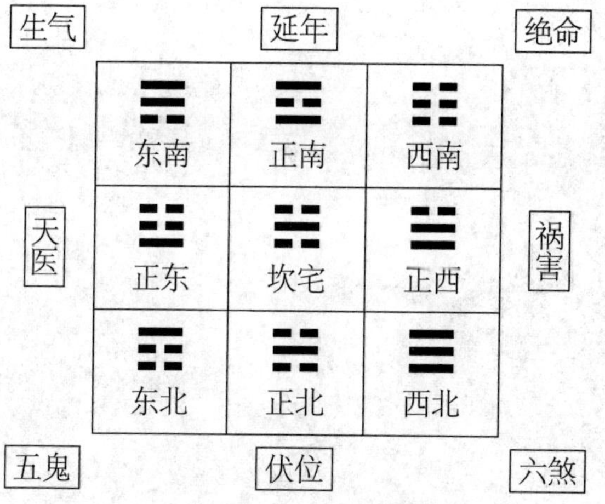

图11.12 坎宅翻卦图

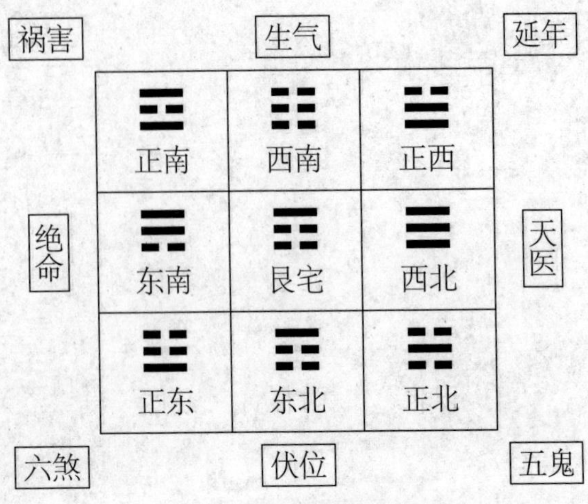

图11.13　艮宅翻卦图

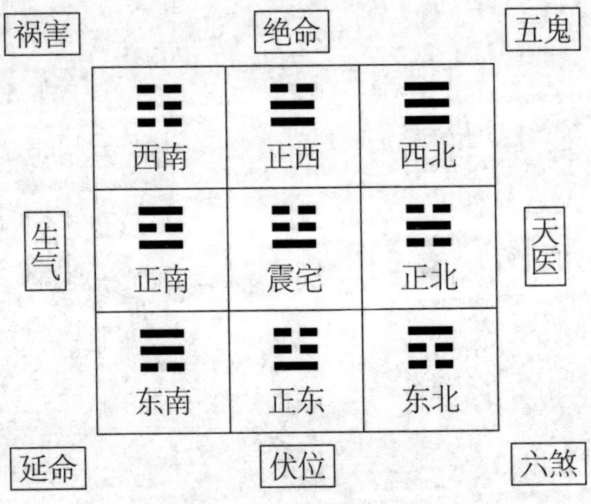

图11.14　震宅翻卦图

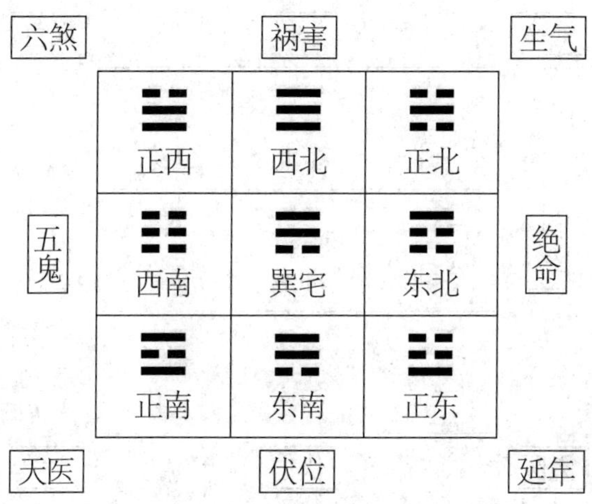

图11.15　巽宅翻卦图

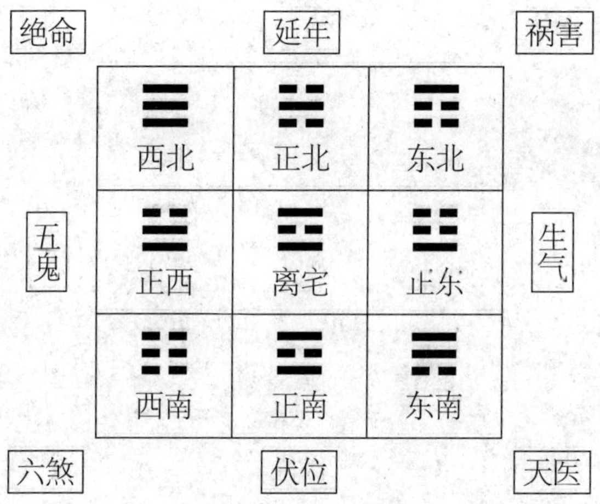

图11.16　离宅翻卦图

绝命
生气
祸害
正北
东北
正东
延年
西北
坤宅
东南
五鬼
正西
西南
正南
天医
伏位
六煞

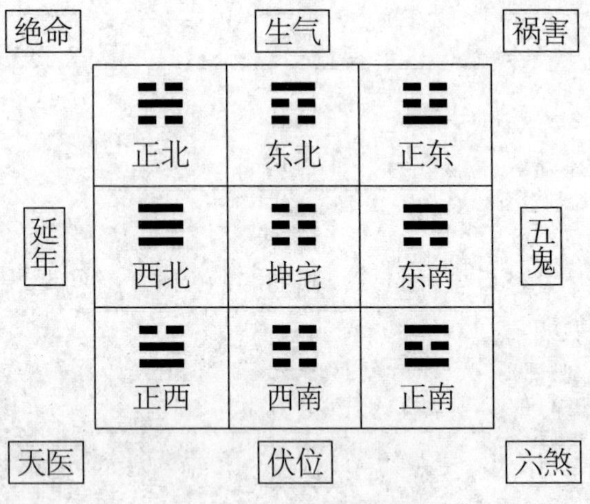

图11.17 坤宅翻卦图

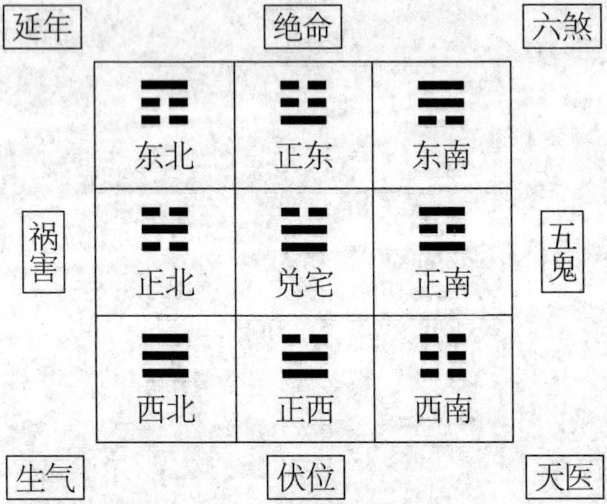

延年
绝命
六煞
东北
正东
东南
祸害
正北
兑宅
正南
五鬼
西北
正西
西南
生气
伏位
天医

图11.18 兑宅翻卦图

知道了房屋的吉凶方位，就可以进行布局了。一般原则是把主要的功能区放在好的方位，如主卧室、书房、厨房和大门，一定要在好的方位，而把不常用的或不好的地方如卫生间，放在不吉的方位。

在八宅法中，还要考虑到所居住的人的命卦问题。这种方法将人也分为东四命和西四命，要求东四命的人居住东四宅，西四命的人居住西四宅。关于人的命卦的推算方法，详见下面的“合婚法”。

八宅法运用了《周易》八卦的原理进行居住环境的布局和判断，应该说和《周易》有一定的关系。关于此法的具体情况，可以参考《阳宅十书》《阳宅撮要》《八宅明镜》等古书。

五、合婚法

利用八卦合婚，与上面的八宅法有一定的关系，传说出自唐代吕才之手。只不过八宅法考察的是代表房子的一卦与房子各方位所代表的一卦的相互关系，而这种方法考察的是男、女所代表的卦之间的相互关系。它们共用“大游年”口诀。

要知道男女双方各属于哪一卦，必须要知道出生年份，然后通过一定的方法计算出来。计算出的这一卦就是自己的命卦，或者叫命宫。乾、兑、坤、艮属于西四命，震、巽、坎、离属于东四命。原则上东四命和西四命之间最好不要婚配，这一点和前面的八宅法中东四宅不配西四宅相同，都是不能混搭。

古代对年命的推算方法比较复杂,民间有所谓的“野马跳涧诀”可以参考。其口诀云：

> 野马跳涧走,
> 从寅数到狗。
> 一年隔一位,
> 不用亥子丑。

相信很多人读完这四句口诀仍然是一头雾水,不知所云。为了便于大家快速知道自己的命卦,下面介绍几个简单的数学计算公式。通过这几个计算公式,大家在一两分钟之内就可以算出自己属于八卦中的哪一卦。

2000年以前出生者：

男：10-（出生年后两位相加之和）,差对应九宫数。如1976年生，10-（7+6）,即10-（1+3）=6，6对应《乾》卦,故为乾宫命。

女：(出生年后两位之和）-4,差对应九宫数。如1977年生,(7+7）-4,即(1+4）-4=1，1对应《坎》卦,故为坎宫命。

2000年以后出生者：

男：9-（出生年后两位相加之和）,差对应九宫数。如2013年生，9-（1+3）,即9-4=5,男5以坤看待,故为坤宫命。

女：(出生年后两位之和）-3,差对应九宫数。如2010年生,(1+0）-3=-2，-2+9=7，7对应《兑》卦,故为兑宫命。

这里需要说明的有三点：

第一，出生年后两位之和一定要为个位数，如果和是两位数，就用这个两位数的个位和十位数继续相加，直到变成一个个位数为止；

第二，最后得到的差如果是负数，就用这个负数加上9得出一个数，以这个数为最后的差；

第三，如果最后得到的差是5，男的就以坤命看待，女的以艮命看待。

九宫数就是《洛书》数字配后天八卦图：

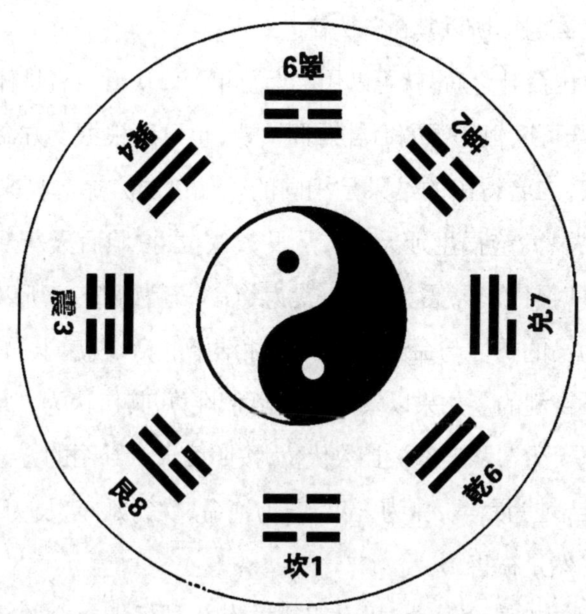

图11.19　后天八卦方位配洛书数图

算出命卦之后，就可以把男女双方的命卦根据“大游年”

口诀进行推算了。“大游年”口诀在前面“八宅法”中已有介绍，此不赘述。

今举一例进行说明。假如一个1992年出生的男子与一个1994年出生的女子，要看二人是否适合结婚，先算出二人的命卦。因为二人都是2000年以前出生，根据公式，男的命卦为：10-（出生年后两位相加之和），即10-（9+2），即10-11，因为11还是一个两位数，所以继续将其十位数和个位数相加，即10-（1+1）=10-2=8。8对应《艮》卦，所以其命卦为艮。女方命卦为：（出生年后两位之和）-4，即（9+4）-4，即13-4=9，9对应《离》卦，所以其命卦为离。

算出命卦之后，就可以用“大游年”口诀看二者是什么关系了，既可以根据男方命卦对照口诀，也可以根据女方命卦对照口诀，二者得出的结果是相同的。如以男方命卦艮来对照口诀，“艮六绝祸生延天五”，从艮数伏位，按照后天八卦图的方位顺时针旋转，震为六煞，巽为绝命，离为祸害。所以这个命卦为艮的男性与命卦为离的女性结婚的话，就属于祸害婚，这是不吉利的。如果以女性命卦离来推算，其口诀为“离六五绝延祸天生”，从《离》卦数伏位，按照后天八卦图的方位顺时针旋转，坤为六煞，兑为五鬼，乾为绝命，坎为延年，艮为祸害，所以仍然是祸害婚。

根据这种合婚法，男女双方共有八种婚姻组合关系。这八种婚姻组合吉凶各异：延年婚主长寿有福，男女和谐，愉悦安康，为上吉之婚；生气婚主多子多福，儿女孝顺，福禄双全，为上吉之婚；天医婚主无病无灾，平安和睦，儿女贤能，为上吉之婚；六煞婚主坏中有救，夫妻和顺，丰衣足食，为中等之婚；祸害婚主遇难成祥，逢凶化吉，虽多劳碌但可得小康，为中等之婚；伏位婚主一生平淡，和和顺顺，子女满意，为中等之婚；五鬼婚主是非口舌，鸡犬不宁，或有官司，为下等之婚；绝命婚主一生坎坷，生活艰辛，分离不和，为最下之婚。古人认为，上等之婚，家门多喜庆；中等之婚，虽有不吉因素，但无大的妨碍；如是下等之婚，最好避开。

八卦合婚法，将男男女女仅仅分为八种情况进行组合，且同年出生的同性别之人命卦相同，忽略了人的诸多差异性因素，因而显得机械简单。再者，当今社会的婚姻组合情况非常复杂，婚姻的好坏，很大程度上还要看男女双方的感情深浅与经营情况，绝对不是单看哪一年出生就能决定的。所以，这里介绍的合婚法仅仅供参考，目的是让大家了解古人运用《周易》八卦占卜婚姻的文化现象。

六、三元九运与年紫白法

古人不仅用《周易》八卦占卜人与环境的关系和人与人的关系，还占卜时间的变化，以便于趋吉避凶。这方面最有影响的就是三元九运推算与年紫白推算法。

所谓三元九运，其实就是一种将时间划分为三个大的循环周期与九个小的循环周期的占卜时间段的方法。三元就是上元、中元和下元，每一元是六十年，也就是一个甲子循环。三元就是一百八十年。九运就是一运、二运、三运、四运、五运、六运、七运、八运和九运，每一运是二十年，九运也正好是一百八十年。因此，这种划分方法把一百八十年看作一个大循环周期，六十年看作一个中循环周期，二十年看作一个小循环周期。这种思维符合《周易》研究周期性变化规律的性质。因为每个大的循环周期里面都有九运，所以就和《洛书》的九宫数字对应起来，并且将这些数字与八卦匹配。其所运用的还是后天八卦配《洛书》数字图。

		离		
巽	4 ☴	9 ☲	2 ☷	坤
震	3 ☳	5	7 ☱	兑
艮	8 ☶	1 ☵	6 ☰	乾
		坎		

图11.20　后天八卦方位配《洛书》数方图

在这个图中，九个数字就代表九运，除了5之外，每个数字都对应一个卦，这个卦的属性就是判断这一步运的依据。5因为没有对应的卦，所以就将五运当中的二十年分为前后各十年，前十年属于第四步运，也就是《巽》卦，后十年属于第六步运，也就是《乾》卦。

三元九运第一轮循环的那个开端甲子年已经很久远了，我们只需要记住距离较近的三元九运划分点就可以了。以下是这一轮的三元九运时间表：

上元

一运1864年—1883年(甲子年至癸未年)

二运1884年—1903年(甲申年至癸卯年)

三运1904年—1923年(甲辰年至癸亥年)

中元

四运1924年—1943年(甲子年至癸未年)

五运1944年—1963年(甲申年至癸卯年)

六运1964年—1983年(甲辰年至癸亥年)

下元

七运1984年—2003年(甲子年至癸未年)

八运2004年—2023年(甲申年至癸卯年)

九运2024年—2043年(甲辰年至癸亥年)

根据这个时间表，我们现在正处于下元八运。在后天八卦配《洛书》数字图中，8对应《艮》卦，这就是说，从2004年—2023年这二十年，都是《艮》卦主事。《艮》卦的属性以及所象征、代表的一些事物，在这一步运中会有所显现。这就是所谓的时运。

在《周易》中,《艮》卦为止、为门、为房子、为安保,五行属土,所以在这二十年中,为人们提供栖止场所的地产业很兴盛;还有就是有关心理、心灵的能让人静下来的行业很流行,如瑜伽、心理体验和辅导,甚至还有宗教;另外,因为《艮》卦五行属土,土是生养万物的,在奇门遁甲中,《艮》卦的方位为生门,所以这二十年中养生、餐饮也很红火。但是到了2024年,就到了第九步运,就轮到了《离》卦主事,八运中的一些行业就不再鸿运当头了。比如像房地产、餐饮等,要逐渐冷却下来,趋于常态。第九运将会兴起的一些产业,可以根据《周易》中对《离》卦卦象的界定进行推断。

当第九运结束后,也就是到了2044年,新一轮的三元九运又开始了。天地会运行到上元一运,也就是《坎》卦开始主事,社会大的发展趋势,会按照《坎》卦的性质与卦象发展。这样周而复始,循环不已,就构成了风水轮流转。这其实也是运的本义。

古人认为当运则旺,运过则衰。三元九运的推算,就是为了迎接旺气,应运而生。

除了三元九运,古人还用紫白飞星推算每一年吉利的方位。这种紫白飞星法运用的也是后天八卦图配《洛书》数字。其九星为:一白坎水,二黑坤土,三碧震木,四绿巽木,五黄土星,六白乾金,七赤兑金,八白艮土,九紫离火。九星的吉凶有不同的说法,一般认为一白、六白、八白是吉利的,简称“三白”。九紫星有人认为吉,有人认为半吉半凶。又因为九星从一白开始，至九紫结束，所以简称“紫白”。除去紫白以外的五个星都不太吉利，尤其是五黄和二黑。其中五黄为正煞，每年五黄所到的方位，一般禁止动土，因为煞气太重；二黑为病符，二黑所临的方位也不宜动，否则疾病缠身。

年紫白飞星的排法有个口诀：

年上吉星论甲子，
逐年星逆中宫取，
上中下作三元汇，
一上四中七下是。

其推法分为上、中、下三元，上元的甲子年一白入中宫，中元的甲子年四绿入中宫，下元的甲子年七赤入中宫。甲子年入中宫的星找到之后，以后的年份要按九星顺序逐次逆排入中宫。如上元甲子年一白入中宫，甲子年之后的乙丑年就要九紫入中宫，乙丑年之后的丙寅年要八白入中宫，丁卯年要七赤入中宫……其他元也是这样，以此类推。这就是“逐年星逆中宫取”。入中宫的星确定之后，就要按照《洛书》九宫的顺序飞布九星，其顺序永远是顺行，即从中宫5开始，按照中5－乾6－兑7－艮8－离9－坎1－坤2－震3－巽4的顺序排布。如上元甲子年一白入中宫，一白之后是二黑，所以二黑排在乾6宫，接下来是三碧排在兑7宫……其图如下：

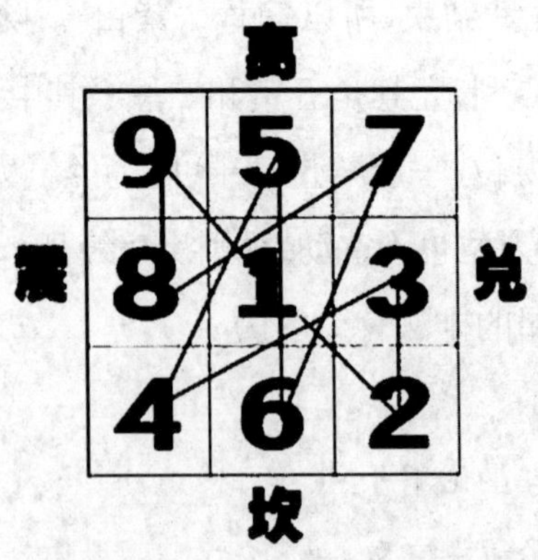

图11.21　一白入中图

这样排完之后，我们就会发现六白金在正北方的坎位，八白土在正东方的震位，九紫火在东南方的巽位，一白水在中宫。最凶险的五黄星在正南方离位，二黑病符在西北方的乾位。如果要修造、动土、开门，这一年就要避开正南方和西北方，最好选在北方、东方、中央和东南方。

九星所临方位的吉凶，除了看九星本身的性质之外，还要兼顾九星五行与所在宫位五行的生克关系，以相生为吉，相克为凶。如上面所举例子，六白为金，位于坎宫，坎为水，金水相生，吉；八白为土，所在的震宫为木，木克土，所以虽然八白是吉星，但是受克也不太吉；二黑为土，所在的乾宫为金，土生金，虽然二黑是病符，但是与落宫相生，反而不太凶。其他各宫同理可推。

为了方便推算，我们将六十甲子的天干地支进行排列，根据上、中、下三元不同，将每一年入中宫的星罗列出来。

在使用的时候，只要知道当年的天干地支，并且知道是三元中的哪一元，就可以了解该年的入中之星，其他星的排布自然就可以推算出来了。如2016年为丙申年，属于下元八运。查表可知，丙申年下元的入中之星是二黑，其九星排入如下：

年紫白九星入中表

流年干支	甲子	乙丑	丙寅	丁卯	戊辰	己巳	庚午	辛未	壬申
	癸酉	甲戌	乙亥	丙子	丁丑	戊寅	己卯	庚辰	辛巳
	壬午	癸未	甲申	乙酉	丙戌	丁亥	戊子	己丑	庚寅
	辛卯	壬辰	癸巳	甲午	乙未	丙申	丁酉	戊戌	己亥
	庚子	辛丑	壬寅	癸卯	甲辰	乙巳	丙午	丁未	戊申
	己酉	庚戌	辛亥	壬子	癸丑	甲寅	乙卯	丙辰	丁巳
	戊午	己未	庚申	辛酉	壬戌	癸亥			
上元	1	9	8	7	6	5	4	3	2
中元	4	3	2	1	9	8	7	6	5
下元	7	6	5	4	3	2	1	9	8

可知2016年五黄临东北，二黑位中央，此两个方位不宜动土、开门；最好的一白、六白和八白位居南方，分别位于东南、正南和西南，其中东南方位宫和星水木相生，有利于读书升学和文书研究，西南方宫和星都是土，有利于催财，正南方离宫火克六白金，稍微有些不吉。

七、奇门遁甲、大六壬式法等占法

术数文化中还有一些占法也与《周易》相关，但不属于纯粹的《周易》占法。如奇门遁甲，沿用了后天八卦图的九宫模式，其盘局中的八方借鉴了八卦方位与八卦卦象，甚至八门、九星的一些象征含义也受到八卦的影响。在进行推算时，奇门遁甲运用式盘转动来模拟时空的组合。其式盘分为天盘、地盘、人盘和神盘，天盘代表时间，地盘代表空间，人盘代表人事，神盘代表看不见的能量因素。这种天、地、人、神的四重组合，与《周易》中的《谦》卦彖辞所讲的天道、地道、鬼神和人道如出一辙，思维方式一致。由于奇门遁甲的推算要结合二十四节气以定局，方法繁琐，这里不再详细介绍。有兴趣的朋友可以参考《奇门遁甲统宗大全》之类的书籍。下面附一张奇门遁甲阳遁一局的盘式图，其结构模型即可见一斑。其中的开、休、生、伤、杜、景、死、惊为八门，八门对应八卦；天心、天蓬、天任、天冲、天辅、天英、天芮、天禽和天柱为九星，九星除了天禽在中宫之外，也是对应八卦；值（直）符、螣蛇、太阴、六合、勾陈、朱雀、九天和九地为八神。在卜算过程中，要运用八门、九星、八神和八卦卦象的对应关系，还要考虑天干的五行生克，更要兼顾八卦所对应的八宫的旺衰和生克，非常复杂细密。

图11.22　阳遁一局图

大六壬占法直接用地支来运算，看重的是地支的五行生克和神煞吉凶。但其三传类似于《周易》的三才之道，四课类似于《周易》的四象，其课体、类象也受《周易》影响很深。其推算的过程有“九宗门”，非常繁复，有兴趣的读者可以参考《六壬大全》。

与《周易》有关的占法还有很多，它们的目的都是一样的，就是预知未来的吉凶祸福。对未来的事情进行探索，希望提前预知，这种愿望一直是人类渴望实现的。《周易》以及和《周易》相关的占法只是古人追求这一目标所使用的手段，其本身是否正确，是一个非常复杂的问题。简单地否定或简单地肯定都是不可取的。我们应该抱着实事求是的态度，认真对待这一民俗、文化现象，不仅要研究其背后的哲学思想和社会心理基础，还要通过实践检验，剔除虚妄无稽之谈，保留那些经验乃至科学的总结积累，使之朝着科学研究的路径发展。

《周易》的占筮是术的层面，义理则是道的层面。《周易》占筮的本意是要以术证道，以道导术。这种现象在中国文化中较为普遍，很多中国的学问都包括道和术两个层面。因此，面对《周易》的占术，我们一定要慎重。

参考文献

《十三经注疏》，影印阮刻注疏本，中华书局1980年版。

《诸子集成》，上海书店1991年版。

“二十四史”点校本及《清史稿》，中华书局1959—1979年版。

（西汉）孟喜撰，（清）王谟辑：《周易章句》，《汉魏遗书钞》本。

（西汉）京房撰，（清）王保训辑：《京氏易》，《木犀轩丛书》本。

（西汉）扬雄撰，（北宋）司马光集注：《太玄集注》，中华书局1998年版。

（东汉）桓谭撰，朱谦之校辑：《新辑本桓谭新论》，中华书局2009年版。

（东汉）许慎撰，（北宋）徐铉校订：《说文解字》，中华书局1963年版。

（东汉）马融撰，（清）黄奭辑：《马融易传》，《汉学堂丛书》本。

（东汉）魏伯阳撰，（清）仇兆鳌集注：《古本周易参同契集注》，上海古籍出版社1989年版。

（三国·魏）王弼、（西晋）韩康伯注：《周易注》，《四部丛刊》本。

（三国·魏）王弼撰：《周易略例》，《四部丛刊》本。

（三国·魏）王弼注，楼宇烈校释：《老子道德经注校释》，中华书局2008年版。

（东晋）郭璞撰：《葬书》，《景印文渊阁四库全书》本。

（南朝·宋）刘义庆著，（南朝·梁）刘孝标注，余嘉锡笺疏：《世说新语笺疏》，中华书局2007年版。

（南朝·梁）萧统编，（唐）李善注：《文选》，中华书局1977年版。

（南朝·梁）萧绎撰，许逸民校笺：《金楼子校笺》，中华书局2011年版。

（唐）徐昂撰：《周易虞氏学》，南通翰墨林书局1949年版。

（唐）李鼎祚著：《周易集解》，巴蜀书社1991年版。

（唐）李淳风撰：《乙巳占》，中华书局1985年版。

（唐）刘禹锡撰，卞孝萱校订：《刘禹锡集》，中华书局1990年版。

（唐）段成式撰：《酉阳杂俎》，中华书局1981年版。

（北宋）李昉等撰：《太平御览》，中华书局1960年版。

（北宋）邵雍撰，李一忻点校：《皇极经世》，九州出版社2003年版。

（北宋）邵雍著：《邵雍集》，中华书局2010年版。

（北宋）邵雍撰：《梅花易数》，海南出版社2011年版。

（北宋）司马光撰：《温公易说》，《景印文渊阁四库全书》本。

（北宋）程颐撰：《周易程氏传》，《景印文渊阁四库全书》本。

（北宋）程颢、程颐著：《二程集》，中华书局1981年版。

（北宋）张载撰：《横渠易说》，通志堂经解本。

（北宋）张载著：《张载集》，中华书局1978年版。

（北宋）苏轼撰：《东坡易传》，上海古籍出版社1989年版。

（北宋）朱震撰：《汉上易传卦图》，《景印文渊阁四库全书》本。

（南宋）卫湜撰：《礼记集说》，《景印文渊阁四库全书》本。

（南宋）朱熹撰：《易学启蒙》，《景印文渊阁四库全书》本。

（南宋）朱熹撰：《四书章句集注》，中华书局1983年版。

（南宋）朱熹撰，廖名春点校：《周易本义》，北京大学出版社1992年版。

（南宋）朱熹撰：《朱子全书》，上海古籍出版社2002年版。

（南宋）朱熹撰，廖名春点校：《周易本义》，中华书局2009年版。

（南宋）洪兴祖撰：《楚辞补注》，中华书局1983年版。

（南宋）杨万里撰：《诚斋易传》，《景印文渊阁四库全书》本。

(南宋)易祓撰:《周易总义》,《景印文渊阁四库全书》本。

(南宋)俞琰撰:《周易集说·读易举要》,上海古籍出版社。

(元)吴澄撰:《易纂言》,上海古籍出版社1990年版。

(明)来知德撰:《周易集注》,九州出版社2012年版。

(明)黄道周撰:《易象正》,中华书局2011年版。

(明)黄宗羲著:《黄宗羲全集》,浙江古籍出版社1985年版。

(明)黄宗羲撰:《易学象数论》,中华书局2010年版。

(明)王夫之撰:《周易内传》,九州出版社2004年版。

(清)李道平撰,潘雨廷点校:《周易集解纂疏》,中华书局1994年版。

(清)胡渭撰:《易图明辨》,巴蜀书社1991年版。

(清)李光地撰:《周易观象》,《景印文渊阁四库全书》本。

(清)李光地撰:《周易通论》,《景印文渊阁四库全书》本。

(清)李光地纂:《周易折中》,巴蜀书社2008年版。

(清)永瑢等撰:《四库全书总目》,中华书局1997年版。

(清)江永注:《近思录集注》,上海书店1987年版。

(清)孙星衍等辑,郭沂校补:《孔子集语校补》,齐鲁书社1998年版。

(清)江藩著:《国朝汉学师承记》,中华书局1983年版。

(清)马国翰辑:《玉函山房辑佚书》,上海古籍出版社1990年版。

（清）马仁俊辑 :《玉函山房辑佚书续编》,上海古籍出版社1996年版。

（清）王先谦撰 :《庄子集解》中华书局1987年版。

（清）焦循撰 :《周易补疏》,上海古籍出版社1995年版。

（清）焦循撰 :《易学三书》,九州出版社2003年版。

（清）魏源撰 :《魏源集》,中华书局1976年版。

（清）皮锡瑞著 :《经学概论》,中华书局1995年版。

（清）皮锡瑞著,周予同注 :《经学历史》,中华书局2004年版。

（日）安居香山、中村璋八辑 :《纬书集成》,河北人民出版社1994年版。

蔡尚思 :《周易思想要论》,湖南教育出版社1991年版。

蔡尚思主编 :《十家论易》,岳麓书社1993年版。

陈鼓应 :《易传与道家思想》,三联书店1996年版。

陈良运 :《周易与中国文学》,百花洲文艺出版社1999年版。

陈士珂辑 :《孔子家语疏证》,上海书店1987年版。

程石泉 :《易辞新诠》,上海古籍出版社2000年版。

邓立光 :《周易象数义理发微》,上海辞书出版社2008年版。

邓球柏 :《帛书周易校释》,湖南出版社1987年版。

丁四新 :《楚竹简与汉帛书〈周易〉校注》,上海古籍出版社2011年版。

冯友兰:《中国哲学史》,北京大学出版社1996年版。

冯友兰:《中国哲学史新编》,人民出版社2000年版。

高亨:《周易杂论》,山东人民出版社1962年版。

高亨:《周易古经今注》,中华书局1984年版。

高亨:《周易大传今注》,齐鲁书社1998年版。

高怀民:《两汉易学史》,广西师范大学出版社2007年版。

高怀民:《宋元明易学史》,广西师范大学出版社2007年版。

高怀民:《先秦易学史》,广西师范大学出版社2007年版。

郭沫若:《青铜时代》,科学出版社1960年版。

郭沫若:《卜辞通纂》,科学出版社1983年版。

郭齐勇:《中国哲学史》,高等教育出版社2006年版。

韩仲民:《帛易说略》,北京师范大学出版社1992年版。

韩自强:《阜阳汉简〈周易〉研究》,上海古籍出版社2004年版。

杭辛斋:《杭氏易学七种》,九州出版社2005年版。

何宁撰:《淮南子集释》,中华书局1998年版。

侯外庐:《中国思想通史》,人民出版社1957年版。

胡朴安:《周易古史观》,上海古籍出版社1986年版。

黄晖:《论衡校释》,中华书局1990年版。

黄寿祺、张善文编:《周易研究论文集》,北京师范大学出版社1987—1991年版。

黄寿祺:《易学群书平议》,北京师范大学出版社1988年版。

黄寿祺、张善文：《周易译注》，上海古籍出版社2004年版。

黄玉顺：《易经古歌考释》，巴蜀书社1995年版。

金景芳、吕绍纲：《周易全解》，吉林大学出版社1989年版。

黎翔凤：《周易新释》，辽宁大学出版社1994年版。

李镜池：《周易探源》，中华书局1978年版。

李学勤：《周易经传溯源》，长春出版社1992年版。

李泽厚：《中国古代思想史论》，天津社会科学院出版社2003年版。

廖名春等：《周易研究史》，湖南出版社1991年版。

廖名春：《〈周易〉经传与易学史新论》，齐鲁书社2001年版。

刘大钧：《周易概论》，齐鲁书社1988年版。

刘大钧：《纳甲筮法》，齐鲁书社1995年版。

刘大钧主编：《象数易学研究》，齐鲁书社1996—1997年版。

刘大钧、林忠军：《易传全译》，巴蜀书社2001年版。

刘大钧编：《大易集说》，巴蜀书社2003年版。

刘大钧：《易象精解》，巴蜀书社2004年版。

刘大钧编：《大易集释》，上海古籍出版社2007年版。

刘大钧主编：《出土易学文献》，上海科学技术出版社

2010年版。

刘玉建：《两汉象数易学研究》，广西教育出版社1996年版。

马承源主编：《上海博物馆藏战国楚竹书》，上海古籍出版社2001—2012年版。

马宗霍：《中国经学史》，上海书店1936年版。

潘雨廷：《易学史丛论》，上海古籍出版社2007年版。

任继愈主编：《中国哲学史》，人民出版社1997年版。

尚秉和：《周易尚氏学》，中华书局1980年版。

尚秉和著，刘光本解：《周易古筮考通解》，山西古籍出版社1994年版。

尚秉和：《焦氏易林注》，中国大百科全书出版社2005年版。

闻一多：《周易与庄子研究》，巴蜀书社2003年版。

邢文：《帛书周易研究》，人民出版社1997年版。

杨世文等编：《易学集成》，四川大学出版社1998年版。

杨树达：《周易古义》，上海古籍出版社1991年版。

杨天才：《周易通解》，线装书局2009年版。

袁珂校注：《山海经校注》，上海古籍出版社1980年版。

张立文：《帛书周易注释》，中州古籍出版社1992年版。

张朋：《春秋易学研究》，上海人民出版社2012年版。

张善文：《历代易家与易学要籍》，福建人民出版社1998年版。

张善文 :《周易入门》,华东师范大学出版社1998年版。

张善文 :《洁静精微之玄思 : 周易学说启示录》,上海远东出版社2003年版。

张晓雨 :《周易筮法通解》,山东人民出版社1994年版。

张政烺 :《马王堆帛书〈周易〉经传校读》,中华书局2008年版。

周振甫 :《周易译注》,中华书局1991年版。

朱伯崑 :《易学哲学史》,北京大学出版社1986年版。

朱伯崑主编 :《国际易学研究》,华夏出版社1998—2000年版。

朱谦之 :《周易哲学》,上海启智书局1935年版。

后 记

在东北师范大学工作期间，我为本科生开设“《周易》导读”课程，又在研究生“古典文献研究”课程上做过一些讲解，在课程讲义和课堂录音的基础上，整理出了本书的初稿，即前八章，主要讨论《周易》的一些基本的规律，试图让读者明白《周易》并不神秘。

不约而同，刘银昌先生也在陕西师范大学开设“《周易》研读”课程。我们相识之后，常在一起交流读《易》的心得。银昌聪明渊博，秉易甚深，断机果决，与之畅谈，受益良多。鉴于目前市面上流传的解读《周易》的书籍，常常是从六十四卦的注释翻译讲起，对《周易》的总体介绍较少，很多初学者不方便入门。而研究的著作又太深太玄，我们觉得应该写出一本通俗易懂的入门读物，帮助读者能够迅速了解《周易》的来龙去脉、掌握《易》学的一些基本规律、明晓民间流传的一些占卜方法，不会被别人误导，也不会误导别人。银昌撰写后三章，以明易之源流、以厘象数之要义。

该书在撰写过程中,得到了国家社科基金青年项目“思想史视野下的民间术数信仰研究”(10CZS004)、东北师范大学本科生核心通选课“《周易》导读”课程建设项目、陕西师范大学“《周易》导读课程”建设项目的资助,本书为上述研究的部分成果。

李媛同学曾帮助整理出初稿,张劲锋同学核对了引文、补充了参考文献,并进行了最终的校对,在此表示感谢。也期望读者能够提出意见(caoshengao@163.com),以便于我们进一步修订完善。

曹胜高

2015年11月11日

于南京汤山

中華書局

初版责编	陈　洁　陈　虎